LIBROS XIII A XV DEL DIGESTO DEL EMPERADOR JUSTINIANO

*Texto latino-español
y ensayo introductorio a cargo de
Julio César Navarro Villegas*

Amazon Mexico Services

Colección "Digesta Iustiniani Imperatoris" Vol. 5

ÍNDICE

ENSAYO INTRODUCTORIO
La teoría de las masas de Bluhme y la distribución
de las obras contenidas en el Digesto
(segunda parte)

EL DIGESTO DEL EMPERADOR JUSTINIANO

INTRODUCCIÓN

LA TEORÍA DE LAS MASAS DE BLUHME Y LA DISTRIBUCIÓN DE LAS OBRAS CONTENIDAS EN EL DIGESTO (SEGUNDA PARTE)

III. Identidad y carácter de los grupos.

La distribución de autores y obras en las masas depende, como ya se ha visto, de la existencia al interior de cada masa de grupos de obras. La agrupación fue esencial, pues las obras que se refieren a la misma materia debían ser leídas juntas o en íntima sucesión. Fue así como los mejores textos sobre la materia pudieron ser elegidos y extraídos para su inclusión en el Digesto. Esto cuenta para la existencia de grupos-materia. Pero también hubo otras dos clases de grupo, grupos-autor y grupos-género. En estos casos fue conveniente, pero no esencial, leer obras del mismo autor pertenecientes al mismo género junto o en íntima sucesión. Los miembros de un comité se familiarizaron por este medio con el estilo de un autor particular y su forma de pensar, o con las características de cierto género de escritos legales. Esto permitía una mayor velocidad y economía en lugar de un lector que estuviese cambiando continuamente de un autor o género a otro.

Un grupo que perteneciese predominantemente a una de estas tres clases principales podía ser mezclado en aquél que pudiese incorporar un elemento de otra clase. Por ejemplo, el grupo juliano de la masa sabiniana es un grupo-autor que incorpora un elemento de

1

género y un elemento de materia. No todas las obras asignadas a los tres comités fueron reunidas en grupos, puros o mezclados, de estos tres tipos. Los *libri singulares*, a menos que formasen parte de un grupo-materia, tendían a no ser asignados a cualquier grupo-materia o grupo-género. Unos cuatro quintos de los libros leídos por la comisión fueron, sin embargo, leídos en grupos de uno de estos tipos.

Puede suponerse que la división en grupos formaba parte del diseño de Triboniano para realizar el proyecto del Digesto, su *gubernatio*. La asignación de una obra del autor a una masa diversa a su masa básica dependía de la existencia en otra masa de un grupo al cual su obra debía transferirse. Comenzando por una lista de autores y sus obras recogidas en el *Index auctorum*, y una decisión sobre su masa básica, la identidad de estos grupos tenía que ser trabajada por adelantado. En cambio, esto afectaba al balance entre las tres masas, las cuales debían arreglarse desde el principio, para que los miembros de la comisión asignadas a cada comité supiesen el alcance de sus responsabilidades generales para leer y fragmentar a los autores clásicos.

Identificar a un grupo exige cuidado y sus límites precisos a veces están en duda. Sin embargo, la agrupación sigue siendo una característica fundamental de la empresa y organizar la composición de los grupos que pueden ser detectados es importante. Las obras que conforman un grupo deben ser coherentes con las inscripciones digestales, y deben basarse en un autor, materia o género particular, aunque pueda haber combinaciones de tales elementos y algunas veces agregados para asegurar el balance numérico.

Se realizó un esfuerzo serio por reunir todas las obras que trataban de la misma materia. Pero hay unos pocos casos en donde las obras del mismo tópico no fueron leídas en conjunto. Rutilio Máximo y su reflexión sobre la *lex Falcidia* entra en la masa sabiniana (BK 68) y Paulo, al tratar del mismo estatuto legal, en la masa papinianea (BK 241). El *liber singularis de adulteriis* de Paulo (BK 77) no fue leído con el resto del grupo de obras sobre el adulterio, el cual incluía sus obra de tres libros sobre este tema (BK 31), aunque se hallaba en la misma masa. Su *liber singularis* sobre excusas de la tutela pudo haber sido leído

2

o no con las obras de Modestino y de Ulpiano sobre esta materia en la masa edictal. El *de officio proconsulis* de Paulo y Venuleyo (BK 90-91) no fueron leídos con el *de officio proconsulis* de Ulpiano (BK 47) y quizá no fueron leídos juntos[1]. Al parecer, el *de inofficioso testamento* de Modestino no fue leído con el monográfico de Paulo sobre la materia en la masa papinianea[2].

Sin embargo, en términos generales, cuando era deseable leer dos o más trabajos juntos, ya fuese conjuntamente o en sucesión, y la evidencia de las inscripciones deja abierta la posibilidad de que se hubiesen agrupado, puede considerarse que así fue. Un ejemplo es el de los comentarios sobre el mismo cargo, *lex* o *senatusconsultum*, o bien sobre la misma rama especializada de la ley. Y así, el *BK Ordo* coloca en sucesión dentro de la masa sabiniana los tres libros de Paulo y los cuatro de Ulpiano *ad legem Aeliam Sentiam*[3]. En la masa edictal tenemos a Menandro y los cuatro libros de Paterno de *re militari*[4]. La masa papinianea contiene los trabajos monográficos de Paulo y Gayo sobre los senadoconsultos Tertuliano y Orficiano, debiéndose haber leído cada pareja de manera conjunta[5], así como en el caso de las mismas obras de autores sobre *tacita fideicommissa*[6] y sobre el senadoconsulto Turpiliano de Paulo y Marciano[7].

Obras del mismo género no están reunidas al mismo nivel como pertenecientes a grupos-materia. Por ejemplo, no fue esencial reunir todas las *regulae* o *quaestiones*. Aunque estos géneros tenían bastante en común como para leerlos uno junto al otro, su materia era variable y podían extenderse a través de amplias áreas de la ley. En tal sentido, se han considerado los comentarios de Gayo a las Doce

---

[1] MANTOVANI, Dario, *Digesto e Masse Bluhmiane*, Giuffrè, Milán, 1987, nota 4, §93.
[2] BK 151 y 236.
[3] BK 70-71.
[4] BK 171-172.
[5] BK 239, 240, 243, 244.
[6] BK 237, 242.
[7] BK 228-229.

Tablas[8] y los *enchiridia* de Pomponio[9], obas relativas a la historia jurídica, como un grupo de este tipo.

Los grupos normalmente comienzan por la obra más importante o la más larga. Treinta y cuatro grupos parecen satisfacer los criterios anteriormente delineados. El grupo *Labeo posteriora* (BK 94, 265) no está incluído, pues probablemente consiste, total o parcialmente en obras que llegaron tarde y fueron colocadas al final de la masa sabiniana, a la cual fueron asignadas. El grupo relativo al derecho militar (BK 171-172) de la masa edictal está incluido, aunque es posible que también esté formado de obras llegadas posteriormente.

a) Grupos de la masa sabiniana.

En esta masa pueden detectarse once grupos:

i. Grupo *ad Sabinum* (BK 1-3), 103 libros (51 de Ulpiano, 36 de Pomponio, 16 de Paulo).

ii. Grupo intermedio de comentarios edictales[10] (BK 4-9, 112-113), 80 libros (30 de Ulpiano, 33 de Paulo, 17 de Gayo).

iii. "Grupo de los diez libros" de Ulpiano (BK 10-11), 20 libros (10 de Ulpiano, 10 de Ulpiano)

iv. Grupo juliano (BK 14-20), 125 libros (101 de Juliano, 7 de Alfeno, 8 de Paulo, 9 de Africano).

v. Grupo institucional (BK 21-27), 42 libros (12 de Florentino, 16 de Marciano, 2 de Ulpiano, 7 de Gayo, 3 de Calistrato, 2 de Paulo).

vi. Grupo relativo al adulterio (BK 28-31), 11 libros (5 de Ulpiano, 3 de Papiniano, 3 de Paulo).

vii. Grupo de las *regulae* (BK 36-46, ¿59?), 44 libros (15 de Neracio, 10 de Ulpiano, 4 de Escévola, 8 de Paulo, 5 de Marciano, 1 de Pomponio, ¿1 de Marcelo?).

---

[8] BK 247.
[9] BK 248 y 249.
[10] Antes de transferir BK 112-123 de la masa sabiniana a la edictal.

viii. Grupo de los *iudicia publica* (BK 52-56), 22 libros (2 de Mácer, 3 de Venuleyo, 1 de Paulo, 2 de Marciano, 14 de Meciano).

ix. Grupo de la *formula hypothecaria* (BK 57-58), 2 libros (1 de Marciano, 1 de Gayo).

x. Grupo de apelaciones (BK 64-66), 9 libros (4 de Ulpiano, 2 de Mácer, 2 de Marciano, 1 de Paulo).

xi. Grupo de la *lex Aelia Sentia* (BK 70-71), 7 libros (3 de Paulo, 4 de Ulpiano).

Se han omitido los seis libros de Ulpiano de opiniones y *de censibus* (BK 12-13), que podrían, como en el caso del inciso iii, ser considerados un grupo basado en la autoría y la igualdad numérica. Sin embargo, Mantovani ubicó los *de censibus* entre el grupo de *iudicia publica* y el final de masa sabiniana[11]. El posible grupo "del cargo de procónsul" de BK 90-91 también se ha omitido, ya que la ubicación precisa de estas obras de Paulo y Venuleyo en la masa sabiniana es incierta[12], y no están agrupados con la principal obra de Ulpiano sobre dicho tópico[13]. En total, 465 libros están incluidos en estos once grupos sabinianos, de los cuales 234 (todos excepto los incisos iii, iv, v y vii) están agrupados por materia, 145 principalmente por autoría (iii y iv) y 86 (v y vi) por género. Los grupos más grandes se hallan al inicio de la masa, los más pequeños al final, y la masa, tal como se concibió originalmente, termina en su mayoría con obras cortas, especialmente *libri singulares*. El número total de libros asignados inicialmente a la masa sabiniana pueden ser estimados de la siguiente manera. De un total de 546, menos los últimos cuatro libros de *res cottidianae* de Gayo[14], de los cuales solo se ha conservado un epítome de tres libros[15], los diez libros de Javoleno *ex posterioribus Labeonis*, los cuales probablemente llegaron

---

[11] MANTOVANI, Dario, *op. cit.*, nota 4, §90.

[12] *Ibíd.*, 93.

[13] BK 47 (10 libros de officio proconsulis de Ulpiano).

[14] BK 24.

[15] SCHULZ, Fritz, *History Of Roman Legal Science*, Oxford University Press, Nueva York, 1946, nota 253, 167-168.

tardíamente[16], y cuatro de los *libri singulares* (2 de Paulo, 1 de Ulpiano, 1 de Meciano) que Mantovani considera como de masa incierta[17]. A los restants 528 libros agréguense trece *libri singulares* de Paulo para conformar su total de treinta libros en esta masa, y restituir el libro *de sponsalibus* de Ulpiano[18], ya que su masa básica es la sabiniana. Esto arroja una asignación de 542 libros, de los cuales 465 (86%) están en grupos. De estos 234 (43%) están en grupos-materia, 145 (27%) en grupos-autor y 86 (16%) en grupos-género.

b) Grupos de la masa papinianea.

En este grupo pueden detectarse trece grupos:

i) Grupo papinianeo (BK 180-182), 58 libros (37 de *quaestiones*, 19 de *responsa*, 2 de *definitiones*).

ii) Grupo de las *quaestiones* (BK 183-184), 48 libros (26 de Paulo, 20 de Escévola, 2 de Calistrato).

iii) Grupo de las *responsa* (BK 186-193), 29 libros (23 de Paulo, 6 de Escévola).

iv) Grupo de los *fideicommissa* (BK 194-204), 39 libros (7 de Valente, 6 de Ulpiano, 16 de Meciano, 2 de Gayo, 3 de Paulo, 5 de Pomponio).

v) Grupo de los *sententiae iuris epitomae* (BK 205-214), 11 libros (5 de Paulo, 6 de Hermogeniano).

vi) Grupo de los *responsa* de Neracio (BK 217-218), 7 libros (3 de Neracio, 4 de Paulo).

vii) Grupo de Trifonino (BK 219-229), 27 libros (21 de Trifonino, 6 de Paulo).

viii) Grupo del SC Turpiliano (BK 228-229), 2 libros (1 de Paulo, 1 de Marciano).

---

[16] HONORÉ, Tony, *et al.*, *How The Digest Commissioners Worked*, en *ZSS* (RA), número 87, 1970, nota 10, §§62-72.

[17] MANTOVANI, Dario, *op. cit.*, nota 4. §91-93 lista de Paulo un libro *de iure patronatus*, uno dedicado al senadoconsulto Silaniano, uno *de senatusconsultis*, uno *ad SC Vellenianum*, uno *de intercesionibus feminarum* y uno *ad orationem divi Severi*; uno de Ulpiano *de sponsalibus*; uno de Meciano *ex lege Rhodia*.

[18] BK 32.

ix)   Grupo de los *tacita fideicommissa* (BK 237, 242). 2 libros (1 de Paulo, 1 de Gayo).

x)   Grupo del SC Tertuliano (BK 239, 243), 2 libros (1 de Paulo, 1 de Gayo).

xi)   Grupo del SC Orficiano (BK 240, 244), 2 libros (1 de Pualo, 1 de Gayo).

xii)   Grupo histórico (BK 247-249), 9 libros (6 de Gayo, 3 de Pomponio).

xiii)   Grupo del *praefectus vigilum* (BK 256-257), 2 libros (1 de Paulo, 1 de Ulpiano).

En total, 238 libros englobados en estos trece grupos. Como en el anterior, los grupos más grandes vienen primero, los más pequeños después, y la masa finaliza con cierta cantidad de obras cortas, especialmente *libri singulares*. El total de libros de la masa papinianea, excluyendo el apéndice, el cual no forma parte de aquélla[19], puede estimarse de la siguiente manera. De 291 obras, réstense 11 de los *libri singulares* (5 de Paulo, 3 de Ulpiano, 2 de Arcadio)[20]. Sin embargo, agréguense 13 *libri singulares* de Paulo para hacer un total de 30 teóricamente asignados a cada una de las masas sabiniana y papinianea. Debe agregarse un *liber singularis* de Papiniano, quizá perteneciente a esta masa en lugar de al apéndice. El total revisado es de 294 libros. Las 238 obras agrupadas engloban el 81% de este total, las 97 de grupos-

---

[19] MANTOVANI, Dario, *op. cit.*, nota 4, §112; OSLER, Douglas, *Following Bluhme: a note on Dario montavani 'Digesto e masse Bluhmiane'*, en IURA, Universidad Lateranense, Roma, vol. 39, 1988, notas 115 y 144-146; HONORÉ, Tony, *et al.*, *How The Digest Commissioners Worked*, en ZSS (RA), número 87, 1970, nota 10, §49-104, contra BLUHME, Friedrich, nota 1, 309-310, en *Labeo: Rassegna di diritto romano*, Jovene Editrice, Universidad de Nápoles, vol. 6, 1960, 73-74.

[20] Mantovani, Dario, *op. cit.*, nota 4, §99-101, duda del libro *de poenis omnium legum*, del *ad regulam Catonianam*, del *de inofficioso testamento*, del *de tacitis fideicommissis*, del *de instrumenti significatione*, del *de gradibus et adfinibus* y del *de officio praefecti urbi* de Paulo; del *de officio praefecti vigilum*, del *de officio praefectis urbi* y del *de officio quaestoris* de Ulpiano; del *de muneribus civilibus* y del *de officio praefecti pretorio* de Arcadio; del *ad SC Turpillianum* de Marciano y, finalmente, del *liber regularum* de Gayo. Es muy probable que dos de estos siete *libri singulares* de Paulo, uno de Paulo y los de Gayo y Marciano pertenezcan a la masa papinianea.

género (ii, iii, iv, xi) el 33%, las 85 de grupos-autor (i, vii) al 29%, y las 56 de grupos-materia (iv, vi, viii, ix, x, xi, xiii) al 19%. La tendencia a reunir obras por materia es menor en la masa papinianea que en la masa sabiniana. Ello se debe a que la masa papinianea tiene una mayor proporción de colecciones de casos, así como de *quaestiones* y *responsa*.

c) Grupos de la masa edictal.

Esta masa engloba a diez grupos:

i) Grupo de comentarios edictales antiguos (BK 95-100), de 68 y medio libros (25 de Ulpiano, 32 de Paulo, 8 y medio y uno más de Gayo, 2 de Calistrato).

ii) Grupo de comentarios edictales posteriores (BK 101-107), de 73 y medio libros (26 de Ulpiano, 26 y ¿10 más? de Paulo, 9 y medio y dos más de Gayo).

iii) Grupo del edicto de los ediles curules (BK 108-110), de 6 libros (2 de Ulpiano, 2 de Paulo, 2 de Gayo).

iv) Grupo de comentarios edictales transferidos (BK 112-123), de 12 libros (3 y medio de Ulpiano, 4 y medio de Paulo, 4 de Gayo).

v) Grupo de comentarios *ad Plautium* (BK 124-131), de 30 libros (18 de Paulo, 5 de Javoleno, 7 de Pomponio).

vi) Grupo de Celso-Marcelo (BK 134-135), de 70 libros (39 de Celso, 31 de Marcelo).

vii) Grupo de Modestino (BK 136-144, 146-151 más Index auctorum 10-11), de 70 libros (65 de Modestino, 5 de Ulpiano).

viii) Grupo de Javoleno (BK 152-153), de 29 libros (15 de Javoleno y 14 más).

ix) Grupo de comentarios *ad legem Iuliam et Papiam* (BK 162-167), de 77 libros (20 de Ulpiano, 10 de Paulo, 20 de Clemente, 15 de Gayo, 6 de Mauriciano, 6 de Marcelo).

x) Grupo de derecho castrense (BK 171-172), de 8 libros (4 de Menandro, 4 de Tarrucieno).

En esta masa el tamaño del grupo no se reduce conforme avanza su lectura. Cinco de los diez grupos de la masa edictal comprenden entre 65 y 77 libros, por lo que el tamaño del grupo se mantiene estable. El número total de libros agrupados es de 429. De una estimación de 573 obras en esta masa, de las cuales deben deducirse 12 libros de comentarios edictales transferidos de la masa sabiniana y 12 (1 de Papiniano, 2 de Modestino, 4 de Calistrato, 3 de Paulo, 1 de Galo y 1 de Aquila) de cuya masa duda Mantovani[21]. Sin embargo, dos *libri singulares* de Modestino pueden devolverse a la masa edictal debido a que es la masa básica de Modestino; y dos más de sus *libri singulares* del *Index auctorum* pueden agregarse al grupo vii. Previamente ya hemos expuesto las razones de agregar tres libros de Ulpiano dedicados al *officium consulis*. Y así, tomando la masa inicial de 556 libros, los agrupados conforman un 77% de la masa. Los de los grupos-materia (i, ii, iii, iv, b) viii, ix, x) engloban 263 libros (47%), los de grupos-autor (vii, viii) 96 (18%) y los de grupos-género (vi) a 70 (13%).

Combinando las tres masas, la asignación inicial de 1,394 libros consta de 1,132 organizados en grupos (465 en la sabiniana, 238 en la papinianea, 429 en la edictal). De éstos, 553 están agrupados según la materia (234 en la sabiniana, 56 en la papinianea, 263 en la edictal), 326 según su autoría (145 en la sabiniana, 85 en la papinianea, 96 en la edictal) y 253 según el género (86 en la sabiniana, 97 en la papinianea, 70 en la edictal). Aproximadamente 262 están sueltos. Del total, 81% están en grupos, 40% se agrupan por materia, 23% por autoría y 18% por género. El restante 19% está suelto. 20 libros de masa dudosa[22]

---

[21] MANTOVANI, Dario, *op. cit.*, nota 4, §94-97.
[22] MANTOVANI, Dario, *op. cit.*, nota 4, §90-103. Los de masa indeterminada restantes son: dos *de censibus*, uno *de senatusconsultis*, uno *ad legem Cinciam*, uno *de poenis omnium legum*, uno *ad regulam Catonianam*, uno *de inofficioso testamento*, uno *de gradibus et adfinibus* y uno *de officio praefecti urbi* de Paulo; uno *de officio praefecti urbi* de Gayo y uno *de officio quaestoris* de Ulpiano; uno *de muneribus* y uno *de officio praefecti praetorio* de Arcadio; uno *de responsa* de Aquila; uno *de verborum significatione* de Galo y uno *ex lege Rhodia* de Meciano.

necesitan agregarse y distribuirse entre las diversas masas[23]. Según se trate de los tres comités, el cuadro general es el de un número igual de libros leídos por los comités sabiniano y edictal (542 y 556, respectivamente) y poco más de la mitad de ese número (294) por el comité papinianeo.

d) Obras principales.

Leer y fragmentar obras en grupos relacionados por materia es más efectivo si una de ellas se toma como la obra principal que forma la base de los pasajes a tomar. Puede complementarse con extractos de otras obras de la misma materia. Una decisión importante que únicamente Triboniano podía haber tomado fue tratar a Ulpiano como el autor principal del Digesto en su conjunto. Si observamos los dieciocho grupos relacionados por materia y género arriba enumerados, Ulpiano es el autor principal en nueve de ellos, incluyendo el más importante: los comentarios *ad Sabinum* (i), todos los grupos de comentarios *ad edictum* (a) ii, c) i, c) ii, c) iii, c) iv), el grupo de apelaciones (x), los comentarios *ad legem Iuliam et Papiam* (c) ix) y probablemente, pese a las apariencias, el grupo de *fideicommissa* (b) iv)[24]. Paulo es el principal autor en siete: uno es fundamental, el grupo *ad Plautium* de la masa edictal (c) 5). Los otros seis grupos son pequeños, el de la *lex Aelia Sentia* de la masa sabiniana (xi) y cinco grupos de dos libros cada uno en la masa papinianea (b) 8-11 y 14). Su función es importante, pero no se compara en escala con la de Ulpiano. Éste encabeza grupos que engloban 479 libros, Paulo tan solo 58. Por su parte, Papiniano puede ser el autor principal en el grupo de adulterios (a) vi). Mácer encabeza los *iudicia publica* (a) viii). Menandro, el derecho castrense (c) viii). Neracio, su grupo de *responsa* (b) vi), y Gayo o Marciano el grupo de *formula hypothecaria* (ix).

---

[23] El apéndice de obras que inicialmente no se asignaron a uno de los comités engloba 110 libros,, a los cuales deben agregarse dos de *posteriora* de Labeón y dos del *digesta* de Escévola leídos por los comités sabiniano y papinianeo, respectivamente, al final de sus masas iniciales.

[24] MANTOVANI, Darío, *op. cit.*, nota 4, §98.

Los grupos-autor están naturalmente encabezados por sus respectivos autores: Ulpiano (a) iii), Juliano (a) iv), Papiniano (b) i), Trifonino (b) 7), Modestino (c) v) y Javoleno (c) vi). Los grupos-género tienen diversos autores principales. Florentino encabeza el grupo de *institutiones* (a) v), Neracio el grupo de *regulae* (a) vii) de la masa sabiniana. Paulo encabeza los grupos de *quaestiones, responsa* y *epitomae sententia iuris* (b) i, b) ii, b) v) de la masa papinianea, Gayo el grupo de historia jurídica de esa masa (b) xi). Celso encabeza el grupo de *digesta* de Celso-Marcelo (c) iv) en la masa edictal. En grupos de este tipo Paulo es el autor más importante: encabeza grupos que reúnen hasta 88 libros.

    e)   Obras sueltas.

El 19% de obras sueltas consiste en aquellas que no parecen pertenecer a un grupo constituido por materia, autoría o género. Incluyen las secuencas finales de las masas sabiniana y papinianea que constan ampliamente de *libri singulares*. En el *BK Ordo* original, *libri singulares* u obras más bien cortas, principalmente de Gayo, Ulpiano y, especialmente, de Paulo, se ubicaban en la masa sabiniana entre BK 68 y 89, y en la masa papinianea entre BK 224 y 244, y 249 a 262. Aunque algunas de estas obras son de masa indeterminada, y unas pocas pertencen a grupos-materia, largas secuencias de *libri singulares* se conservan, incluyendo algunas agrupadas por materia. Así, al menos hay 10 *libri singulares* de Paulo[25], 3 de Ulpiano[26] y 1 de Rutilio Máximo[27] entre BK 68 y 69. Al menos hay 13 *libri* de Paulo[28], 3 de Gayo[29] y uno

---

[25] Uno *ad legem Fufiam Caniniam,* uno *de libertatibus dandis,* uno *de liberali causa,* uno *de iure codicillorum,* uno *de centumviralibus iudiciis,* uno *de adulteriis,* uno *ad orationem divi Antonini et Commodi,* uno *ad orationem divi Severi,* uno *de variis lectionibus,* uno *de poenis militum.*

[26] Uno *de pandectae,* uno *de officio curatoris reipublicae,* uno *de officio consularium* (BK 85, 88, 89).

[27] Uno *ad legem Falcidiam* (BK 68).

[28] Uno *de cognitionibus,* uno *de concurrentibus actionibus,* uno *de usuris,* uno *ad SC Turpillianum,* uno *ad SC Libonianum,* uno *ad SC Claudianum,* uno *de poenis paganorum,* uno *de forma testamenti,* uno *de tacitis fideicommisis,* uno *de instrumenti significatione,* uno *ad SC Tertullianum,* uno *ad SC Orfitianum,* uno *ad legem Falcidiam* (BK 225, 226, 227, 228, 230,

de Marciano[30] entre BK 224 y 244, así como 6 de Paulo[31] y uno de Ulpiano[32] entre BK 249 y 262. El plan era colocar obras menores al final de las masas sabiniana y papinianea. Es verdad que los *posteriora* de Labeón cierran la masa sabiniana, pero esta obra probablemente llegó tarde, no siendo parte de la asignación original.

Por otro lado, la masa edictal termina con una variedad de obras sueltas de diversos autores, muchos de ellos representados por una sola obra. ¿Posee esta coda alguna estructura? Luego del grupo *ad legem Iuliam et Papiam* (BK 162-167), y salvo dos *libri singulares* que claramente se ubican en la masa equivocada[33], tenemos 49 ó 50 libros de la última parte de la masa edictal que comienzan en BK 168, omitiendo BK 169 y 170 y que continúan de BK 171 a 179 (2 de Mácer[34], 4 de Menandro, 4 de Tarruciano Paterno, 1 de Tertuliano, 4 de Modestino, 12 ó 13 de Rufino, 2 de Calistrato, 20 de Papirio Justo). Esta secuencia incluye el grupo-materia sobre derecho castrense de Menandro y Tarruciano, pues en ambos casos su única obra conservada fue sobre esta rama. Ello suma 49 ó 50 libros, quizá dos más, ya que es posible que Elio Galo y Julio Aquila también se incluyan aquí. Al igual que Menandro, son autores de una sola obra Papirio, Paterno y Rufino. La agrupación, si es que hubo alguna, no fue por materia, autoría o género, salvo en el sentido de que cierta cantidad de autores de una sola obra fueron agrupados juntos. La obra de Modestino no se ajusta a este patrón, pero dado que su *de poenis* (entre BK 165 y 177) está suelta del resto de sus trabajos, los cuales se ubican en la secuencia anterior BK 137-151, probablemente llegó posteriormente.

231, 233, 235, 237, 238, 239, 240, 241); cfr. MANTOVANI, Dario, *op. cit.*, nota 4, §99–100.

[29] Uno *de tacitis fideicommissis*, uno *ad SC Tertullianum*, uno *ad SC Orfitianum* (BK 242, 243, 244); cfr. MANTOVANI, Dario, *op. cit.*, nota 4, §100.

[30] Uno *ad SC Turpillianum* (BK 229).

[31] Uno *de iure libellorum*, uno *de articulis liberalis causae*, uno *de iuris et facti ignorantia*, uno *de iure singulari*, uno *de officio adsessorum*, uno *de officio praefecti vigilum* (BK 250, 251, 252, 253, 255, 256); cfr. MANTOVANI, Dario, *op. cit.*, nota 4, §101.

[32] Uno de officio praefecti vigilum (BK 257).

[33] Uno de Gayo *ad legem Glitiam* (BK 169) y uno de Paulo *ad legem Cinciam* (BK 170).

[34] BK 168.

Una cantidad de obras sueltas llegaron a entrar tempranamente en las masas sabiniana y papinianea. En la primera, el *de dotis repetitione*[35] de Paulo se ubica entre el grupo julianeo y el *de adsignatione libertorum*[36]. Por su parte, el *de adsignatione libertorum* de Paulo se ubica antes del *de officio proconsulis* de Ulpiano[37]. El *de portionibus quae liberis damnatorum conceduntur* y el *de conceptione formularum*[38] de Ulpiano se ubica entre el grupo de *regulae*[39] y los *iudicia publica*[40]. Estas inserciones no pueden explicarse con base en la materia, la autoría o el género. La explicación yace o en el balance numérico o en llenar una laguna cuando algún miembro de la comisión esperaba a que un colega se pusiese al corriente e iniciase el siguiente grupo de obras. Si los 60 *libri singulares* de Paulo fueron distribuidos uniforme y equitativamente entre las masas sabiniana y papinianea, como parece probable, estos comités quizá tuvieron la libertad de insertar uno o más de estos *libri* entre grupos con objeto de no perder tiempo.

En la masa papinianea puede observarse una inserción similar. El *liber singularis de casibus*[41] de Gayo está insertado entre el grupo de los *sententiae iuris epitomae*[42] y el grupo de *responsa* de Neracio[43]. Ya que la masa básica de Gayo es la papinianea, el comité homónimo pudo haber tenido la libertad de insertar uno de sus *libri singulares* en un punto conveniente de su lectura para evitar una laguna o realizar un balance numérico entre los cinco libros de Paulo y los seis de Hermogeniano en el grupo de *sententiae iuris epitomae*.

La masa edictal difiere en que no contiene una secuencia de *libri singulares* ni *libri singulares* sueltos cuya posición en la masa ha sido

---

[35] BK 33; MANTOVANI, Dario, *op. cit.*, nota 4, §91.
[36] BK 34; MANTOVANI, Dario, *op. cit.*, nota 4, §91.
[37] BK 47.
[38] BK 49, 51; MANTOVANI, Dario, *op. cit.*, nota 4, §91.
[39] BK 36-46.
[40] BK 52-56.
[41] BK 215; MANTOVANI, Dario, *op. cit.*, nota 4, §99.
[42] BK 206-214.
[43] BK 217-218.

confirmada[44]. Más bien consiste, hasta los comentarios *ad legem Iuliam et Papiam*, de una serie de grupos sin obras intermedias salvo los cuatro *ad Vitellium* de Paulo y los dos *de iure fisci*, entre el grupo *ad Plautium* y el grupo de digesta de Celso-Marcelo, así como los tres *de officio consulis*, entre el grupo de Celso-Marcelo y las obras de Modestino. En ambos casos es muy probable la razón numérica. Estas obras no relacionadas fueron agregadas al final de un grupo y al inicio de otro para conformar un número equilibrado de libros convenientemente divisibles entre dos miembros de la comisión[45]. ¿Pero cómo explicar la secuencia de obras entre el grupo de Javoleno (BK 152-153) y los comentarios *ad legem Iuliam et Papiam* (BK 162-167)? La secuencia inicia con los 39 libros *ad Quintum Mucium* de Pomponio, e incluye sus 15 libros *variarum lectiones*, además de los once libros de *epistulae* de Próculo, los seis *de cognitionibus* de Calistrato y los ocho de *quaestiones* de Tertuliano. Mantovani considera cuatro libros *de iure fisci* de Calistrato y dos *de censibus* de Paulo (BK 158-159) como de masa incierta[46]. La secuencia no puede describirse exactamente como de un grupo de Pomponio, aunque sus obras la dominan y, en tal sentido, justifican tratar la masa edictal como su masa básica. Las diversas obras de este grupo, si lo es, no están relacionadas por materia o género. Es tentador pensar en un patrón numérico a través del cual, ignorando las obras de masa incierta[47], los 39 libros *ad Quintum Mucium* de Pomponio equilibran los siguientes 40 libros de él y los demás.

---

[44] Un libro ἀστυνομικὸς de Papiniano, uno ad legem Glitiam de Gayo y uno ad legem Cinciam de Paulo (BK 111, 169, 170) son de masa incierta (Mantovani, nota 4, 94, 97) y deberían entrar en la masa papinianea (Papiniano y Gayo) o en la sabiniana o la papinianea (Paulo).

[45] Honoré, nota 2, 39-40.

[46] Mantovani, nota 4, 96.

[47] Los dos libros sueltos de censibus de Paulo, de los cuales tan solo se conserva un texto al final del título de censibus, es improbable que pertenezcan a la masa edictal. Debería haberse incluido y quizá estaba en un grupo-materia con el de censibus de Ulpiano en la masa sabiniana.

Conclusión.

La idea central de este ensayo introductorio ha sido mostrar la distribución realizada por Triboniano de los autores y las obras de las tres masas digestales y la consolidación de cuatro quintas partes o más en grupos al interior de las masas que formaban parte de un esquema coherente y sofisticado. El esquema se diseñó para asegurar que los mejores textos fuesen seleccionados para ser incluidos en el Digesto, y que la obra avanzase rápidamente, dando así efecto a la instrucción en la constitución *Deo auctore* §14 a los miembros de la comisión encargados del proyecto del Digesto: *tam suptili quam celerrimo fini tradere* (conducirlo tanto a feliz como pronto término).

ORDEN DE BLUHME-KRUEGER DE LOS LIBROS DEL DERECHO ANTIGUO OBSERVADO AL COMPILAR EL DIGESTO
(actualizado con base en la investigación moderna)

Se conserva la numeración de las obras de Krueger en cursiva para efectos de conveniencia. Los nombres de los autores aparecen en caso nominativo.

Abreviaturas

A = grupo basado en la autoría
S = grupo basado en la materia
G = grupo basado en el género literario
N = obra agregada o insertada para lograr un balance numérico
Sab. = masa sabiniana
Ed. = masa edictal
Pap. = masa papinianea

App. = Apéndice

ID = masa imposible de determinar

* * *

IA = *Index auctorum*

H = según Honoré

M = según Mantovani

O = según Osler

Masa sabiniana

(i) *Grupo ad Sabinum*. S.

1. 51 libros *ad Sabinum* de Ulpiano.

2. 36 libros *ad Sabinum* de Pomponio.

3. 16 libros *ad Sabinum* de Paulo.

(ii) *Grupo intermedio de comentarios edictales*. S.

4. 81 libros *ad edictum* de Ulpiano, libros 26–51 *init*.

5. 78 libros *ad edictum* de Paulo, libros 28–48 *init*.

6. 23 libros *brevium* de Paulo, libros 6–8.

7. 30 libros *ad edictum provinciale* de Gayo, libros 9–18.

8. 1 libro *ad edictum urbanum* y 2 libros *de testamentis* de Gayo.

9. 1 libro *ad edictum urbanum* y 3 libros *de legatis* de Gayo.

(iii) *Grupo de Ulpiano*. A.

10. 9 libros *disputationum* de Ulpianu.

11. 10 libros *de omnibus tribunalibus* de Ulpiano.

Libros sueltos.

12. 6 libros *opinionum* de Ulpiano.

13. 6 libros *de censibus* de Ulpiano (M duda de su ubicación en la masa)

(iv) *Grupo de Juliano*. A.

14. 90 libros *digestorum* de Juliano.
15. 7 libros *digestorum* de Alfeno Varo (40 *digestorum*, IA).
16. 8 libros *epitomarum Alfeni digestorum* de Paulo.
17. Un libro *de ambiguitatibus* de Juliano.
18. 4 libros de comentarios *ad Urseium Ferocem* de Iuliano.
19. 6 libros *ex Minicio* de Juliano.
20. 9 libros *quaestionum* de Africano.

(v) *Grupo de las instituciones.* G.
21. 12 libros *institutionum* de Florentino.
22. 16 libros *institutionum* de Marciano.
23. 2 libros *institutionum* de Ulpiano.
24. 3 libros *rerum cottidianarum* de Gayp (7 *rerum cottidianarum*, IA).
25. 4 libros *institutionum* de Gayo.
26. 3 libros *institutionum* de Calistrato.
27. 1 libro *institutionum* de Paulo.

(vi) *Grupo sobre adulterio.* S.
28. 5 libros *de adulteriis* de Ulpiano.
29. 2 libros *de adulteriis* de Papinino.
30. 1 libro *de adulteriis* de Papiniano.
31. 3 libros *de adulteriis* de Paulo.

Libros sueltos.
32. 1 libro *de sponsalibus* de Ulpiano (ID, M; Sab., H).
33. 1 libro *de dotis repetitione* de Paulo.
34. 1 libro *de adsignatione libertorum* de Paulo.
35. 1 libro *de iure patronatus* de Paulo (ID, M; Sab., H).

(vii) *Grupo de las regulae.* G.
36. 15 libros *regularum* de Neracio.
37. 7 libros *regularum* de Ulpiano.
38. 4 libros *regularum* de Escévola.
39. 1 libros *regularum* de Paulo.

40. 5 libros *regularum* de Marciano, libros 1–2.

41. 2 libros *responsorum* de Ulpiano.

42. 5 libros *regularum* de Marciano, libros 3–4.

43. 7 libros *regularum* de Paulo.

44. 5 libros *regularum* de Marciano, libro 5.

45. 1 libro *regularum* de Pomponio.

46. 1 libro *regularum* de Ulpiano.

¿*46 bis* (de Krueger 59)? 1 libro *responsorum* de Marcelo (reubicado, M; N, H)

Libros sueltos.

47. 10 libros *de officio proconsulis* de Ulpiano.

48. 1 libro *ad SC Silanianum* de Paulo (ID, M; Sab., H).

49. 1 libro *de portionibus quae liberis damnatorum conceduntur* de Paulo.

50. 1 libro *ad legem Iuniam* de Paulo.

51. 1 libro *de conceptione formularum* de Paulo.

(viii) *Grupo de los iudicia publica.* S.

52. 2 libros *publicorum iudiciorum* de Mácer.

53. 3 libros *de iudiciis publicis* de Venuleyo.

54. 1 libro *de iudiciis publicis* de Paulo.

55. 2 libros *de iudiciis publicis* de Marciano.

56. 14 libros *de iudiciis publicis* de Meciano.

(ix) *Grupo de formula hypothecaria.* S.

57. 1 libro *ad formulam hypothecariam* de Marciano.

58. 1 libro *de formula hypothecaria* de Gayo.

Libros sueltos.

59. 1 libro *responsorum* de Marcelo (hasta 46 *bis*).

60. 7 libros *membranarum* de Neracio.

61. 2 libros *de officio praesidis* de Mácer.

62. 1 libro *de testibus* de Arcadio Carisio.

63. 1 libro *de delatoribus* de Marciano.

(x) *Grupo de las apelaciones.* S.

64. 4 libros *de appellationibus* de Ulpiano.

65. 2 libros *de appellationibus* de Mácer.

66. 2 libros *de appellationibus* de Marciano.

67. 1 libro *de appellationibus* de Paulo.

Libros sueltos.

68. 1 libro *ad legem Falcidiam* de Rutilio.

69. 1 libro *ad legem Fufiam Caniniam* de Paulo.

(xi) Grupo de la *lex Aelia Sentia.* S.

69. 3 libros *ad legem Aeliam Sentiam* de Paulo.

70. 4 libros *ad legem Aeliam Sentiam* de Ulpiano.

Libros sueltos.

72. 1 libro *de libertatibus dandis* de Paulo.

73. 1 libro *de liberali causa* de Paulo.

74. 1 libro *de secundis tabulis* de Paulo.

75. 1 libro *de iure codicillorum* de Paulo.

76. 1 libro *de centumviralibus iudiciis* de Paulo.

77. 1 libro *de adulteriis* de Paulo.

78. 1 libro *de senatusconsultis* de Paulo (ID, M; S o P, H)

79. 1 libro *ad SC Velleianum* de Paulo (ID, M; S o P, H)

80. 1 libro *de intercessionibus feminarum* de Paulo (ID, M; S o P, H)

81. 1 libro *ad orationem divi Antonini et Commodi* de Paulo.

82. 1 libro *de excusationibus tutelarum* de Paulo (ID, M; S o P, H)

83. 1 libros *ad orationem divi Severi* de Paulo (ID, M; S or P, H)

84. 1 libro *de variis lectionibus* de Paulo.

85. 1 libro *pandectarum* de Ulpiano.

86. 2 libros *de re militari* de Mácer.

87. 1 libro *de poenis militum* de Paulo.

88. 1 libro *de officio curatoris reipublicae* de Ulpiano.

89. 1 libro *de officio consularium* de Ulpiano.

90. 2 libros *de officio consulis* de Paulo.

91. 4 libros *de officio proconsulis* de Venuleyo Saturnino.

92. 1 libro *de poenis paganorum* de Claudio Saturnino.

93. 1 libro *ex lege Rhodia* de Volusio Meciano (ID, M).

Grupo formado probablemente a partir de textos llegados posteriormente. S.

93 *bis* (de Krueger 265). 10 libros *posteriorum a Iavoleno epitomatorum* de Labeón, libros 1–2 *init.* (para los libros posteriores *vid.* 265)

94. 10 libros *ex posterioribus Labeonis* de Javoleno, libros 1–2 *init.* (para los libros posteriores *vid.* 265 bis).

Masa papinianea

(xii) *Grupo papinianeo.* A.

180. 37 libros *quaestionum* de Papiniano.

181. 19 libros *responsorum* de Papiniano.

182. 2 libros *definitionum* de Papiniano.

(xiii) *Grupo de las quaestiones.* G.

183. 26 libros *quaestionum* de Paulo.

184. 20 libros *quaestionum* de Escévola.

185. 2 libros *quaestionum* de Calistrato.

(xiv) *Grupo de los responsa.* G.

186. 23 libros *responsorum* de Paulo, libros 1–7.

187. 6 libros *responsorum* de Escévola, libro 1.

188. 23 libros *responsorum* de Paulo, libros 8–15.

189. 6 libros *responsorum* de Escévola, libros 2–4.

190. 23 libros *responsorum* de Paulo, libros 16–19.

191. 6 libros *responsorum* de, libro 5.

192. 23 libros *responsorum* de Paulo, libros 20–23.

193. 6 libros *responsorum* de Escévola, libro 6.

(xv) *Grupo de los fideicommissa.* S.

195. 6 libros *fideicommissorum* de Ulpiano, libros 1–4.

194. 7 libros *fideicommissorum* de Valente, libros 1–4.

196. 16 libros *fideicommissorum* de Meciano, libros 1–8.

197. 2 libros *fideicommissorum* de Gayo.

198. 3 libros *fideicommissorum* de Paulo, libros 1–2.

199. 5 libros *fideicommissorum* de Pomponio, libros 1–2.

203. 6 libros *fideicommissorum* de Ulpiano, libros 5–6.

200. 16 libros *fideicommissorum* de Meciano, libros 9–16.

201. 7 libros *fideicommissorum* de Valente, libros 5–7.

202. 5 libros *fideicommissorum* de Pomponio, libros 3–5.

204. 3 libros *fideicommissorum* de Paulo, libro 3.

(xvi) *Grupo de las sententiae iuris epitomae.* G.

205. 5 libros *sententiarum* de Paulo, libro 1 init.

206. 6 libros *iuris epitomarum* de Hermogeniano, libro 1.

207. 5 libros *sententiarum* de Paulo, libros 1 fin.–2.

208. 6 libros *iuris epitomarum* de Hermogeniano, libro 2.

209. 5 libros *sententiarum* de Paulo, libro 3.

210. 6 libros *iuris epitomarum* de Hermogeniano, libro 3.

211. 5 libros *sententiarum* de Paulo, libro 4.

212. 6 libros *iuris epitomarum* de Hermogeniano, libro 4.

213. 5 libros *sententiarum* de Paulo, libro 5.

214. 6 libros *iuris epitomarum* de Hermogeniano, libros 5–6.

Libros sueltos

215. 1 libro *de casibus* de Gayo.

216. 19 libros *stipulationum* de Venuleyo Saturnino.

(xvii) *Grupo de las responsa de Neracio.* S.

217. 3 libros *responsorum* de Neracio.

218. 4 libros *ad Neratium* de Paulo.

(xviii) *Grupo de Trifonino.* A.

219. 21 libros *disputationum* de Trifonino, libros 1–12.

220. 3 libros *manualium* de Paulo.

221. 21 libros *disputationum* de Trifonino, libros 13–21.

222. 3 libros *decretorum* de Paulo[48].

Libros sueltos.

223. 3 libros *regularum* de Gayo.

224. 1 libro *regularum* de Gayo (ID, M; P o S, H).

225. 1 libro *de cognitionibus* de Paulo.

226. 1 libro *de concurrentibus actionibus* de Paulo.

227. 1 libro *de usuris* de Paulo.

(xix) *Grupo del senatusconsultus Turpillianum.* S.

228. 1 libro *ad SC Turpillianum* de Paulo.

229. Libro *ad SC Turpillianum* de Marciano.

Libros sueltos.

230. 1 libro *ad SC Libonianum* de Paulo.

231. 1 libro *ad SC Claudianum* de Paulo.

232. 1 libro *de poenis omnium legum* de Paulo (ID, M; S o P, H).

233. 1 libro *de poenis paganorum* de Paulo.

234. 1 libro *ad regulam Catonianam* de Paulo (ID, M; S or P, H).

235. 1 libro *de forma testamenti* de Paulo.

236. 1 libro *de inofficioso testamento* de Paulo. (ID, M; S o P, H).

(xx) *Grupo de los tacita fideicommissa.* S.

237. 1 libro *de tacitis fideicommissis* de Paulo (ID, M; P, H)

242. 1 libro *de tacitis fideicommissis* de Gayo.

Libros sueltos.

238. 1 libro *de instrumenti significatione* de Paulo (ID, M; P, H).

241. 1 libro *ad legem Falcidiam* de Paulo.

---

[48] Según M, 219–222 forman un grupo de obras que se leen juntas, pero cuyo orden exacto no puede ser reconstruido.

(xxii) *Grupo del senatusconsultum Trebellianum.* S.
239. 1 libro *ad SC Tertullianum* de Paulo.
243. 1 libro *ad SC Tertullianum* de Gayo.

(xxiii) *Grupo del senatusconsultum Orfitianum.* S.
240. 1 libro *ad SC Orfitianum* de Paulo.
244. 1 libro *ad SC Orfitianum* de Gayo.

Libros sueltos.
245. 3 libros *de manumissionibus* de Gayo.
246. 3 libros *de verborum obligationibus* de Gayo.

(xxiv) *Grupo histórico.* G.
247. 6 libros *ad legem XII tabularum* de Gayo.
248. 2 libros *enchiridii* de Pomponio.
249. 1 libro *enchiridii* de Pomponio.

Libros sueltos.
250. 1 libro *de iure libellorum* de Paulo.
251. 1 libro *de articulis liberalis causae* de Paulo.
252. 1 libros *de iuris et facti ignorantia* de Paulo.
253. 1 libro *de iure singulari* de Paulo.
254. 1 libro *de gradibus et adfinibus et nominibus eorum* de Paulo (ID, M; S o P, H).
255. 1 libro *de officio adsessorum* de Paulo.

(xxv) *Grupo del praefectus vigilum.* S.
256. 1 libro *de officio praefecti vigilum* de Paulo.
257. 1 libro *de officio praefecti vigilum* de Ulpiano.

Libros sueltos.
258. 1 libro *de officio praefecti urbi* de Ulpiano (ID, M; S o P, H).

259. 1 libro *de officio praefecti urbi* de Paulo (ID, M; S o P, H)[49].
260. 1 libro *de muneribus civilibus* de Arcadio Carisio(ID, M; S o P, H).
261. 1 libro *de officio praefecti praetorio* Arcadio Carisio (ID, M; S o P, H).
262. 1 libro *de officio quaestoris* de Ulpiano (ID, M; S or P, H).

Masa edictal

(xxv) *Grupo de los comentarios edictales antiguos.* S.
95. 81 libros *ad edictum* de Ulpiano, libros 1–25 .
96. 78 libros *ad edictum* de Paulo, libros 1–27.
97. 23 libros de los *brevia* de Paulo, libros 1–5.
98. 30 libros *ad edictum provinciale* de Gayo, libros 1–8, 19.
99. Libro *ad edictum praetoris urbani* de Gayo.

Libros sueltos.
100. 4 libros *edicti monitorii* de Calistrato, libros 1–2 (*vid.* 176).

(xxvi) *Grupo de los comentarios edictales posteriores.* S.
101. 81 libros *ad edictum* de Ulpiano, libros 56–81.
102. 78 libros *ad edictum* de Paulo, libros 53–78.
103. 23 libros *brevium* de Paulo, libro 16.
104. 30 libros *ad edictum provinciale* de Gayo, libros 21 *fin.*–30.
105. Libro *ad edictum praetoris urbani*, título *de praediatoribus* de Gayo.
106. Libro *ad edictum praetoris urbani*, título *qui neque sequantur neque ducantur* de Gayo.
107. Libro *ad edictum praetoris urbani*, título de *re iudicata* de Gayo.

(xxvii) *Grupo del edicto de los curules aediles.* S.
108. 2 libros *ad edictum aedilium curulium* de Ulpiano.
109. 2 libros *ad edictum aedilium curulium* de Paulo.
110. 2 libros *ad edictum aedilium curulium* de Gayo.

---

[49] Números 258 y 259 forman un grupo materia, pero es incierto si de la masa sabiniana o papinianea.

Libros sueltos.

111. 1 libro ἀστυνομικὸς de Papiniano (ID, M; P o Apéndice, H).

(xxviii) *Grupo de los comentarios edictales transferidos.* S.

112. 81 libros *ad edictum* de Ulpiano, libros 54–55 *init.*

113. 78 libros *ad edictum* de Paulo, libros 50–51.

114. 30 libros *ad edictum provinciale* Gaius libro 20.

115. Libros *ad edictum praetoris urbani*, título *de liberali causa* de Gayo.

116. 81 libros *ad edictum* de Ulpiano, libro 55 *fin.*

117. 78 libros *ad edictum* de Paulo, libro 52.

118. Libros *ad edictum provinciale* de Gayo, libro 21.

119. Libros *ad edictum praetoris urbani*, título *de publicanis* de Gayo.

120. 81 libros *ad edictum* de Ulpiano, libros 52 fin.–53.

121. 78 libros *ad edictum* de Paulo, libros 48 fin.–49.

122. Libros *ad edictum provinciale* de Gayo libro 19.

123. Libro *ad edictum praetoris urbani*, título *de operis novi nuntiatione, de damno infecto, de aquae pluviae arcendae* de Gayo

(xxix) *Grupo de los comentarios ad Plautium.* S.

124. 18 libros *ad Plautium* de Paulo, libros 1–14.

125. 5 libros *ad Plautium* de Javoleno, libro 1.

126. 7 libros *ad Plautium* de Pomponio, libro 1.

127. 5 libros *ad Plautium* de Javoleno, libro 2.

128. 7 libros *ad Plautium* de Pomponio, libros 2–3 (2, H).

129. 18 libros *ad Plautium* de Paulo, libros 15–18.

130. 5 libros *ad Plautium* de Javoleno, libros 3–5.

131. 7 libros *ad Plautium* de Pomponio, libros 4–7 (3–7, H).

132. 4 libros *ad Vitellium* de Paulo (N, H).

133. 2 libros *de iure fisci* de Paulo (N, H).

(xxx) *Grupos del digesto de Celso-Marcelo.* G.

134. 39 libros *digestorum* de Celso.

135. 31 libros *digestorum* de Marcelo.

(xxxi) *Grupo de Modestino*. A.

136. 3 libros *de officio consulis* de Ulpiano (N, H).

137. 1 libro *de manumissionibus* de Modestino.

138. 9 libros *differentiarum* de Modestino.

139. 10 libros *regularum* de Modestino.

140. Libro *de ritu nuptiarum* de Modestino.

141. 1 libro *de differentia dotis* de Modestino.

142. 6 libros *excusationum* de Modestino.

143. 1 libro *de officio praetoris tutelaris* de Ulpiano.

144. 1 libro *excusationum* de Ulpiano[50]

145. 4 libros *de praescriptionibus* de Modestino[51]

146. 19 libros *responsorum* de Modestino.

147. 1 libro *de enucleatis casibus* de Modestino.

148. 1 libro *de praescriptionibus* de Modestino.

149. 12 libros *pandectarum* de Modestino.

150. 1 libro *de heurematicis* de Modestino.

151. 1 libro *de inofficioso testamento* de Modestino.

(xxxii) *Grupo de Javoleno*. A.

152. 15 libros *ex Cassio* de Javoleno.

153. 14 libros *epistularum* de Javoleno.

Libros sueltos.

154. 39 libros *ad Quintum Mucium* de Pomponio.

155. 11 libros *epistularum* de Próculo, libros 1–6.

156. 15 libros *variarum lectionum* de Pomponio.

157. 11 libros *epistularum* de Próculo, libros 7–11.

158. 4 libros *de iure fisci* de Calistrato (ID, M).

159. 2 libros *de censibus* de Paulo (ID, M; S o P, H).

160. 6 libros *de cognitionibus* de Calistrato.

---

[50] Los números 142–144 forman un grupo material sobre excusas de la tutela dentro del grupo de Modestino.

[51] No existe, el único libro así inscrito proviene de su libro 4 *pandectarum*, BK 149.

161. 8 libros *quaestionum* de Tertuliano.

(xxxiii) *Grupo de los comentarios sobre la lex Iulia et Papia.* S.

162. 20 libros *ad legem Iuliam et Papiam* de Ulpiano.

163. 10 libros *ad legem Iuliam et Papiam* de Paulo.

164. 20 libros *ad legem Iuliam et Papiam* de Terencio Clemente.

165. 15 libros *ad legem Iuliam et Papiam* de Gayo.

166. 6 libros *ad legem Iuliam et Papiam* de Mauriciano.

167. 6 libros *ad legem Iuliam et Papiam* de Marcelo.

Libros sueltos.

168. 2 libros *ad legem vicensimam hereditatium* de Mácer.

169. 1 libro *ad legem Glitiam* de Gayo (ID, M; P, H).

170. 1 libro *ad legem Cinciam* de Paulo (ID, M; S o P, H).

(xxxiv) *Grupos del derecho militar.* S.

171. 4 libros de *re militari* Arrius Menander

172. 4 libros de *re militari* de Tarrucieno Paterno.

Libros sueltos.

173. 1 libro *de castrensi peculio* de Tertuliano.

174. 4 libros *de poenis* de Modestino.

175. 12 ó 13 libros *regularum* de Licinio Rufino.

176. 4 libros *edicti monitorii* de Calistrato (incluyendo los libros 1–2 de 100).

177. 20 libros *constitutionum* de Papirio Justo.

178. 1 libro *de verborum quae ad ius pertinent significatione* de Elio Galo.

179. 1 libro *responsorum* de Julio Aquila.

Apéndice

263. 2 (6, IA) libros *imperialium sententiarum in cognitionibus prolatarum* de Paulo (ID, M; App., H, O).

264. 1 libro ὅρων de Quinto Mucio Ecévola (ID, M; App. H, O).

265. 10 libros *posteriorum a Iavoleno epitomatorum* de Labeón, libros 2 *fin.–*10.

265 *bis*. 10 libros *posteriorum* Labeonis de Javoleno, libros 2 *fin.–*10.

266. 3 libros *ex posterioribus Labeonis* de Próculo[52].

267. 40 libros *digestorum* de Escévola, libros 3–40.

268. 8 libros πιθανῶν *a Paulo epitomatorum* de Labeón

269. 20 libros *epistularum* de Pomponio.

270. 5 libros *de senatusconsultis* de Pomponio.

271. 1 libro *quaestionum publice tractatarum* de Escévola.

272. 7 libros *actionum* de Valente[53].

273. 10 libros *actionum* de Venuleyo Saturnino.

274. 6 libros *de interdictis* de Venuleyo Saturnino.

275. 1 (5, IA) libro *ad edictum* de Furio Antiano (ID, M; App., H).

---

[52] No existente, él único texto con inscripción similar que más bien se refiere a 265 bis.

[53] No existente, el único texto así inscrito se refiere más bien a 273.

NOTA SOBRE LA PRESENTE EDICIÓN

La *editio princeps* publicada en 1583 por *Dionysius Godofredus*, quien forjó también el nombre de la compilación justinianea (*Codex*, *Digesta, Institutiones* y *Novellae*) tal como lo conocemos hoy, *Corpus Iuris Civilis*, fue la primera edición académica de la codificación de Justiniano, incluyendo el Digesto, que siguió siendo la edición estándar hasta el siglo XIX. Pese a que dedicaremos posteriormente sendos estudios a la transimisión en Occidente de esta obra jurídica, podemos citar cronológicamente las ediciones de Kriegel y Osenbrüggen (*Corpus Iuris Civilis*, Leipzig, 1872) y de Pothier (*Pandectae Justinianae in Novum Ordinem Digestae*, París, 1818-1823) como primeros intentos de establecer una edición "moderna" del Digesto; sin embargo, fue hasta mediados del siglo XIX que el método estemático de Lachmann brindó a los estudiosos las técnicas necesarias para manejar los problemas editoriales a nivel de las grandes obras del Derecho Romano.

Por otro lado, en el mundo de habla hispana han sido pocos, aunque loables, los intentos por acercar el *Digesta Iustiniani* a los estudiosos del Derecho. El primero del que se tiene memoria es "El Digesto del emperador Justiniano", obra publicada en Madrid entre 1872 y 1874 y traducida por Don Bartolomé Agustín Rodríguez de Fonseca, todavía publicada como una excepcional rareza histórica, aunque con un idioma español ya arcaico y anacrónico para nuestros días. Posteriormente hallamos la edición de Ildefonso García del Corral, publicada en Barcelona por Jaime Molinas en 1889, aún publicada y distribuida, aunque con obstáculos filológicos insalvables y giros lingüísticos ya en desuso. Finalmente, hallamos una versión más contemporánea realizada, entre otros, por el eminente romanista español Álvaro D'Ors y publicada por Aranzadi en 1968, hoy prácticamente inhallable y reducido su escaso tiraje a una elitista comunidad romanista que literalmente "encerró" los ejemplares en las estanterías de algunas bibliotecas universitarias, haciendo prácticamente inaccesible esta obra al mundo jurídico. Además, la versión de D'Ors en ocasiones peca de una traducción demasiado "libre", alejándose del sentido originario del texto latino.

Así, pues, la presente edición, inédita para Hispanoamérica, que busca mantener el apego al texto latino, pero con un lenguaje moderno accesible a todo estudioso del Derecho, y a todo interesado en la cultura clásica, toma como fuente principal la siguiente versión de trabajo en cuanto al texto latino:

- La obra *Corpus Iuris Civilis, Editio Stereotypa Quinta*, a cargo de Theodore Mommsen, publicada en Berlín, Weidmann, 1889, Vol. I.

SOBRE LA FORMA DE CITAR
Y CONSULTAR EL DIGESTO

El "Digesto" del Emperador Justiniano contiene extractos de escritos de los jurisconsultos de la época clásica (126 a. C. a 325 d. C.). Consta de 50 libros; éstos se dividen, a su vez, en títulos (excepto los libros 30 a 32); los títulos se dividen en fragmentos que se inician con una *inscriptio*, es decir, el nombre del autor y la obra de donde proceden. A partir de la Edad Media, los fragmentos más extensos fueron divididos en párrafos, el primer párrafo se denomina *principium*, cuya abreviación es "pr.", el segundo párrafo se numera con el "1" y así sucesivamente.

El modo de citar y consultar modernamente el Digesto, así como las demás fuentes de la antigüedad, es el filológico. La cita comienza con la inicial D. (*Digesta*); a continuación, se colocan los números correspondientes al libro, título, fragmento y párrafo, comenzando por el pr.; cuando nos hallamos ante párrafos numerados, éstos comienzan con el símbolo "§" (sección).

Por ejemplo, si en un texto aparece la siguiente cita, D. 9, 1, 1, 9, ésta se consultará en el Digesto del siguiente modo: Digesto; Libro 9; Título 1; Fragmento 1; Párrafo §9.

Si hallamos esta cita, D. 1, 2, 1 pr., se consultará del siguiente modo: Digesto; Libro 1; Título 2; Fragmento 1; *principium*, coloquialmente llamado "párrafo cero".

Si hallamos esta cita, D. 1, 1, 9, indica que el fragmento es corto y no tiene párrafos, por lo que se consultará de este modo: Digesto; Libro 1; Título 1; Fragmento 9.

DOMINI IUSTINIANI DIGESTORUM SEU PANDECTARUM PARS TERTIA (DE REBUS)

TERCERA PARTE DEL DIGESTO O PANDECTAS DEL SEÑOR JUSTINIANO (DE LAS COSAS)

LIBER XIII

LIBRO XIII

TITULUS I
DE CONDICTIONE FURTIVA

TÍTULO I
DE LA ACCIÓN EJECUTIVA POR ROBO

1. ULPIANUS libro octavo decimo ad Sabinum. In furtiva re soli domino condictio competit.

1. ULPIANO *en el libro décimo octavo de los comentarios a Sabino.* En cuanto a una cosa robada, la acción ejecutiva compete únicamente al propietario.

2. POMPONIUS libro sexto decimo ad Sabinum. Condictione ex causa furtiva et furiosi et infantes obligantur, eum heredes necessarii exstiterunt, quamvis eum eis agi non possit.

2. POMPONIO *en el libro décimo sexto de los comentarios a Sabino.* Con la acción ejecutiva por robo se obligan los dementes y los infantes si fueron designados herederos necesarios, aunque no pueda intentarse acción contra ellos por el robo.

3. PAULUS libro nono ad Sabinum. Si condicatur servus ex causa furtiva, id venire in condictionem certum est quod intersit agentis, veluti si heres sit institutus et periculum subeat dominus hereditatis perdendae. Quod et Iulianus scribit. Item si mortuum hominem condicat, consecuturum ait pretium hereditatis.

3. PAULO *en el libro noveno de los comentarios a Sabino.* Si se demanda con la acción ejecutiva el robo de un esclavo, es cierto que se comprende en dicha acción lo que le interesa al actor, por ejemplo, si dicho esclavo fue instituido heredero y su dueño corre el riesgo de perder la herencia, lo que también escribe Juliano. También dice que, si reclama un esclavo después de que haya muerto con la acción ejecutiva, podrá conseguir el valor de la herencia.

35

4. *ULPIANUS libro quadragensimo primo ad Sabinum. Si servus vel filius familias furtum commiserit, condicendumm est domino id quod ad eum pervenit: in residuum noxae servum dominus dedere potest.*

4. ULPIANO *en el libro cuadragésimo primero de los comentarios a Sabino.* Si cometió un robo un esclavo o un hijo de familia, deberá reclamarse al dueño con la acción ejecutiva todo lo que ingresó a su patrimonio, y por el restante puede entregarse al esclavo en razón del delito.

5. *PAULUS libro nono ad Sabinum. Ex furtiva causa filio familias condici potest: numquam enim ea condictione alius quam qui fecit tenetur aut heres eius.*

5. PAULO *en el libro noveno de los comentarios a Sabino.* Puede intentarse la acción ejecutiva por robo contra un hijo de familia, pues dicha acción nunca obliga más que a quien cometió el robo, o a su heredero.

6. *ULPIANUS libro trigensimo octavo ad edictum. Proinde etsi ope consilio alicuius furtum factum sit, condictione non tenebitur, etsi furti tenetur.*

6. ULPIANO *en el libro trigésimo octavo de los comentarios al edicto.* Por tanto, si se cometió robo con ayuda y consejo de alguien, éste último no se obligará por la acción ejecutiva, sino por la acción de robo.

7. *IDEM libro quadragensimo secundo ad Sabinum. Si pro fure damnum decisum sit, condictionem non impediri verissimum est: decisiones enim furti quidem actio, non autem condictio tollitur.*

7. EL MISMO *en el libro cuadragésimo segundo de los comentarios a Sabino.* Si se realizó transacción respecto al robo, es indudable que esto no impide la acción ejecutiva, porque la transacción extingue obviamente la acción de robo, pero no la acción ejecutiva.

§1. Furti actio poenam petit legitimam, condictio rem ipsam. Ea res facit, ut neque furti actio per condictionem neque condictio per furti actionem consumatur. Is itaque, cui furtum factum est, habet

§1. La acción de robo busca obtener la pena que señala la ley, y la ejecutiva el valor de la cosa misma, para que así la segunda no extinga a la primera o viceversa.

actionem furti et condictionem et vindicationem, habet et ad exhibendum actionem.

§2. Condiction rei furtivae, quia rei habet persecutionem, heredem quoque furis obligat, nec tantum si vivat servus furtivus, sed etiam si decesserit: sed et si apud furis heredem dicem suum obit servus fugitivus vel non apud ipsum, post mortem tamen furis, dicendum est condictionem adversus heredem durare. Quae in herede diximus, eadem erunt et in ceteris successoribus.

8. IDEM libro vicensimo septimo ad edictum. In re furtiva condictio ipsorum corporum competit: sed utrum tamdiu, quamdiu exstent, an vero et si desierint esse in rebus humanis? Et si quidem optulit fur, sine dubio nulla erit condictio: si non optulit, durat condictio aestimationis eius: corpus enim ipsum praestari non potest.

§1. Si ex causa furtive res condicatur, cuius temporis aestimatio fiat, quaeritur. Placet tamen id tempus spectandum, quo res umquam plurimi fuit, maxime cum deteriorem rem factam fur dando non liberatur: Semper enim moram fur facere videtur.

Por tanto, quien sufrió un robo tiene la acción de robo, la ejecutiva y la reivindicación, así como la acción exhibitoria.

§2. La acción ejecutiva por robo, al consistir en la persecución de la cosa y no en la pena, también obliga al heredero del ladrón, y no solo si vive el esclavo robado, sino también si hubiese muerto. Pero si el esclavo robado falleció en poder del heredero del ladrón, o en poder de otro pero tras morir el ladrón, subsiste la acción ejecutiva contra el heredero. Esto último también aplicará para los demás sucesores.

8. EL MISMO *en el libro vigésimo séptimo de los comentarios al edicto.* En cuanto a la cosa robada procede la acción ejecutiva por las cosas mismas. Pero, ¿ello mientras existan o también si ya dejaron de existir? Si el ladrón ofreció devolver las cosas, obviamente ya no procederá la acción ejecutiva, de lo contrario subsiste la acción en cuanto a su valor, al ya no poder entregarse las cosas.
§1. Si se demandó con la acción ejecutiva alguna cosa debido a un robo, se pregunta a qué momento corresponderá la estimación. Se admite que deberá observarse el momento en que la cosa tuvo su valor máximo, sobre todo considerando que el ladrón no debe quedar exento si entrega una

§2. Novissime dicendum est estiam fructus in hac actione venire.

cosa deteriorada, pues se considera que es como un deudor que siempre incurre en mora.

§2. Por último debe decirse que en esta acción también se incluyen los frutos producidos por la cosa robada.

9. IDEM *libro trigensimo ad edictum. In condictione ex causa furtuva non pro parte quae pervenit, sed in solidum tenemur, dum soli heredes sumus, pro parte autem heres pro ea parte, pro qua heres est, tenetur.*

9. EL MISMO *en el libro trigésimo de los comentarios al edicto.* En la acción ejecutiva por robo estamos obligados, no por la porción que llegó a cada uno, sino por el total, en caso de ser herederos únicos. Pero el heredero de una porción se obliga por la parte de la que es heredero.

10. IDEM *libro trigensimo octavo ad edictum. Sive manifestus fur sive nec manifestus sit, poterit ei condici. Ita demum autem manifestus sit, poterit ei condici. Ita demum autem manifestar fur condictione tenebitur, si deprehensa non fuerit a domino possessio eius: ceterum nemo furum condictione tenetur, posteaquam dominus possessionem adprehendit. Et ideo Iulianus, ut procedat in fure manifestó tractare de condictione, ita proponit furem deprehensum aut occidisse aut fregisse aut effudisse id quod interceperat.*

10. EL MISMO *en el libro trigésimo octavo de los comentarios al edicto.* Podrá demandarse al ladrón con la acción ejecutiva sea o no manifiesto. Sin embargo, solo en el primer caso quedará obligado por dicha acción si el dueño no recuperó la posesión de la cosa. Por lo demás, ningún ladrón queda obligado por la acción ejecutiva en cuanto el dueño recupera la posesión, por lo que Juliano propone lo siguiente: para que proceda la acción ejecutiva respecto de un ladrón manifiesto, este debe haber sido sorprendido matando, quebrando o derramando lo hurtado.

§1. Ei quoque, qui vi bonorum raptorum tenetur, condici posse Iulianus libro vicensimo secundo digestorum

§1. Juliano opina en el libro vigésimo segundo de su digesto que también puede ejercerse la

significat.

§2. Tamdiu autem condictioni locus erit, donec domini facto dominium eius rei ab eo recedat: et ideo si eam rem alienaverit, condicere non poterit.

§3. Unde Celsus libro duodecimo digestorum seribit, si rem furtivam dominus pure legaverit furi, heredem ei condicere non posse: sed et si non ipsi furi, sed alii, idem dicendum est cessare condictionem, quia dominium facto testatoris, ed est domini, discessit.

11. *PAULUS libro trigensimo nono ad edictum. Sed nec legatarius condicere potest: ei enim competit condictio, cui res subrepta est, vel heredi eius: sed vindicare rem legatam ab eo potest.*

12. *ULPIANUS libro trigensimo octavo ad edictum. Et ideo eleganter Marcellus definit libro septimo: ait enim: si res mihi subrepta tua remaneat, condices. Sed et si dominium non tuo facto amiseris, aeque condices.*

acción ejecutiva contra quien fue demandado por la acción de bienes sustraídos con violencia.

§2. Procederá la acción ejecutiva en tanto el dueño no pierda la propiedad de la cosa. Por ende, si enajenó el bien robado, no podrá ejercer la acción ejecutiva.

§3. Por ello escribe Celso en el libro décimo segundo de su digesto que, si el dueño legó de forma pura y simple la cosa robada al ladrón, el heredero no podrá reclamarla con la acción ejecutiva. Pero si no la legó al ladrón, sino a un tercero, tampoco procederá la acción ejecutiva, porque la propiedad se extinguió por un acto del testador, es decir, del dueño.

11. PAULO *en el libro trigésimo noveno de los comentarios al edicto.* Tampoco el tercero legatario puede intentar la acción ejecutiva, porque ésta le compete a aquel a quien se le sustrajo la cosa, o a su heredero, aunque puede reivindicar del ladrón la cosa legada.

12. ULPIANO *en el libro trigésimo octavo de los comentarios al edicto.* Por ello, en el libro séptimo de su digesto Marciano señala acertadamente que podrás demandar con la acción ejecutiva si la cosa que me dejaste y que ha sido hurtada sigue siendo tuya. Pero también dice que podrás

§1. In communi igitur re, eleganter ait, interesse, utrum tu provocasti communi dividundo iudicio, an provocatus es; ut, si provocasti communi dividundo iudicio, amiseris condictionem, si provocatus es, retineas.

§2. Neratius libris membranarum Aristonem existimasse refert eu, cui pignori rers data sit, incerti condictione acturum, si ea subrepta est.

13. PAULUS *libro trigensimo nono ad edictum. Ex argento subrepto pocula facta condici posse Fulcinius ait: ergo in condictione poculorum etiam caelaturae aestiatio fiet, quae impensa furis facta est, quemadmodum si infans subreptus adoleverit, aestimatio fit adulescentis, quamvis cura et sumptibus furis ereverit.*

14. *IULIANUS libro vicensimo secundo digestorum. Si servus furtivus sub condicione legatus fuerit, pendente ea heres condictionem habebit et, si lite contestata condijo exstiterit, absolutio sequi debebit, perinde ac si idem servus sub condicione liber ese iussus fuisset et lite contestata condijo exstitisset: nam*

hacerlo si perdiste la propiedad por un acto no imputable a ti.

§1. Tratándose de cosa común, dice correctamente Marcelo que debe saberse si promoviste juicio de división de cosa común o si fuiste demandado en él. En el primer caso habrás perdido la acción ejecutiva; en el segundo, la conservarás.

§2. Neracio señala en sus libros de los pergaminos que, en opinión de Aristón, si una cosa dada en prenda le fue robada al acreedor, éste deberá ejercer la acción ejecutiva de cosa incierta.

13. PAULO *en el libro trigésimo noveno de los comentarios al edicto*. Dice Fulcinio que con la acción ejecutiva pueden reclamarse unos vasos fabricados con plata robada; con dicha acción se realizará la estimación del cincelado hecho a costa del ladrón; igualmente, se hará la estimación de un adolescente si el esclavo fue robado siendo un niño, aunque haya crecido gracias a los cuidados y gastos del ladrón.

14. JULIANO *en el libro vigésimo segundo del digesto*. Si un esclavo robado fue legado bajo condición, el heredeó tendrá la acción ejecutiva mientras aquélla se halle pendiente, y si la condición se cumplió tras contestar la demanda, deberá procederse a la absolución,

nec petitoris iam interest hominem recipere et res sine dolo malo furis eius ese desiit. Quod si pendente condicione iudicaretur, iudex aestimare debebit, quanti emptorem invenerit.

como si se mandase que el esclavo fuese liberado bajo condición testamenatria, y se hubiese cumplido la condición al contestar la demanda, porque ya no interesa al demandante recibir el esclavo y la cosa dejó de ser suya sin dolo del ladrón. Pero si se emite sentencia estando pendiente la condición, el juez deberá estimarlo por el precio que podría dar un comprador.

§1. Cavere autem ex hac actione petitor ei cum quo agitur non debebit.

§1. El actor no deberá otorgar caución al demandado.

§2. Bove subrepto et occiso condictio et bovis et corii et carnis domini competit, scilicet si et corium et caro contrectata fuerunt: cornua quoque condicentur. Sed si dominus condictione bovis pretium consecutus fuerit et postea aliquid eorum, de quibus supra dictum est, condicet, omnimodo exceptionem summovetur. Contra si corium condixerit et pretium eius consecutus bovem condicet, offerente fure pretium bovis detracto pretio corii doli mali exceptione summovebitur.

§2. Compete al dueño de un buey la acción ejecutiva por el animal robado y matado, así como por el cuero y la carne, si éstos también fueron robados, y por la cornamenta. Pero si el dueño obtuvo con la acción ejecutiva el precio del buey, y luego reclamase con la misma acción alguna de las partes arriba mencionadas, será rechazado con una excepción. Por el contrario, si demandó el cuero, y tras obtener el valor de éste reclamó el buey, si el ladrón le ofrece el valor del buey, deduciendo el precio del cuero, el actor será rechazado con la excepción de dolo malo.

§3. Idem iuris est uvis subreptis: nam et mustum et vinacia iure condici possunt.

§3. Lo mismo procede respecto de las uvas robadas, pues también pueden demandarse con la acción ejecutiva el mosto y el orujo.

15. *CELSUS libro duodecimo digestorum. Quod ab alio servus*

15. CELSO *en el libro décimo segundo del digesto.* Queda obligada por la

subripuit, eius homine liber furti tenetur: condici autem ei non potest, nisi liber contrectavit.

acción de robo la persona libre dueña de un esclavo que robó a otro, pero no puede demandársele con la acción ejecutiva si no fue aquélla quien cometió el robo.

16. POMPONIUS *libro trigensimo octavo ad* Quintum Mucium. Qui *furtum admittit vel re commodata vel deposita utendo, condictione quoque ex furtiva causa obstringitur: quae differt ab actione commodati hoc, quod, etiamsi sine dolo malo et culpa eius interierit res, condictione tamen tenetur, cum in commodati actione non facile ultra culpam et in depositi non ultra dolum malum teneatur is, cum quo depositi agetur.*

16. POMPONIO *en el libro trigésimo octavo de los comentarios a* Quinto Mucio. Quien comete un robo abusando de la cosa dada en comodato o usando la dada en depósito, queda también obligado con la acción ejecutiva por robo. Ésta difiere de la acción de comodato en que, aunque la cosa pereciese sin dolo ni culpa del ladrón, queda obligado no obstante ello por la acción ejecutiva, debido a que en la de comodato solo queda obligado a la culpa, y en la de depósito solo al dolo.

17. PAPINIANUS *libro decimo quaestionum. Parvi refert ad tollendam condictionem, offeratur servus furtivus an in aliud nomen aliumque statum obligationis transferatur: nec me movet, praesens homo fuerit nec me, cum mora, quae eveniebat ex furto, veluti quadam delegatione finiatur.*

17. PAPINIANO *en el libro décimo de las cuestiones.* Para que la acción ejecutiva se extinga no importa que se ofrezca devolver el esclavo robado o que la obligación se convierta en otro crédito y cambie su naturaleza. Tampoco varía que el esclavo hurtado esté o no presente, porque la mora en que incurre el ladrón debido al robo se extingue como si fuera una delegación novatoria.

18. SCAEVOLA *libro quarto quaestionum. Quoniam furtum fit, cum quis indebitos numos sciens acceperit,*

18. ESCÉVOLA *en el libro cuarto de las cuestiones.* Considerando que se comete robo cuando alguien

videndum, si procurator suos numos solvat, an ipsi furtum fiat. Et Pomponius epistularum libro octavo ipsum condicere ait ex causa furtiva: sed et me condicere, si ratum habeam quod indebitum datum sit. Sed altera condictione altera tollitur.

aceptó dinero sabiendo que no se lo debían, deberá analizarse si sufre robo el procurador que paga con dinero suyo. Pomponio dice en el libro octavo de las epístolas que puede demandar por robo, pero también yo, el deudor, puedo ejercer la acción ejecutiva de pago indebido si ratifico lo dado indebidamente, aunque una acción extingue a la otra.

19. *PAULUS libro tertio ad Neratium. Iulianus ex persona filiae, quae res amovit, dandan in patrem condictionem in peculium respondit.*

19. PAULO *en el libro tercero de los comentarios a Neracio.* Juliano respondió que en nombre de la hija que realizó la amoción de cosas del marido deberá demandarse al padre con la acción ejecutiva hasta el límite del peculio.

20. *TRYPHONINUS libro quinto decimo disputationum. Licet fur paratus fuerit excipere condictionem et per me steterit, dum in rebus humanis res fuerat, condicere eam, postea autem perempta est, tamen durare condictionem veteres voluerunt, quia videtur, qui primo invito domino rem contrectaverit, semper in restituenda ea, quam nec debuit auferre, moram facere.*

20. TRIFONINO *en el libro décimo quinto de las disputas.* Aunque el ladrón esté dispuesto a aceptar el litigio de la acción ejecutiva, y yo demandase mientras la cosa existía y luego pereciese, los antiguos jurisconsultos quisieron que perdurase dicha acción, porque quien desde el inicio sustrae una cosa contra la voluntad de su dueño, se entiende que siempre incurre en mora al devolver lo que no debió quitar.

TITULUS II
DE CONDICTIONE EX LEGE

1. *PAULUS libro secundo ad Plautium. Si obligatio lege nova introducta sit nec cautum eadem lege, quo genere actionis experiamur, ex lege agendum est.*

TÍTULO II
DE LA ACCIÓN EJECUTIVA FUNDADA EN LA LEY

1. PAULO *en el libro segundo de los comentarios a Plaucio*. Si una nueva ley introduce una obligación, y no se previno en ella el tipo de acción que debíamos usar, debe intentarse la que se funda en la misma ley.

TITULUS III
DE CONDICTIONE TRITICARIA

1. *ULPIANUS libro vicensimo septimo ad edictum. Qui certam pecuniam numeratam petit, illa actione utitur si certum petetur: qui autem alias res, per triticariam condictionem petet. Et generaliter dicendum est eas res per hanc actionem peti, si quae sint praeter pecuniam numeratam, sive in pondere sive in mensura constent, sive mobiles sint sive soli. Quare fundum quoque per hanc acntionem petimus et si vectigalis sit sive ius stipulatus quis sit, veluti usum fructum vel servitutem utrorumque praediorum.*

§1. Reum autem suam per hanc actionem nemo petet, nisi ex causis ex quibus potest, veluti ex causa furtive vel vi mobile abrepta.

TÍTULO III
DE LA ACCIÓN EJECUTIVA TRITICIARIA

1. ULPIANO *en el libro vigésimo séptimo de los comentarios al edicto*. Quien pide cierta cantidad de dinero usa de la acción 'si se pidiese cosa cierta', pero para reclamar otras cosas se usa la acción ejecutiva triticiaria. En principio, con esta acción se pide lo que no sea dinero, como cosas que se pesan o se miden, sean muebles o inmuebles. Por ende, también reclamamos con esta acción un fundo, aunque sea tributario, o si se estipuló un derecho, como el usufructo, o una servidumbre rústica o urbana.

§1. Nadie puede reclamar con esta acción una cosa propia, salvo por aquellas causas en que sea posible, por ejemplo, por causa de robo o por de robo de una cosa mueble con violencia.

2. IDEM *libro octavo decimo ad Sabinum. Sed et ei, qui vi aliquem de fundo deiecit, posse fundum condici Sabinum scribit, et ita et Celsus, sed ita, si dominus sit qui deiectus condicat: ceterum si non ait, possessionem eum condicere Celsus ait.*

2. EL MISMO *en el libro décimo octavo de los comentarios a Sabino.* También escribe Sabino puede demandarse con la acción ejecutiva a quien expulsó violentamente a alguien de un fundo, y en ello coincide Celso, pero solo si intenta la acción el dueño despojado; si no lo es, dice Celso que puede reclamar por medio de la acción ejecutiva de posesión, no del fundo.

3. IDEM *libro vicensio septimo ad edictum. In hac actione si quaeratur, res quae petita est cuius temporis aestimationem recipiat, verius est quos Servius ait, condemnationis tempus spectandum: si vero desierit ese in rebus humanis mortis tempus, sed ἐν πλάτει secundum Celsum erit spectandum: non enim debet novissimum vitae tempus aestimari, ne ad exiguum pretium aestimatio redigatur in servo forte mortifere vulnerato. In utroque autem, si post moram deterior res facta sit, Marcellus scribit libro vicensimo habendam aestimationem, quanto deterior res facta sit: et ideo, si quis post moram servum eluscatum dederit, nec liberari eum: quare ad tempus morae in his erit reducenda aestimatio.*

3. EL MISMO *en el libro vigésimo séptimo de los comentarios al edicto.* Si en esta acción se pregunta a partir de qué momento debe estimarse la cosa reclamada, es más acertado lo que dice Servio: el momento de la condena. Pero según Celso, si el esclavo dejó de existir, deberá considerarse el de su muerte, pero ampliamente (en griego *en platei*), porque tratándose de un esclavo mortalmente herido no debe estimarse el último momento de la vida para reducir la estimación a un precio exiguo. En uno y otro caso, exista o no la cosa, Marcelo escribe en el libro vigésimo que deberá estimarse el deterioro de la cosa después de la mora. Por ello, si tras la mora alguien entregó un esclavo tuerto, no se libera de la obligación. Por ende, en tales casos la estimación deberá referirse al momento de la mora.

4. GAIUS libro nono ad edictum provinciale. Si merx aliqua, quae certo die dari debebat, petita sit. Veluti virum oleum frumentum, tanti litem aestimandam Cassius ait, quanti fuisset eo die, quo dari debuit: si de die nihil convenit, quanti tunc, cum iudicium acciperetur. Idemque iuris in loco ese, ut primum aestimatio sumatur eius loci, quo dari debuit, si de loco nihil convenit, is locus spectetur, quo peteretur. Quod de ceteris rebus iuris est.

4. GAYO *en el libro noveno de los comentarios al edicto provincial.* Si se pidió alguna mercancía que debía entregarse en determinada fecha, como vino, aceite o trigo, dice Casio que deberá estimarse el litigio por lo que valió la mercancía en la fecha que debió entregarse; y si nada se convino sobre la fecha, en cuanto valiese al momento de aceptar el juicio. Lo mismo procede respecto al lugar determinado para el pago: en primer lugar se considera el valor del lugar donde debía entregarse el bien; y si no se convino nada, considérese el del lugar en que se demanda. Lo mismo aplica a las demás cosas.

TITULUS IV
DE EO QUOD CERTO LOCO DARI OPORTET

TÍTULO IV
SOBRE LO QUE DEBE DARSE EN DETERMINADO LUGAR

1. GAIUS libro nono ad edictum provinciale. Alio loco, quam in quem sibi dariq uisque stipualtus esset, non videbatur agendi facultas competere, sed quia iniquum erat, si promisor ad eum locum, in quem daturum se promisisset, numquam accederet (quod vel data opera faceret vel quia aliis locis necesario distringeretur), non posse stipulatorem

1. GAYO *en el libro noveno de los comentarios al edicto provincial.* Parecía únicamente admitido para ejercer una acción el lugar donde el acreedor estipuló que se le entregase la cosa; pero como era injusto que el estipulante no pudiese obtener lo suyo si el promitente nunca se presentase en

ad suum pervenire, ideo visum est utilem actionem in eam rem comparare.

el lugar donde prometió dar (ya por hacerlo intencionadamente o porque estuviese ocupado en otros lugares), pareció adecuado conceder acción útil para este caso.

2. ULPIANUS libro vicensimo septimo ad edcitum. Arbitraria actio utriusque utilitatem continet tam actoris quam rei: quod si rei interest, minoris fit pecuniae condemnatio quam intentum est, aut si actoris, maioris pecuniae fiat.

2. ULPIANO *en el libro vigésimo séptimo de los comentarios al edicto.* La acción arbitraria considera el interés del actor y del demandado, porque si le interesa al segundo la condena será de menor cantidad a lo reclamado; pero si le interesa al primero, será de mayor cuantía.

§1. Haec autem action ex illa stipulation venit, ubi stipulates sum a te Ephesi decem dari.

§1. Esta acción surge de aquella estipulación en la que, por ejemplo, estipulé de ti que darías diez mil sestercios en Éfeso.

§2. Si quis Ephesi decem aut Capuae hominem dari stipulates experiatur, non debet detracto altero loco experiri, ne auferat loci utilitatem reo.

§2. Si alguien demanda por haber estipulado que se le debían dar diez mil sestercios en Éfeso o un esclavo en Capua, no debe hacerlo habiendo omitido la alternativa del otro lugar, para así no privar al demandado de la ventaja de elegir el lugar donde pagar.

§3. Scaevola libro quinto decimo quaestionum ait non utique ea, quae tacite insunt stipulationibus, semper in rei esse potestate, sed quid debeat, esse in eius arbitrio, an debeat, non esse. Et ideo cum quis Stichum aut Pamphilum promittit, eligere posse quod solvat, quamdiu ambo vivunt: ceterum ubi alter decessit, extingui eius electionem, ne sit in arbitrio eius, an debeat, dum non vult vivum praestare, quem solum debet. Quare et in proposito eum, qui promisit

§3. Dice Escévola en el libro décimo quinto de las cuestiones que no siempre depende de la potestad del deudor lo que se comprende tácitamente en las estipulaciones alternativas, sino que está en su arbitrio lo que deberá, no si deberá. Por ello, quien prometió dar el esclavo Estico o el esclavo Pánfilo puede elegir al esclavo que entregará mientras ambos vivan; pero si uno

Ephesi aut Capuae, si fuerit in ipsius arbitrio, ubi ab eo petatur, conveniri non potuisse: semper enim alium locum electurum: sic evenire, ut sit in ipsius arbitrio, an debeat: quare putat posse ab eo peti altero loco et sine loci adliectione: damus igitur actori electionem petitionis. Et generaliter definit Scaevola petitorem electionem habere ubi petat, reum ubi solvat, scilicet ante petitionem. Proinde mixta, inquit, rerum altenatio locorum alternation ex necessitate facit actoris electionem et in rem propter locum: alioquin tollis ei actionem, dum vis reservare reo optionem.

muere, la elección se extingue, para no dejar a su arbitrio el dejar de deber por no querer entregar al que vive, que es el único que debe. Por ende, en el caso planteado, quien prometió en Éfeso o en Capua, si pudiese elegir dónde se le exigirá la deuda, podría no dejarse demandar, porque siempre elegirá el otro lugar donde no estaba, sucediendo que estaría en su arbitrio deber o no. Por ello, Escévola opina que puede demandársele en el otro lugar sin expresar el lugar para pagar; así pues, damos al actor la elección de pedir el sitio de pago. Por regla general Escévola define que el actor elige dónde demandará y el reo de dónde pagará antes de la demanda. Por tanto, dice, la alternativa mezclada de cosas y lugares, necesariamente provoca también la elección del actor sobre la cosa debido a la elección del lugar; de lo contrario, le quitas la acción al querer reservar la elección al demandado.

§4. Si quis ita stipulator 'Ephesi aut Capuae', hoc ait, ut Ephesi partem et Capuae partem petat.

§4. Si alguien estipulara de este modo, 'en Éfeso y en Capua', con esto quiere decir que pedirá una parte en Éfeso y otra en Capua.

§5. Si quis insulam fieri stipuletur et locum non adiciat, non valet stipulatio.

§5. Si alguien estipulase construir una casa sin expresar el lugar, la estipulación es inválida.

§6. Qui ita stipulator 'Ephesi decem dari': si ante diem, quam Ephesum pervenire possit, agat, perperam ante diem agi, quia et Iulianus putat diem

§6. Si se estipulan dar diez mil sestercios en Éfeso y se demanda antes de la fecha en que el demandado pueda llegar a esa

tacite huic stipulationi inesse. Quare verum puto quod Iulianus ait eum, qui Romae stipulatur hodie Carthagine dari, inutiliter stipulari.

ciudad, demanda inútilmente como si lo hiciera antes del plazo, porque también Juliano opina que el término está comprendido tácitamente en la estipulación. Por ello considero acertado lo que dice Juliano: quien estipula n Roma para que se dé hoy mismo en Cartago lo hace inútilmente.

§7. Idem Iulianus tractat, an is, qui Ephesi sibi aut Titio dari stipulates est, si alibi Titio solvatur, nihilo minus possit intendere sibi dari oportere. Et Iulianus scribit liberationem non contigisse atque ideo posse peti quod interest. Marcellus autem et alias tractate et apud Iulianum notat posse dici et si mihi alibi solvatur, liberation contigisse, quamvis invitus accipere non cogar: plane si non contigit liberatio, dicendum ait superesse petitionem integrae summae, quemadmodum si quis insulam alibi fecisset quam ubi promiserat, in nihilum liberaretur. Sed mihi videtur summae solution distare a fabrica insulae et ideo quod interest solum petendum.

§7. El mismo Juliano examina el caso de quien estipula que se le dé a él o a Ticio en Éfeso, y si debe pagársele a Ticio en otra parte, pudiendo el estipulante pretender en su acción que debía pagársele a él. Responde que no se extinguió la obligación, por lo que puede reclamarse lo que interesa. Pero Marcelo lo plantea de otra forma, y observa a Juliano que también puede admitirse que se libere si se me paga en otra parte, aunque no me vea obligado necesariamente a aceptar dicho pago; pero si no hubo liberación, Marcelo añade que entones subsiste reclamar la cantidad total, como sucedería si alguien construyese una casa en un lugar distinto del que había prometido. Aunque me parece que el pago de una cantidad no se asemeja a la construcción de una casa, por lo que tan solo debe reclamarse lo que interesa al demandante, no el valor total de lo no pagado.

§8. Nunc de officio iudici huius actionis loquendum est, utrum quantitate contractus debeat servire an vel excedere

§8. Hablemos ahora del ministerio del juez en esta acción, si deberá atenerse a la cuantía señalada en el

vel minuere quantitatem debeat, ut, si interfuisset rei Ephesi potius solver quam eo loci quo conveniebatur, ratio eius haberetur. Iulianus Labeonis opinionem secutus etiam actoris habuit rationem, cuius inerduum potuit interesse Ephesi recipere: itaque utilitas quoque actoris veniet. Quid enim si traiecticiam pecuniam dederit Ephesi recepturus, ubi sub poena debebat pecuniam vel sub pignoribus, et distracta pignora sunt vel poena commissa mora tua? Vel fisco aliquid debebatur et res stipulatoris vilissimo distracta est? In hanc arbitrariam quod interfuit veniet et quidem ultra legitimum modum usurarum. Quid si merces solebat comparare: an et lueri ratio habeatur, non solius damni? Puto et lucri habendam rationem.

contraro o si deberá aumentarla o reducirla como se consideraría, por ejemplo, si al deudor le hubiese interesado pagar en Éfeso y no en el lugar donde fue demandado. Seguiendo la opinión de Labeón, Juliano consideró también el interés del actor, a quien pudo interesarle cobrar en Éfeso. Así también se incluirá el interés del actor, porque, ¿qué pasa si se prestó dinero para comercio marítimo y debía cobrarse en Éfeso, donde el acreedor debía dinero bajo estipulación penal o con prendas, y éstas se vendieron o se incurrió en la pena por tu retraso en pagar lo que debías? ¿O si se debía alguna cosa al fisco, y por un precio muy bajo se vendió la cosa del estipulante? En esta acción arbitraria se incluirá el interés y más allá del límite legal de los intereses. ¿Y qué pasa si el acreedor solía emplear el dinero para comprar mercancías? ¿Se tendrá en cuenta también el lucro cesante y no solo el daño causado? Opino que también debe considerarse el lucro cesante.

3. *GAIUS libro nono ad edictum provinciale. Ideo in arbitrium iudicis refertur haec ratio, quia scimus, quam varia sint pretia rerum per singulas civitates regionesque, maxime vini olei frumenti: pecuniarum quoque licet videatur una et eadem potestas ubique ese, tamen aliis locis facilius et levibus*

3. GAYO *en el libro noveno de los comentarios al edicto provincial.* Por tanto, esta acción queda al arbitrio del juez, porque sabemos cómo varían los precios de las cosas en las diversas ciudades y regiones, especialmente del vino, del aceite y del trigo. Lo mismo pasa con el

usuris inveniuntur, aliis difficilius et gravibus usuris.

dinero, pues aunque parece que su valor es el mismo en todas partes, en ciertas regiones se le consigue más fácilmente y con menos intereses, y en otras con más dificultad y con mayores intereses.

4. *ULPIANUS libro vicensimo septimo ad edictum. Quod si Ephesi petetur, ipsa sola summa petetur nec amplius quid, nisi si quid esset stipulatus, vel si temporis utilitas intervenit.*

4. ULPIANO *en el libro vigésimo séptimo de los comentarios al edicto.* Si se reclama en Éfeso, se demandará tan solo la misma cantidad y nada más, salvo que se estipulase alguna cosa o interviniese la ventaja del tiempo para exigir intereses moratorios.

§1. Interdum iudex, qui ex hac actione cognoscit, cum sit arbitraria, absolvere reum debet cautione ab eo exacta de pecunia ibi solvenda ubi promissa est. Quid enim si ibi vel oblata pecunia actori dicatur vel deposita vel ex facili solvenda? Nonne debebit interdum absolveré? In summa aequitatem quoque ante oculos habere debet iudex, qui huic actioni addictus est.

§1. Por ser arbitraria, el juez que conoce de esta acción a veces debe absolver al demandado, exigiéndole caución de pagar el dinero allí donde fue prometido. Porque, ¿qué hacer si se alega que allí se ofreció el dinero al actor, o se depositó o que se pagará sin problema? ¿Acaso no deberá a veces absolver al demandado? En resumen, el juez que interviene en esta acción también debe considerar la equidad.

5. *PAULUS libro vicensimo octavo ad edictum. Si heres a testatores iussus sit certo loco quid dare, arbitraria actio competit:*

5. PAULO *en el libro vigésimo octavo de los comentarios al edicto.* Si el testador mandó que el heredero diese en legado alguna cosa en determinado lugar, compete la acción arbitraria,

6. *POMPONIUS libro vicensimo secundo ad Sabinum. ... aut mutua pecunia sic data fuerit, ut certo loco*

6. POMPONIO *en el libro vigésimo segundo de los comentarios a Sabino.* ... o si se prestó dinero en mutuo

reddatur.

para devolverlo en determinado lugar.

7. PAULUS *libro vicensimo octavo ad edictum. In bonae fidei iudiciis, etiamsi in contrahendo convenit, ut certo loco quid praestetur, ex empto vel vendito vel depositi actio competit, non arbitraria actio.*

7. PAULO *en el libro vigésimo octavo de los comentarios al edicto.* En los juicios de buena fe, aunque al hacer el contrato se convenga realizar alguna cosa en determinado lugar, compete la acción de compra, la de venta o la de depósito, no la arbitraria.

§1. Si tamen certo loco traditurum se quis stipualtus sit, hac actione utendum erit.

§1. Pero si alguien estipuló que debía entregarla en cierto lugar, deberá usarse esta acción.

8. AFRICANUS *libro tertio quaestionum. Centum Capuae dari stipulatus fideiussorem accepisti: ea pecunia ab eo similiter ut ab ipso promissore peti debebit, id est ut, si alibi quam Capuae petantur, arbitraria agi debeat lisque tanti aestimetur, quanti eius vel actoris interfuerit eam summam Capuae potius quam alibi solvi. Nec oportebit, quod forte per reum steterit, quo minus tota centum Capuae solveretur, obligationem fideiussoris augeri: neque enim haec causa recte comparabitur obligationi usurarum: ibi enim duae stipulations sunt, hic autem una pecuniae creditae est, circa cuius exsecutionem aestimationis ratio arbitrio iudicis committitur. Eiusque differentiae manifestissimum argumentum ese puto, quod, si post moram factam pars pecuniae soluta sit et reliquum petatur, officium iudicis tale ese debeat, ut aestimet, quanti actoris intersit eam dumtaxat summam quae petetur*

8. AFRICANO *en el libro tercero de las cuestiones.* Habiéndose estipulado que te darían cien mil sestercios en Capua, aceptaste un fiador; esta cantidad deberá reclamársele a éste y al promitente, es decir, que si se reclama en un lugar diferente a Capua deberá ejercerse la acción arbitraria, y el litigio se estimará según lo que al demandado o al actor le interese que se pague en Capua y no en otro lugar. Y no deberá aumentar la obligación del fiador el que se haya debido al demandado que no se pagasen íntegramente los cien mil en Capua. Porque tampoco este caso se comparará con el de la obligación de pagar intereses, pues allí hay dos estipulaciones distintas, y en el nuestro hay una sola, la del dinero prestado, respecto de cuya ejecución se encomienda al arbitrio del juez

Capuae solutam ese.

calcular la estimación. De esta diferencia me parece muy evidente la razón: si el deudor pagó parte del dinero tras haber incurrido en mora y se reclama el resto, deberá corresponder al juez estimar el interés del actor en que se pagase en Capua tan solo la suma reclamada.

9. *ULPIANUS libro quadragensimo septimo ad Sabinum. Is qui certo loco dare promittit nullio alio loco, quam in quo promisit, solvere invito stipulare potest.*

9. ULPIANO *en el libro cuadragésimo séptimo de los comentarios a Sabino.* Quien promete dar algo en determinado lugar no puede pagar en ningún otro salvo el prometido sin el consentimiento del estipulante.

10. *PAULUS libro quarto quaestionum. Si post moram factam, quo minus Capuae solveretur, cum arbitraria vellet agere, fideiussor acceptus sit eius actionis nomine, videamus, ne ea pecunia, quae ex sententia iudicis accedere potest, non debeatur nec sit in obligatione, adeo ut nunc quoque sorte soluta vel si Capuae petatur, arbitrium iudicis cesset: nisi si quis dicat, si iudex centum et viginti condemnare debuerit, centum solutis ex universitate, tam ex sorte quam ex poena solutum videri, ut supersit petitio eius quod excedit sortem, et accedat poena pro eadem quantitate. Quod non puto admittendum, tanto magis, quod creditor accipiendo pecuniam etiam remisisse poenam videtur.*

10. PAULO *en el libro cuarto de las cuestiones.* Si al querer ejercer la acción arbitraria contra el deudor tras incurrir en mora por haber pagado en Capua, y se aceptó un fiador por causa de dicha acción, veamos si el fiador no debe la cantidad que puede añadirse por ministerio del juez ni se comprende en su obligación, de modo se extinga el arbitrio del juez en el momento de pagarse solamente el capital o que se reclama en Capua. Podría decirse en contra de esto que, si el juez debía condenar en ciento veinte mil sestercios, una vez pagados cien mil se entiende que se pagó parte del capital y parte de la pena, subsistiendo la acción para el capital faltante y la pena respectiva por la misma cantidad. Pero opino que esto no debe admitirse, pues al recibir el acreedor el pago de aquella cantidad parece que también perdonó la pena respectiva.

TITULUS V
DE PECUNIA
CONSTITUTA

TÍTULO V
DEL DINERO
CONSTITUIDO A
PLAZO

1. ULPIANUS libro vicensimo septimo ad edictum. Hoc edicto praetor favet naturali aequitati: qui constituta ex consensu facta custodit, quoniam grave est fidem fallere.

1. ULPIANOS *en el libro vigésimo séptimo de los comentarios al edicto.* El pretor favorece con este edicto a la equidad natural, al proteger el plazo constituido de común acuerdo, porque es grave faltar a la palabra empeñada en los convenios.

§1. Ait praetor: 'Qui pecuniam debitam constituit'. 'Qui' sic accipiendum est 'quaeve', nam et mulieres de constituta tenentur, si non intercesserint.

§1. Dice el pretor: 'Quien constituyó plazo para el dinero adeudado'; 'quien' debe entenderse como refiriéndose a hombre o mujer, porque también las mujeres se obligan al constituir plazo, siempre que no intercedan como fiadoras.

§2. De pupillo etsi nihil sit expressum edicto, attaman sine tutoris auctoritate constituendo non obligatur.

§2. Aunque en el edicto no se expresó nada sobre el pupilo, éste no se obliga si constituyó plazo sin autorización del tutor.

§3. Sed si filius familias constituerit, an teneatur, quaeritur: sed puto verum et ipsum constituentem teneri et patrem de peculio.

§3. Pero se pregunta si se obliga el hijo de familia que constituyó un plazo para su deuda; considero que se obliga tanto el hijo como el padre por medio de la acción de

§4. Eum, qui inutiliter stipulatus est, cum stipulari voluerit, non constitui sibi, dicendum est de constituta experiri non posse, quoniam non animo constituentis, sed promittendis factum sit.

§5. An potest aliud constitui quam quod debetur, quaesitum est. sed cum iam placet rem pro re solvi posse, nihil prohibit et aliud pro debit constitui: denique ni quis centum debens frumentum eiusdem pretii constituat, puto valere constitutum.

§6. Debitum autem ex quacumque causa potest constitui, id est ex quocunque contractu, suve certi, sive incerti, et si ex causa emptionis quis pretium debeat, vel ex causa dotis, vel ex causa tutelae, vel ex quocunque alio contractu.

§7. Debitum autem vel natura sufficit.

§8. Sed et is, qui honoraria actione, non iure civil obligatus est, constituendo tenetur: videtur enim debitum et quod iure honorario debetur. Et ideo et pater et dominus de peculio obstricti si constituerint, tenebuntur usque ad eam quantitatem, quae tunc fuit in peculio, cum constituebatur: ceterum si plus suo

peculio.

§4. Debe decirse que quien estipuló inválidamente, pero sin intención de constituir plazo para su crédito, no puede ejercer la acción de dinero constituido a plazo, porque el deudor no obró con ánimo de constituir plazo, sino de prometer.

§5. Se preguntó si puede constituirse plazo para una cosa distinta a la deuda, pero como ya se admite que puede pagarse una cosa por otra, nada impide que pueda constituirse plazo para pagar cosa distinta a la debida. Por último, si alguien debe cien medidas de trigo y constituye un plazo para pagar el precio de aquel trigo, opino que el plazo constituido vale.

§6. Puede constituirse plazo para un adeudo de cualquier causa, es decir de cualquier contrato, sea de objeto cierto o incierto, ya sea que el comprador deba el precio, que el marido deba restituir la dote, que el tutor responda por la tutela o por cualquier otro contrato.

§7. Basta que sea una deuda natural.

§8. También se obliga quien debe por una acción honoraria y no por derecho civil, porque lo que se debe por derecho honorario se considera deuda. Por ende, si el padre o el dueño de un esclavo, obligados por la acción de peculio, constituyeron plazo para su

nomine constituit, non tenebitur in id quod plus est.

adeudo, se obligarán por la cantidad de lo que había en el peculio al momento de constituir plazo; pero si se constituyó por una cantidad mayor a la debida, no se obligará por el excedente.

2. *IULIANUS libro undecimo digestorum. Quod si filii nomine constituerit se decem soluturum, quamvis in peculio quinque fuerint, de constituta indecem tenebitur.*

2. JULIANO *en el libro décimo primero del digesto.* Pero si un padre constituyó plazo para pagar los diez mil sestercios de adeudo de su hijo, aunque quedasen cinco mil en el peculio, se obligará por los diez mil.

3. *ULPIANUS libro vicensimo septimo ad edictum. Quod si maritus plus constituit ex dote quam facere poterat, quia debitum constituerit, in solidum quidem tenetur, sed mulieri in quantum facere potest condemnatur.*

3. ULPIANO *en el libro vigésimo séptimo de los comentarios al edicto.* Si el marido constituyó plazo por adeudo de la dote más allá de lo que podía pagar, al hacerlo por una deuda se obliga indudablemente por el total, pero será condenado a pagar a su mujer según su solvencia.

§1. *Si quis autem constituerit quod iure civile debebat, iure praetorio non debebat, id est per exceptionem, an constituendo teneatur, quaeritur: et est verum, ut et Pomponius scribit, eum non teneri, quia debita iuribus non est pecunia quae constituta est.*

§1. Si alguien constituyó plazo en una deuda civil pero nula por derecho pretorio, es decir, impedida por excepción, se pregunta si quedará obligado. Como escribe Pomponio, ciertamente no queda obligado, porque el dinero constituido a plazo no se considera adeudado por ambos derechos civil y pretorio.

§2. *Si is, qui et iure civil et praetorio debebat, in diem sit obligatus, an constituendo teneatur? Et Labeo ait teneri constitutum, quam sententiam et*

§2. ¿Se obligará por constitución a plazo el deudor de derecho civil y pretorio que debía a término? Labeón dice que sí, opinión que

Pedius probat: et adicit Labeo vel propter has potissimum pecunias, quae nondum peti possunt, constituta inducta: quam sententiam non invitus probarem: habet enim utilitatem, ut ex die obligatus constituendo se eadem die soluturum teneatur.

también aprueba Pedio. Labeón añade que las constituciones a plazo se introdujeron especialmente para aquellas cantidades que aún no pueden exigirse, opinión que yo apoyaría sin problema, pues pemite que el deudor a término se obligue al constituir el mismo plazo para pagar su deuda.

4. *PAULUS libro vicensimo nono ad edictum. Sed et si citeriore die constituat se soluturum, similiter tenetur.*

4. PAULO *en el libro vigésimo noveno de los comentarios al edicto.* También se obliga quien constituye un plazo mayor para pagar.

5. *ULPIANUS libro vicensimo septimo ad edictum. Eum, qui Ephesi promisit se soluturum, si constituat alio loco se soluturum, teneri constat.*

5. ULPIANO *en el libro vigésimo séptimo de los comentarios al edicto.* Es frecuente que quede obligado quien, habiendo prometido pagar en Éfeso, constituyó plazo para pagar en otro lugar.

§1. Iulianus legatum Romae constituentem, quod in provincia acceperat, putat conveniri debere, quod et verum est, sed et si non cum Romae esset, sed in provincia adhuc, constituit se Romae soluturum, denegatur in eum actio de constituta.

§1. Juliano opina que quien fue legado provincial debe ser demandado en Roma por la cantidad que recibió en la provincia y cuyo pago constituyó a plazo estando y aen Roma, lo cual es acertado. Pero si constituyó el plazo para pagar en Roma estando todavía en la provincia, se niega contra él la acción de cantidad constituida a plazo.

§2. Quod exigimus, ut sit debitum quod constituitur, in rem exactum est, non utique ut is cui constituitur creditor sit: nam et quod ego debeo tu constituendo teneberis, et quod tibi debetur si mihi constituatur, debetur.

§2. Cuando decimos que se debe la cantidad constituida a plazo, es verdad respecto de la cosa, mas no significa que siempre se haga en favor de quien era acreedor, porque si constituyes plazo puedes llegar a obligarte a pagar lo que yo debo, y queda debido si se constituye plazo para pagarme lo que se te debe.

§3. Iulianus quoque libro undecimo scribit: Titius epistulam ad me talem emisit: 'Scripsi me secundum mandatum Seii, si quid tibi debitum adprobatum erit me tibi cauturum et soluturum sine controversia'. Tenetur Titius de constituta pecunia.

§3. En el libro undécimo de su digesto también escribe Juliano: Ticio me dirigió una carta en los siguientes términos: 'siguiendo el mandato de Seyo declaro que, si se prueba que se te debe algo, yo te garantizaré y pagaré sin discusión'. En tal caso, Ticio queda obligado por la acción de cantidad constituida a plazo.

§4. Sed si quis constituerit alium soluturum, non se pro alio, non tenetur: et ita Pomponius libro octavo scribit.

§4. Ahora bien, si alguien constituyó plazo no para garantizar la deuda de un tercero, sino para que pague, no se obliga, y así opina Pomponio en el libro octavo de los comentarios a Sabino.

§5. Item si mihi constituas te soluturum, teneberis: quod si mihi constitueris Sempronio te soluturum, non teneberis.

§5. También quedas obligado si constituyes plazo a mi favor para pagarme, pero no será así si me constituiste plazo para pagar a Sempronio lo que me debes.

§6. Iulianus libro undecimo digestorum scribit procuratori constitui posse: quod Pomponius ita interpretatur, ut ipsi procuratori constituas te soluturum, non domino.

§6. Juliano escribe en el libro décimo primero de su digesto que puede constituirse plazo en favor del procurador de un acreedor, lo que Pomponio interpreta como que pagará al mismo procurador, no al acreedor.

§7. Item tutori pupilli constitui protest et actori municipum et curatori furiosi:

§7. También puede realizarse con el tutor de un pupilo, el gestor de un municipio y el curador de un demente,

§8. Sed et ipsi constituentes tenebuntur.

§8. … quienes también se obligarán al hacerlo ellos.

§9. *Si actori municipum vel tutori pupilli vel curatori furiosi vel adulescentis ita constituatur municipibus solvi vel pupillo vel furioso vel adulescenti, utilitatis gratia puto dandam municipibus vel pupillo vel furioso vel adulescenti utilem actionem.*

§9. Si se constituyese plazo con el gestor del municipio, el tutor del pupilo o el curador del demente o del menor de veinticinco años en los siguientes términos: 'que se pague al municipio, o al pupilo, o al demente o al adolescente', opino que por motivos de utilidad debe concederse acción útil a cualquiera de éstos últimos.

§10. *Servo quoque constitui posse constat et, si servo constituatur domino solvi vel ipsi servo, qualemqualem servum domino adquirere obligationem.*

§10. Es sabido que también puede constituirse plazo con un esclavo, y si se dice que se pagará al dueño o al mismo esclavo sin importar la obligación, la adquiere el esclavo para su dueño.

6. *PAULUS libro secundo sententiarum. Idem est et si e qui bona fide mihi servit constitutum fuerit.*

6. PAULO *en el libro segundo de las sentencias.* Lo mismo sucede si se constituyó plazo para que un hombre libre me sirva como esclavo de buena fe.

7. *ULPIANUS libro vicensimo septimo ad edictum. Sed et si filio familias constituatur, valet constitutum.*

7. ULPIANO *en el libro vigésimo séptimo de los comentarios al edicto.* También es válido si se constituyó plazo con el hijo de familia.

§1. *Si mihi aut Titio stipuler, Titio constitui suo nomine non posse Iulianus ait, quia non habet petitionem, tametsi solvi ei possit.*

§1. Dice Juliano que si yo estipulé que se me de a mí o a Ticio, no puede constituirse plazo a nombre propio en favor de Ticio, porque no puede exigir, aunque puede pagársele.

8. *PAULUS libro vicensimo nono ad edictum. Si vero mihi aut Titio constitueris te soluturum, mihi competit actio: quod si, posteaquam soli mihi te soluturum constituisti, solveris Titio,*

8. PAULO *en el libro vigésimo noveno de los comentarios al edicto.* Si constituiste plazo para pagarme a mí o a Ticio, me compete la acción. Pero si después de

nihilo minus mihi teneberis.

ofrecerme pagar tan solo a mí
pagaste a Ticio, aun así seguirás
obligado.

9. *PAPINIANUS libro octavo
quaestionum. Titius tamen indebiti
condictione tenebitur, ut quod ei
perperam solutum est ei qui solvit
reddatur.*

9. PAPINIANO *en el libro octavo de
las cuestiones.* Ticio se obligará por
la acción ejecutiva de lo pagado
indebidamente para que le
restituya aquel a quien pagó
erróneamente.

10. *PAULUS libro vicensimo nono ad
edictum. Idem es test si ex duobus reis
stipulandi post alteri constitutum, alteri
postea solutum est, quia loco eius, cui
iam solutum est, haberi debet is cui
constituitur.*

10. PAULO *en el libro vigésimo noveno
de los comentarios al edicto.* Lo mismo
sucede si se constituyó plazo con
uno de dos acreedores sollidarios y
se pagó al otro, porque aquel en
cuyo favor se constituye el plazo
debe considerarse como acreedor
en lugar del que ya recibió el
dinero.

11. *ULPIANUS libro vicensimo
septimo ad edictum. Hactenus igitur
constitutum valebit, si quod constituitur
debitum sit, etiamsi nullus apparet, qui
interim debeat: ut puta si ante aditam
hereditatem debitoris vel capto eo ab
hostibus constituat quis se soluturum:
nam et Pomponius scribit valere
constitutum, quoniam debita pecunia
constituta est.*

11. ULPIANO *en el libro vigésimo
séptimo de los comentarios al edicto.* La
constitución de plazo solo será
válida si tiene por objeto lo que ya
se debe, aunque no conste la
persona del que debe en ese
momento; por ejemplo, si alguien
lo hizo antes de aceptar la herencia
del deudor o de ser capturado por
los enemigos, pues Pomponio
también escribe que es válida la
constitución por el hecho de que
la cantidad es debida.

*§1. Si quis centum áureos debens
ducentos constituat, in centum
tantummodo tenetur, quia ea pecunia
debita est: ergo et is, qui sortem et
usuras quae non debebantur constituit,*

§1. Si alguien constituyó plazo por
doscientos áureos debiendo tan
solo cien, solo se obliga por esta
última cantidad, pues es lo que
debe. Por tanto, si constituyó

tenebitur in sortem dumtaxat.

plazo por el capital y los intereses que no debía, solo se obliga por el capital.

12. *PAULUS libro tertio decimo ad edictum. Sed et si decem debeantur et decem et Stichum constituat, potest dici decem tantummodo nomine teneri.*

12. PAULO *en el libro décimo primero de los comentarios al edicto.* Igualmente, si se deben diez mil sestercios y el deudor constituyó plazo por los diez mil más el esclavo Estico, puede afirmarse que solo se obliga por los diez mil.

13. *IDEM libro vicensimo nono ad edictum. Sed si quis viginti debens decem constituit se soluturum, tenebitur.*

13. EL MISMO *en el libro vigésimo noveno de los comentarios al edicto.* Pero si alguien debe veinte mil y constituye plazo por diez mil, quedará obligado por esta última cantidad.

14. *ULPIANUS libro vicensimo septimo ad edictum. Qui autem constituit se soluturum, tenetur, sive adiecit certam quantitatem sive non.*

14. ULPIANO *en el libro vigésimo séptimo de los comentarios al edicto.* Quien constituye plazo para pagar se obliga, haya o no expresado la cantidad.

§1. Si quis constituierit se pignus daturum: eum utilitas pignorum inrepserit, debet etiam hoc constitutum admitti.

§1. Si alguien constituyó plazo para dar una prenda, al contarse con la ventaja de la garantía se admite el plazo.

§2. Sed et si quis certam personam fideiussuram pro se constituerit, niholo minus tenetur, ut Pomponius scribit. Quid tamen si ea persona nolit fideiubere? Puto teneri eum qui constituit, nisi aliud actum est. Quid si ante decessit? Si mora interveniente, aequum est teneri eum qui constituit vel in id quod interest vel ut aliam personam non minus idoneam fideiubentem praestet: si nulla mora

§2. Pero si alguien constituyó plazo para que alguien sea su fiador, también queda obligado, como escribe Pomponio. ¿Y qué pasará si esa persona no quiere ser fiadora? Opino que se obliga quien constituyó el plazo si no se acordó otra cosa. ¿Y si aquella persona falleció antes de ser fiadora? Si murió habiendo retraso del deudor, es justo que se obligue

interveniente, magis puto non teneri.

quien constituyó el plazo, sea en interés del acreedor o para presentar otro como fiador idóneo; de lo contrario, opino que no se obliga.

§3. Constituere autem et praesentes et absentes possumus, sicut pacisci, et per nuntium et per nosmet ipsos, et quibuscumque verbis.

§3. Podemos constituir plazo para pagar estando presentes o ausentes, o bien pactar por medio de mensajero o por escrito, sin importar los términos.

15. *PAULUS libro vicensimo nono ad edictum. Et licet libera persona sit, per quam tibi constitui, non erit impedimentum, quod per liberam personam adquirimus. Quia ministerium tantummodo hoc casu praestare videtur.*

15. PAULO *en el libro vigésimo noveno de los comentarios al edicto.* Aunque quien constituya plazo en favor tuyo sea libre, no será obstáculo adquirir por medio de persona libre, pues se entiende que en tal caso solo cumple un servicio, no una representación judicial.

16. *ULPIANUS libro vicensimo septimo ad edictum. Si duo quasi duo rei constituerimus, vel cum altero agi poterit in solidum.*

16. ULPIANO *en el libro vigésimo séptimo de los comentarios al edicto.* Si dos constituimos plazo como si fuésemos dos deudores solidarios, podrá ejercerse acción contra cualquiera de nosotros por el monto total.

§1. Sed in certo loco et tempore constituere quis potest, nec solum eo loci posse eum petere, ubi ei constitutum est, sed exemplo arbitrariae actionis ubique potest.

§1. Cualquiera puede constituir plazo en cualquier momento y lugar, pudiendo exigir no solo en el lugar en que se constituyó, sino en cualquier otro, igual que en la acción arbitraria.

§2. Ait praetor: 'si appareat eum qui constituit neque solvere neque fecisse neque per actorem stetit quo minus firet quod constitutum est'.

§2. Dice el pretor: 'Si resulta que quien constituyó plazo no paga ni cumple, no dependiendo del actor que no se cumpliese lo constituido'.

§3. Ergo si non sterit per actorem, tenet

§3. Por ende, si no dependió del

actio, etiamsi per rerum naturam stetit: sed magis dicendum est subveniri reo debere.

actor la acción subsiste, aunque el incumplimiento dependiese de un hecho fortuito, aunque debe decirse que conviene auxiliar al demandado si incumplió por esta causa.

§4. Haec autem verba praetoris 'neque fecisse reum quod constituit' utrum ad tempus constitui pertinet an vero usque ad Litis contestationem trahimus, dubitari potest: et puto ad tempus constituti.

§4. De estas palabras del pretor, 'ni cumple lo constituido', puede dudarse si se refieren al plazo constituido o si al momento de contestar la demanda. Opino que se refieren al primer supuesto.

17. *PAULUS libro vicensimo nono ad edictum. Sed et si alia die offerat nec actor accipere voluit nec ulla causa iusta fuit non accipiendi, aequum est succurri reo aut exceptione aut iusta interpretatione, ut factum actoris usque ad tempus iudicii ipsi noceat: ut illa verba 'neque fecisset' hoc significeant, ut neque in diem in quem constituit fecerit neque postea.*

17. PAULO *en el libro vigésimo noveno de los comentarios al edicto.* Igualmente, si el deudor ofrece cumplir en otro día y el actor no quiso aceptar, sin existir causa justificada para no hacerlo, es justo que se auxilie al demandado con una excepción o con una interpretación favorable para que la conducta del actor le perjudique hasta el momento del juicio, y así las palabras 'ni cumple' se entiendanm como que ni actuó dentro del plazo constituido ni después.

18. *ULPIANUS libro vicensimo septimo ad edictum. Item illa verba praetoris 'neque per actorem stetisse' eandem recipient dubitationem. Et Pomponius dubitat, si forte ad diem constitute per actorem non steterit, ante stetit vel postea. Et puto et haec ad diem constitute referenda. Proinde si valetudine impeditus aut vi aut tempestate petitor non venit, ipsi nocere*

18. ULPIANO *en el libro vigésimo séptimo de los comentarios al edicto.* También las palabras del pretor 'no dependiendo del actor' pueden provocar incertidumbre. Pomponio duda, si no dependió del actor en el día constituido, ¿pero sí antes o después? Opino que también dichas palabras se refieren al plazo constituido; por

Pomponius scribit.

tanto, si el actor no se presentó
debido a una enfermedad, fuerza
mayor o una tempestad,
Pomponio escribe que esto solo le
perjudica a él.

§1. *Quod adicitur: 'eamque pecuniam
cum constituebatur debitam fuisse',
interpretationem pleniorem exigit. Nam
primum illud efficit, ut, si quid tunc
debitum fuit cum constitueretur, nunc
non sit, nihilo minus teneat constitutum,
quia retrorsum se action refert. Proinde
temporali actione obligatum constituendo
Celsus et Iulianus scribunt tenerid ebere,
licet post constitutum dies temporalis
actionis exierit, quare et si post tempus
obligationis se soluturum constituerit,
adhuc idem Ilianus putat, quoniam eo
tempore constituit, quo erat obligation,
licet in id tempus quo non tenebatur.*

§1. Lo que se agrega: 'y aquel
dinero ya se debía cuando se
constituyó plazo', exige un
comentario más amplio. En
principio, si se debía al momento
de constituir plazo y ahora ya no
se debe, la constitución sigue
obligando, porque la acción se
retrotrae al momento de la
constitución. Por tanto, Celso y
Juliano escriben que el obligado
por acción temporal queda
obligado al constituir plazo para
pagar, aunque después de ello
transcurriese el plazo de la acción
temporal. Juliano también opina lo
mismo si constituyó plazo para
pagar después del plazo de la
acción, porque constituyó en un
momento en que existía la
obligación, aunque para pagar en
un momento en que ya no estaba
obligado.

§2. *E re autem est hic subiungere,
utrum poenam contineat haec actio an
rei persecutionem: et magis est, ut etiam
Marcellus putat, ut rei sit persecutio.*

§2. ¿Es oportuno añadir aquí si
esta acción incluye la pena o la
persecución de la cosa? Es más
acertado, como también opina
Marcelo, que se conceda la
persecución.

§3. *Vetus fuit dubitatio, an qui hac
actione egit sortis aboligationem
consumat. Et tutius est dicere solutione
potius ex hac actione facta liberationem
contingere, non litis contestatione,*

§3. Esta duda es ya antigua: quien
ejerce esta acción, ¿extinguirá la
acción anterior? Es más adecuado
decir que la liberación se da por el
pago de la sentencia, no por

quoniam solution ad utramque obligationem proficit.

contestar la demanda, pues el pago sirve para extinguir ambas obligaciones.

19. PAULUS libro vicensio nono ad edictum. Id quod sub condicione debetur, sive pure sive certo die constituatur, eadem condicione suspenditur, ut existente condicione teneatur, deficiente utraque actio depereat.

19. PAULO *en el libro vigésimo noveno de los comentarios al edicto.* Lo que se debe bajo condición queda en suspenso por la misma condición, ya sea que se constituya de forma pura o con determinado plazo, de modo que al cumplirse la condición se obliga el deudor, y al faltar, ambas acciones se extinguen.

§1. Sed is qui pure debet si sub condicione constituat, inquit Pomponius in hunc utilem actionem ese.

§1. Si constituye bajo condición quien debe de manera pura y simple, dice Pomponio que procede contra él la acción útil.

§2. Si pater vel dominus constituerit se soluturum quod fuit in peculio, non minueretur peculium eo, quod ex causa obstrictus ese coeperit: et licet interierit peculium, non tamen liberatur.

§2. Si el padre o el dueño constituyeron plazo para pagar con lo que hubiese en el peculio, éste no se considerará disminuido por haberse obligado por dicha causa. Y no se libera aunque perezca el peculio.

20. IDEM libro quarto ad Plautium. Nec enim quod crerscit peculium aut decrescit, pertinet ad constitutoriam actionem.

20. EL MISMO *en el libro cuarto de los comentarios a Plaucio.* Porque lo que aumenta o disminuye al peculio corresponde a la acción constitutoria.

21. IDEM libro vicensimo nono ad edictum. Promisor Stichi post moram ab eo factam mortuo Sticho si constituierit se pretium eius soluturum, tenetur.

21. EL MISMO *en el libro vigésimo noveno de los comentarios al edicto.* El deudor que prometió dar el esclavo Estico, muerto éste tras haber incurrido el primero en mora, queda obligado si constituyó plazo para pagar.

65

§1. Si sine die constituas, potest quidem dici te non teneri, licet verba edicti late pateant: alioquin et confestim agi tecum poterit, si statim ut contituisti non solvas: sed modicum tempus statnendum est non minus decem dierum, ut exactio celebretur.

§1. Si constituiste sin fijar plazo, puede considerarse que no te obligaste, aunque se interpreten ampliamente las palabras del edicto; de lo contrario, se podría ejercer contra ti la acción si no pagabas al momento de constituir el plazo. Sin embargo, debe señalarse un plazo adecuado, no menos de diez días, para reclamar.

§2. Constitutio satis non facit, qui soluturum se constituit, si offerat satisfactionem. Si quis autem constituat se satisdaturum, fideiussorem vel pignora det, non tenetur, quia nihil intersit, quemadmodum satifaciat.

§2. Quien constituyó plazo para pagar no cumple con la obligación si ofrece fianza. Pero si alguien constituyó para otorgar fianza, y dio fiador o unas prendas, ya no se obliga, porque no importa el modo de satisfacer al acreedor.

22. IDEM *libro sexto brevium. Si post constitutam tibi pecuniam hereditatem ex senatus consulto Trebelliano restitueris, quoniam sortis petitionem transtulisti ad alium, deneganda sit tibi pecuniae constitutae actio. Idem est in hereditatis possessore post evictam hereditatem. Sed magis est, ut fideicommissario vele i qui vicit decernenda esset actio.*

22. EL MISMO *en el libro sexton de los breves.* Si tras constituir plazo para pagar un crédito hereditario restituiste la herencia al fideicomisario en virtud del senadoconsulto Trebeliano, se te negará la acción de cantidad constituida plazo, dado que transferiste a otro la reclamación del crédito. Lo mismo sucede con el poseedor de una herencia luego de reivindicarla el heredero, aunque es más adecuado conceder la acción al fideicomisario o al heredero vencedor.

23. IULIANUS *libro undecimo digestorum. Promisor hominis homine mortuo, cum per cum staret quo minus traderetur, etsi hominem daturum se constituerit, de constituta pecunia*

23. JULIANO *en el libro décimo primero del digesto.* El deudor que prometió un esclavo se obliga por la acción de cantidad constituida a plazo a pagar el valor del esclavo si

tenebitur, ut pretium eius solvat.

el deudor se demora en entregar el esclavo y éste muere, aunque hubiese constituido plazo para hacerlo.

24. *MARCELLUS libro singulari responsorum. Titius Seio epistulam emisit in haec verba: 'Remanserunt apud me quinquaginta ex crédito tuo ex contractu pupillorum meorum, quos tibi reddere debebo idibus Maiis probos: quod si ad diem supra scriptum non dedero, tunc dare debebo usuras tot'. Quaero, an Lucius Titius in locum pupillorum hac cautione reus successerit. Marcellus respondit, si intercessisset stipualtio, successisse. Item quaero, an, si non successisset, de constituta teneatur. Marcellus respondit in sortem teneri: est enim humanior et utilior ista interpretatio.*

24. MARCELO *en el libro único de las respuestas.* Ticio envió a Seyo una epístola donde decía: 'Debido al contrato de mis pupilos conservo cincuenta mil sestercios a favor tuyo, y que te engregaré en los idus (mediados) de mayo; si no te los diese en el día mencionado, pagaré tanto de intereses'. Pregunto: ¿Ticio se subrogó como deudor en lugar de los pupilos con este documento? Marcelo respondió que, en caso de haber mediado una estipulación, sí se subrogó por novación. También pregunté si se obligó por la constitución del plazo en caso de no haberse subrogado por novación, y Marcelo respondió que se obligaba solo por el capital acreditado, porque esta interpretación es más humana y adecuada.

25. *PAPINIANUS libro octavo quaestionum. Illud aut illus debuit et constituit alterum: an vel alterum quod non constituit solvere possit, quaesitum est. dixi non esse audiendum, si velit hodie fidem constitutae rei frangere.*

25. PAPINIANO *en el libro octavo de las cuestiones.* Alguien debía alternativamente esto o aquello y constituyó plazo para pagar una de ellas. Se preguntó si podría pagar el objeto que no constituyó. Dije que no debía ser escuchado en juicio si en este momento quisiese faltar a la palabra de lo constituido previamente.

§1. *Si iureiurando delato deberi tibi iuraveris, cum habeas eo nomine actionem, recte de constituta agis. Sed eet si non ultro detulero iusiurandum, sed referendo necessitate compulsus id fecero, quia nemo dubitat modestius facere qui referat, quam ut ipse iuret, nulla distinctio adhibetur, tametsi ob tuam facilitatem ac meam verecundiam subsecuta sit referendo necessitas.*

§1. Si se te ofreció juramento ante el magistrado y juraste que te debían, puedes ejercer legítimamente la acción de cantidad constituida a plazo al tenerla por dicha causa. Pero si yo no ofrecí voluntariamente el juramento, sino que lo hice obligado por la necesidad de devolver el ofrecimiento (pues nadie duda que obra con mayor modestia quien devuelve el ofrecimiento que quien jura), no habrá distinción alguna, aunque la necesidad de devolver el ofrecimiento se deba a tu comodidad y a mi honradez.

26. *SCAEVOLA libro primo responsorum. Quídam ad creditorem litteras eiusmodi fecit: 'Decem, quae Lucius Titius ex arca tua mutua acceperat, salva ratione usurarum habes penes me, domine'. Respondit secundum ea quea proponerentur actione de constituta pecunia eum teneri.*

26. ESCÉVOLA *en el libro primero de las respuestas.* Cierto deudor escribió a su acreedor en estos términos: 'Señor, descontando los intereses que resulten tengo a tu disposición los diez mil sestercios que Lucio Ticio recibió de ti en mutuo'. Se respondió que, según el caso planteado, se obliga por la acción de cantidad constituida.

27. *ULPIANUS libro quarto decimo ad edictum. Utrum praesente debitore an absente constituat quis, parvi refert. Hoc amplius trigensimo quarto scribit: unde falsam putat opinionem Labeonis existimantis, si, postquam quis constituit pro alio, dominus ei denuntiet ne solvat, in factum exceptionem dandan: nec immerito Pomponius: nam cum semel sit obligatus qui constituit,*

27. ULPIANO *en el libro décimo cuarto de los comentarios al edicto.* No importa que esté o no presente el deudor principal al constituirse plazo para pagar. Es más: en el libro trigésimo cuarto de sus comentarios al edicto, Pomponio escribe que puede constituirse plazo incluso contra la voluntad del deudor, por lo que considera

factum debitoris non debet eum excusare.

incorrecta la opinión de Labeón, quien considera que, si se constiuyó plazo por otro deudor, y el deudor principal le indica que no pague, deberá concederse la excepción por el hecho. Pomponio tiene razón, pues una vez que se obligó quien constituyó plazo para pagar, no debe liberarle la indicación del deudor principal.

28. *GAIUS libro quinto ad edictum provinciale. Ubi quis pro alio constituit se soluturum, adhuc is, pro quo constituit, obligatus manet.*

28. GAYO *en el libro cuarto de los comentarios al edicto provincial.* Cuando alguien constituyó plazo para pagar en nombre de otro, el deudor principal sigue obligado.

29. *PAULUS libro vicensimo quarto ad edictum. Qui iniuriarum vel furti vel vi bonorum raptorum tenetur actione, constituendo tenetur.*

29. PAULO *en el libro vigésimo cuarto de los comentarios al edicto.* Quien se obliga por la acción de injurias, de robo o de bienes arrebatados con violencia se obliga al momento de constituir plazo para pagar.

30. *IDEM libro secundo sententiarum. Si quis duobus pecuniam constituerit tibi aut Titio, etsi stricto iure propria actione pecuniae constitutae anet obligatus, etiamsi Titio solverit, tamen per exceptionem adiuvatur.*

30. EL MISMO *en el libro segundo de las sentencias.* Si alguien constituyó plazo para pagar una cantidad en favor tuyo o de Ticio, en estricto derecho se obliga por la acción de cantidad constituida a plazo, pero si pagó a Ticio se le auxilia con una excepción.

31. *SCAEVOLA libro quinto digestorum. Lucius Titius Seoirum debitor decessit: hi persuaserunt Publio Maevio, quod hereditas ad eum pertineret, et fecerunt, ut epistulam in eos exponat debitorem sese sse quasi*

31. ESCÉVOLA *en el libro quinto del digesto.* Lucio Ticio falleció siendo deudor de los Seyos; éstos convencieron a Publio Mevio de que la herencia le pertenecía, y lograron que se declarase por

heredem patrui sui confitentem, qui et addidit epistulae suae, quod in rationes suas eadem pecunia pervenit. Quaesitum est, cum ad Publium Maevium ex hereditate Lucii Titii nihil pervenerit, an ex scriptura proposita de constituta pecunia conveniri possit et an doli exceptione uti possit. Respondit nec civilem eo nomine actionem competere: sed nec de constituta secundum ea quae proponerentur. Idem quaesiit, usurarum nomine quod ex causa supra scripta datum sit, an repeti possit. Respondit secundum ea quae proponerentur posse.

escrito deudor de ello, como heredero de su tío paterno, añadiendo que obraba en su poder la cantidad adeudada. Se preguntó: al no obtener Publio Mevio la herencia de Lucio Ticio, ¿podrá demandársele la cantidad constituida a plazo en virtud del documento por él suscrito o podrá usar la excepción de dolo? Respondió que por dicha causa no procede ni la acción civil ni la de constitución de cantidad debida. También se preguntó si podría repetirse lo que por dicha causa se dio en razón de intereses. Respondió que sí, según el caso planteado.

TITULUS VI COMMODATI VEL CONTRA

TÍTULO VI DE LA ACCIÓN DIRECTA O CONTRARIA DE COMODATO

1. ULPIANUS *libro vicensimo octavo ad edictum. Ait praetor: 'Quod quis commodasse dicetur, de eo iudicium dabo'.*

§1. Huius edicti interpretatio non est difficilis. Unum solummodo notandum, quod qui edictum concepti commodato fecit mentionem, cum Paconius utendi fecit mentionem. Inter commodatum autem et utendum datum Labeo quidem ait tantum interesse, quantum inter

1. ULPIANO *en el libro vigésimo octavo de los comentarios al edicto.* Dice el pretor: 'Concederé acción si alguien afirma haber dado algo en comodato'.
§1. La interpretación de este edicto no es difícil. Solo debe destacarse que quien redactó este edicto mencionó "comodato", mientras que Paconio (Pacuvio Labeón) habló de "uso". En efecto, Labeón dice que entre lo dado en

genus et speciem: commodari enim rem mobile, non etiam soli, utendam dari etiam soli. Sed ut apparet, proprie commodata res dicitur et quae soli est, idque et Cassius existimat. Vivianus amplius etiam habitationem commodari posse ait.

comodato y lo dado en uso la diferencia es tan solo entre el género y la especie, porque se da en comodato una cosa mueble, mientras que puede darse en uso también una inmueble. Pero, como puede verse, se dice correctamente "dado en comodato" al referirnos a un inmueble, lo que también afirma Casio. Viviano va más alla al decir que incluso puede darse en comodato el uso de una vivienda.

§2. Impúberes commodati actione non tenentur, quoniam nec constitit commodatum in pupilli persona sine tutoris auctoritate, usque adeo ut, etiamsi pubes factus dolum aut culmpam admiserit, hac actione non tenetur, quia ab initio non constitit.

§2. Los impúberes no se obligan por la acción de comodato, pues en este caso no existe comodato sin mediar autorización del tutor, de modo que, aunque ya adulto incurriese en dolo o culpa, no se obliga por esta acción, pues desde un inicio el acto es inválido.

2. *PAULUS libro vicensimo nono ad edictum. Nec in furiosum commodati actio danda est. Sed ad exhibendum adversus eos dabitur, ut res exhíbita vindicetur.*

2. PAULO *en el libro vigésimo noveno de los comentarios al edicto.* No debe concederse la acción de comodato contra un demente, sino la exhibitoria, para que una vez exhibida la cosa se le reivindique.

3. *ULPIANUS libro vicensimo octavo ad edictum. Sed mihi videtur, si locupletior pupillus factus sit, dandum utilem commodati actionem secundum divi Pii rescriptum.*

3. ULPIANO *en el libro vigésimo octavo de los comentarios al edicto.* Sin embargo, considero que si el pupilo se enriqueció debe concederse la acción útil de comodato, según la respuesta escrita del Divino Antonino Pío.

§1. Si reddita quidem sit res commodata, sed deterior reddita, non videbitur reddita, quae deterior facta

§1. Si la cosa dada en comodato se restituyó deteriorada, no se le considerará devuelta si no se paga

redditur, nisi quid interest praestetur: proprie enim dicitur res non reddita, quae deterior redditur.

§2. In hac actione sicut in ceteris bonae fidei iudiciis similiter in litem iurabitur: et rei iudicandae tempus, quanti res sit, observatur, quamvis in stricti litis contestatae tempus spectetur.

§3. Heres eius qui commodatum accepit pro ea parte qua heres est convenitur, nisi forte habeat facultatem totius rei restituendo nec faciat: tunc enim condemnatur in solidum, quasi hoc boni iudicis arbitrio conveniat.

§4. Si filio familias servove commmodatum sit, dumtaxat de peculio agendum erit: cum filio autem familias ipso et directo quis poterit. Sed et si ancillae vel filiae familias commodaverit, dumtaxat de peculio erit agendum.

§5. Sed non tantum ex causa doli earum personarum pater vel dominus condemnetur, sed et ipsius quoque domini vel patris fraus dumtaxat venit, ut Iulianus libro undecimo circa pigneraticiam actionem distinguit.

§6. Non potest commodari id quod usu

el importe del perjuicio, porque justamente se dice que no se restituye lo que se devolvió deteriorado.

§2. En esta acción, como en las demás de buena fe, se puede jurar por la estimación del litigio, considerando el valor de la cosa al momento del juicio, aunque en las acciones de estricto derecho se considere el momento en que se contesta la demanda.

§3. El heredero del comodatario puede ser demandado repecto de la parte que heredó, salvo que tuviese facultad para restituir la cosa y no lo hizo, porque entonces es condenado por el valor total, pues esto es acorde con el arbitrio de un buen juez.

§4. Si se dio una cosa en comodato a un hijo de familia o a un esclavo, deberá reclamarse con la acción de peculio, aunque respecto del hijo de familia podrá también demandarse directamente; pero si se dio en comodato a una esclava o a una hija de familia, únicamente podrá reclamarse con la acción de peculio.

§5. El padre o el dueño no solo serán condenados por el dolo de quienes estén sometidos a su potestad, sino también por el fraude del propio padre o dueño, tal como distingue Juliano en el libro undécimo de su digesto respecto de la acción pignoraticia.

§6. No puede darse en comodato

consumitur, nisi forte ad pompam vel ostentationem quis accipiat.

cosas que se consumen por el uso, salvo que alguien las tome para pompa u ostentación.

4. *GAIUS libro primo de verborum obligationibus. Saepe etiam ad hoc commodantur pecuniae, ut dicis gratia numerationis loco intercedant.*

4. GAYO *en el libro primero de las obligaciones verbales.* A menudo también se da en comodato dinero para realizar un pago simbólico.

5. *ULPIANUS libro vicensimo octavo ad edictum. Si ut certo loco vel tempore reddatur commodatum convenit, officio iudicis inest, ut rationem loci vel temporis habeat.*

5. ULPIANO *en el libro vigésimo octavo de los comentarios al edicto.* Si se pactó devolver en cierto lugar o fecha la cosa dada en comodato, corresponde al ministerio del juez tener en cuenta dicho lugar o fecha.

§1. Si quis hac actione egerit et oblatam Litis aestimationem susceperit, rem offerentis facit.

§1. Si alguien ejerció dicha acción y cobró la estimación del litigio ofrecida, la cosa se vuelve de quien ofrece pagar dicha estimación.

§2. Nunc videndum est, quid veniat in commodati actione, utrum dolus an et culpa an vero et omne periculum, et quidem in contractibus interdum dolum solum, interdum et culpam praestamus: dolum in deposito: nam quia nulla utilitas eius versatur apud quem deponitur, merito dolus praestatur solus: nisi forte et merces accessit (tunc enim, ut est et constitutum, etiam culpa exhibetur) aut si hoc ab initio convenit, ut et culpam et periculum praestet is penes quem deponitur. Sed ubi utriusque utilitas vertitur, ut in empto, ut in locato, ut in dote, ut in pignore, ut in societate, et dolus et culpa praestatur.

§2. Ahora veamos si en la acción de comodato se comprende el dolo, la culpa o cualquier riesgo. A decir verdad, en los contratos a veces respondemos tan solo por el dolo y a veces también por la culpa; por el dolo lo hacemos en el depósito, pues como el depositario no obtiene utilidad alguna, con razón solo responde por el dolo si no se señaló un alquiler (porque entonces también se responde por la culpa, como se ha establecido), o se convino si desde el inicio que el depositario responda por la culpa y el riesgo. Pero cuando hay utilidad para ambas partes, como en la compra, en el arrendamiento, en la dote, en la prenda o en la

§3. Commodatum autem plerumque solam utilitatem continet eius cui commodatur, et ideo verior est Quinti Mucii sententia existimantis et culpam praestandam et diligentiam et, si forte res aestimata data sit, omne periculum praestandum ab eo, qui aestimationem se praestaturum recepit.

§4. Quod vero senectute contigit vel morbo, vel vi latronum ereptum est, aut quid simile accidit, dicendum est nihil eorum ese imputandum ei qui commodatum accepit, nisi aliqua culpa interveniat. Proinde et si incendio vel ruina aliquid contigit vel aliquid damnum fatale, non tenebitur, nisi forte, cum possit res commodatas salvas facere, suas praetulit.

§5. Custodiam plane commodatae rei etiam diligentem.

§6. Sed an etiam hominis commodati custodia praestetur, apud veteres dubitatum est. nam interdum et hominis custodia praestanda est, si vinctus commodatus est vel eius aetatis, ut custodia indigeret: certe si hoc actum est, ut custodiam is qui rogavit praestet, dicendum erit praestare.

§7. Sed interdum et mortis damnum ad eum qui commodatum rogavit pertinet:

sociedad, se responde por el dolo y la culpa.

§3. Pero por lo general el comodato solo representa utilidad para el comodatario, por lo que es más acertada la opinión de Quinto Mucio: deberá responder por la culpa y su cuidado diligente. Y si acaso la cosa se entregó estimada, aquel que aceptó pagar la estimación responde ante cualquier riesgo.

§4. Debemos señalar que no se imputarán al comodatario los accidentes sucedidos por vejez o enfermedad, o lo robado con violencia por unos ladrones o algún caso semejante si no hubo culpa de por medio. Por tanto, si sucedió algo por incendio, derrumbe u otro daño fatal, no se obligará salvo que, pudiendo salvar las cosas dadas en comodato, prefirió salvar primero las suyas.

§5. Sin duda también debe responder por la custodia diligente de la cosa dada en comodato.

§6. Pero los antiguos jurisconsultos discutieron si el depositario también responderá por la custodia del esclavo dado en comodato, pues a veces lo hace si se entregó un esclavo preso o uno de tal edad que requiriese custodia. Si el comodatario convino esto, sin duda deberá decirse que sí responde.

§7. Sin embargo, a veces el comodatario responde incluso por

nam si tibi equum commodavero, ut ad villam adduceres, tu ad bellum duxeris, commodati teneberis: idem erit et in homine. Plane si sic commodavi, ut ad bellum duceres, meu merit periculum. Nam et si servum tibi tectorem commodavero et de macchina ceciderit, periculum meum esse Namusa ait: sed ego ita hoc verum puto, si tibi commodavi, ut et in machina operaretur: ceterum si ut de plano opus feceret, tu eum imposuisti in machina, aut si machinae culpa factum minus diligenter non ab ipso ligatae vel funium perticarumque vetustate, dico periculum, quod culpa contigit rogantis commodatum, ipsum praestare debere: nam et Mela scripsit, si servus lapidario commodatus sub machina perierit, teneri fabrum commodati, qui neglegentius machinam colligavit.

el riesgo de muerte, por ejemplo, si yo te di en comodato un caballo para que lo llevases a tu finca y lo llevaste a la guerra, quedarás obligado por razón del comodato. Lo mismo se dirá respecto de un esclavo. Pero si te lo di en comodato para que lo llevases a la guerra, el riesgo será mío. Igualmente, si yo te di en comodato un esclavo albañil y éste cayó del andamio, dice Namusa que el riesgo es mío, aunque yo opino que esto solo procede si te lo di en comodato para que también trabajase en un andamio, porque si fue para trabajar en el suelo y tu le mandaste subir al andamio, o alguien no tuvo cuidado en atarlo bien, o las cuerdas y las maderas eran viejas, afirmo que el comodatario debe responder del daño sobrevenido por su culpa. También Mela escribió que si el esclavo dado en comodato a un cantero pereció bajo el andamio, queda obligado el obrero que ató negligentemente el andamio.

§8. Qui immo et qui alias re commodata utitur, non solum commodati, verum furti quoque tenetur, ut Iulianus libro undecimo digestorum scripsit. Denique ait, si tibi codicem commodavero et in eo chirographum debitorem tuum cavere feceris egoque hoc interlevero, si quidem ad hoc tibi commodavero, ut caveretur tibi in eo, teneri me tibi contrario iudicio: si minus,

§8. Según escribió Juliano en el libro décimo primero de su digesto, quien usa la cosa de modo distinto al acordado se obliga por la acción de comodato y también por la de robo. Igualmente dice que si yo te di en comodato un libro de cuentas, hiciste que tu deudor escribiese en él una obligación quirografaria y yo la

neque me certiorasti ibi chirographum esse scriptum: etiam teneris mihi, inquit, commodati, immo, ait, etiam furti, quoniam aliter re commodata usus es, quemadmodum qui equo, inquit, vel vestimento aliter quam commodatum est utitur, furti tenetur.

borré, si efectivamente te lo di para ello, yo quedo obligado contigo por la acción contraria de comodato; si no fue así, ni me avistaste que allí estaba escrita dicha obligación, tú quedas obligado por la acción de comodato. Más aún, dice que también te obligas por la de robo, pues usaste la cosa dada en comodato de manera distinta a la convenida, como cuando alguien se obliga por la acción de robo si usa un caballo o un vestido de modo diverso al originalmente pactado.

§9. Usque adeo autem diligentia in re commodata praestanda est, ut etiam in ea, quae sequitur rem commodatam, praestari debeat: ut puta equam tibi commodavi, quam pullus comitabatur: etiam pulli te custodiam praestare debere veteres responderunt.

§9. A tal grado deberá responderse por la diligencia en el comodato que ésta se extiende hasta los accesorios de la cosa dada en comodato. Por ejemplo, los antiguos jurisconsultos respondieron que, si te di en comodato una yegua con su cría, deberás responder también por la custodia de ésta.

§10. Interdum plane dolum solum in re commodata qui rogavit praestabit, ut puta si quis ita convenit: vel si sua dumtaxat causa commodavit, sponsae forte suae vel uxori, quo honestius culta ad se deduceretur, vel si quis ludos edens praetor scaenicis commodavit, vel ipsi praetori quis ultro commodavit.

§10. Sin embargo, a veces se responderá tan solo por el dolo de lo dado en comodato, por ejemplo, si así se convino; o si el comdante dio en interés propio, digamos para que le presentasen más elegantemente vestida a su prometida o a su esposa, o si ofreciendo el pretor algunos espectáculos teatrales con motivo de su elección dio algo en comodato a los actores, o si alguien se lo dio al pretor en

§11. Nunc videndu, in quibus speciebus commodati actio locum habeat. Et eset apud veteres de huiusmodi speciebus dubitatu.

§12. Rem tibi dedi, ut creditori tuo pignori dares: dedisti: non repigneras, ut mihi reddas. Labeo ait commodati actionem locum habere, quod ego puto verum ese, nisi merces intervenit: tunc enim vel in factum vel ex locato conducto agendum erit. Plane si ego pro te rem pignori dedero tua voluntate, mandati erit actio. Idem Labeo recte dicit, si a me culpa ábsit repignerandi, creditor autem nolit reddere pignus, competere tibi ad hoc dumtaxat commodati, ut tibi actiones adversus eum praestem. Abesse autem culpa a me videtur, sive iam solvi pecuniam sive solvere sum paratus. Sumptum plane Litis ceteraque aequum est eum adgnoscere, qui commodatum accepit.

§13. Si me rogaveris, ut servum tibi cum lance commodarem et servus lancem perdiderit, Cartilius ait periculum ad te respicere, nam et lancem videri commodatam: quare culpam in eam quoque praestandam. Plane si servus cum ea fugerit, eum qui commodatum accepit non teneri, nisi fugae praestitit culpam.

comodato.

§11. Ahora veamos en qué casos procede la acción de comodato, pues entre los antiguos hubo dudas al respecto.

§12. Te entregué una cosa para que la dieses en prenda a tu acreedor, así lo hiciste pero no la rescatas para devolvérmela. Labeón dice que procede la acción de comodato, lo que considero verdadero si no hubo alquiler, porque entonces deberá ejercerse la acción derivada de la conducta o la de arrendamiento. Pero si yo entregué en tu nombre la cosa en prenda con tu voluntad procederá la acción de mandato. Con acierto dice también Labeón que si no tuve culpa en no rescatar la prenda, sino que el acreedor no quiso devolverla, te compete la acción de comodato tan solo para que yo te ceda las acciones contra aquél. Pero se entiende que no tengo culpa si pagué el dinero o estoy dispuesto a pagarlo. Por supuesto que los gastos del litigio y demás debe pagarlos el comodatario.

§13. Si me pediste que te diera en comodato un esclavo con una bandeja y el esclavo la perdió, dice Cartilio que quedas obligado por el riesgo, pues se entiende que la fuente también se dio en comodato; por tanto, también debe responderse por la culpa. Y si el esclavo huyó con ella el

§14. Si de me petisses, ut triclinium tibi sternerem et argentum ad ministerium praeberem, et fecero, deinde petisses, ut idem sequenti die fecerem et cum commode argentum domi referre non possem, ibi hoc reliquero et perierit: qua actione agi possit et cuius esset periculum? Labeo de periculo scripsit multum interesse, custodem posui an non: si posui, ad me periculum spectare, si minus, ad eum penes quem relictum est. ego puto commodati quidem agendum verum custodiam eum praestare debere, penes quem res relictae sunt, nisi aliud nominatim convenit.

§15. Si duobus vehiculum commodatum sit vel locatum simul, Celsus filius scripsit libro sexto digestorum quaeri posse, utrum unusquisque eorum in solidum dominium vel possessionem esse non posse: nec quemquam partis corporis dominum esse, sed totius corporis pro indiviso por parte dominium habere. Usum autem balinei quidem vel porticus vel campi uniuscuiusque in solidum esse (neque enim minus me uti, quod et alius uteretur): verum in vehiculo commodato vel locato pro parte quidem effectu me usum habere, quia non omnia loca vehiculi teneam. Sed esse verius ait et dolum et culpam et diligentiam et custodiam in totum me praestare debere:

comodatario no se obliga si no provocó la fuga por su culpa.

§14. Me pediste que preparase el triclinio para un banquete y te dejase la vajilla de plata del servicio; yo lo hice; luego me pediste que hiciera lo mismo al día siguiente, pero no pudiendo trasladar la plata a mi casa, la dejé allí. ¿Qué acción podría ejercerse si se pierde y de quién sería la pérdida? Labeón escribe respecto de la pérdida que depende si puse o no un guardían; en el primer caso el riesgo es mío; en el segundo, de aquel en cuya casa se dejó la vajilla. Yo opino que debe ejercerse la acción de comodato y que debe responder por la custodia aquel a quien se le dejó la vajjilla, salvo que expresamente se conviniese otra cosa.

§15. Celso hijo planteó en el libro sexto de su digesto el siguiente caso: si se dio en comodato o en arrendamiento un vehículo a dos personas, ¿quedará cada una obligada por el total o por su parte respectiva? Responde acertadamente que no puede darse a cada uno la propiedad o la posesión íntegra, ni ser copropietario de una parte de una cosa, sino que tiene la propiedad de la cosa en una parte indivisa. Ahora bien, el uso de un baño, de un pórtico o de un terreno es de cada copropietario por entero — porque yo no uso menos que el

quare duo quodammodo rei habebuntur et, si alter conventus praestiterit, liberabit alterum et ambobus competit furti actio,

otro-, pero en cuanto al vehículo dado en comodato o en arrendamiento yo tengo un uso parcial, pues no ocupo todas las partes del vehículo. Aunque Labeón dice que es más acertado responder por dolo, culpa, diligencia y custodia, pues en cierta forma se tienen dos deudores solidarios, y si uno de ellos indemniza, liberará al otro, compitiendo a ambos la acción de robo,

6. *POMPONIUS libro quinto ad Sabinum. … ut alterutro agente alterius actio contra furem tollatur.*

6. POMPONIO *en el libro quinto de los comentarios a Sabino.* … de modo que si uno ejerce la acción contra el ladrón extingue la acción del otro.

7. *ULPIANUS libro vicensimo octavo ad edictum. Unde quaeritur, si alter furti egerit, an ipse solus debeat commodati conveniri. Et ait Celsus, si altero conveniatur qui furti non egit, et paratus sit periculo suo conveniri alterum, qui furti agendo lucrum sensit ex re commodata, debere eum audiri et absolve.*

7. ULPIANO *en el libro vigésimo octavo de los comentarios al edicto.* Por ello se pregunta: si uno ejerció la acción de robo, ¿solo él deberá ser demandado por la de comodato? Celso dice que si se demandó al comodatario que no ejerció la acción de robo, éste debe ser oído y absuelto si está dispuesto a asumir el riesto de demandar al otro comodatario que, al ejercer la acción de robo, obtuvo una ganancia por la cosa dada en comodato.

§1. *Sed si legis Aquiliae adversus socium eius habuit commodator actionem, videndum erit, ne cederé debeat, si forte damnum dedit alter, quod hic qui convenitur commodati*

§1. Analicemos si el comodante que demandó a su socio con la acción de la ley Aquilia deberá cederla si el socio provocó un daño que el comodatario

actione sarcire compellitur: nam et si adversus ipsum habuit Aquiliae actionem commodator, aequissimum est, ut commodati agendo remittat actionem: nisi forte quis dixerit agendo eum e lege Aquilia hoc minus consecuturum, quam ex causa commodati consecutus est: quod videtur habere rationem.

demandado se obliga a resarcir, porque también es justo que renuncie a la acción de la ley Aquilia el comdante que la tiene contra el mismo comodatario a quien demanda con la acción de comodato, salvo que se diga que al intentar la de la ley Aquilia obtenga menos de lo que obtuvo por razón del comodato, lo que parece ser correcto.

8. POMPONIUS *libro quinto ad Sabinum. Rei commodatae et possessionem et proprietatem retinemus:*

8. POMPONIO *en el libro quinto de los comentarios a Sabino.* Retenemos la posesión y la propiedad de la cosa dada en comodato a otro,

9. ULPIANUS *libro secundo ad edictum. ... nemo enim comodando rem facit eius cui commodat.*

9. ULPIANO *en el libro segundo de los comentarios al edicto.* ... porque al dar en comodato nadie entrega la propiedad de la cosa al comodatario.

10. IDEM *libro vicensimo nono ad Sabinum. Eum, qui rem commodatam accepit, si in eam rem usus est in quam accepit, nihil praestare, si eam in nulla parte culpa sua deteriorem fecit, verum est: nam si culpa eius fecit deteriorem, tenebitur.*

10. EL MISMO *en el libro vigésimo noveno de los comentarios a Sabino.* Es cierto el comodatario que usó la cosa según el fin por el cual la recibió no responde de nada si no la deterioró por su culpa en parte alguna, porque si fue así quedará obligado.

§1. *Si rem inspectori dedi, an similis sit ei cui commodata res est, quaeritur. Et si quidem mea causa dedi, dum volo pretium exquirere, dolum mihi tantum praestabit: si sui, eet custodiam: et ideo furti habebit actionem. Sed et si dum refertur periit, si quidem ego mandveram per quem remitteret, periculum meum*

§1. Si di una cosa a alguien para que la examinase, se pregunta si éste es semejante al comodatario. Si la di por interés mío queriendo averiguar su precio, se obligará conmigo tan solo por el dolo; si fue por interés suyo también lo hará por la custodia, teniendo a su

80

erit: si vero ipse cui volut commisit, aeque culpam mihi praestabit, si sui causa accepit,

vez la acción de robo. Si la cosa perece mientras se la llevaban, el riesgo es mío si yo designé a quien se la entregaría; pero si él la encargó a quien quiso, también me responderá por la culpa si le interesaba recibir la cosa,

11. *PAULUS libro quinto ad Sabinum. … qui non tam idoneum hominem elegerit, ut recte id perferri possit:*

11. PAULO *en el libro quinto de los comentarios a Sabino.* … al no elegir a una persona idónea para transportarla adecuadamente;

12. *ULPIANUS libro vicensimo nono ad Sabinum. … si mei causa, dolum tantum.*

12. ULPIANO *en el libro vigésimo noveno de los comentarios a Sabino.* … y si fue por interés mío, solo responderá por el dolo.

§1. *Commodatam rem missus qui repeteret cum recepisset, aufugit. Si dominus ei dari iusserat, domino perit: si commonendi causa miserat, ut referretur res commodata, ei qui commodatus est.*

§1. El encargado de reclamar la cosa dada en comodato huyó con ella tras haberla recibido. Si el dueño había autorizado que se la dieran, perece para éste; si lo envió para recordar que devolvieran la cosa dada en comodato, perece para el comodatario.

13. *POMPONIUS libro undecimo ad Sabinum. Is qui commodatum accepit si non apparentis rei nomine commodati condemnetur, cavendum ei est, ut repertam dominus ei praestet.*

13. POMPONIO *en el libro décimo primero de los comentarios a Sabino.* Si el comodatario fue condenado porque la cosa no aparecía, deberá otorgársele garantía de que, en caso de hallarla, el dueño se la entregará.

§1. *Si quem quaestum fecit is qui experiendum quid accepit, veluti si iumenta fuerint eaque locata sint, id ipsum praestabit qui experiundum dedit: neque enim ante eam rem quaestui cuique esse oportet, priusquam*

§1. Si quien recibió alguna cosa para probarla obtuvo una ganancia de ella, por ejemplo, caballos que dio en arrendamiento, entregará dicha utilidad quien los dio para probarlos, porque nadie debe

periculo eius sit.

§2. Si libero homini, qui mohi bona fide serviebat, quasi servo rem commodavero, videamus, an habeam comodato actionem. Nam et Celsus filius aiebat, si iussissem eum aliquid facere, vel mandati cum eo vel praescriptis verbis experiri me posse: idem ergo et in comodato erit dicendum. Nec obstat, quod non hac mente eum eo, qui liber bona fide nobis serviret, contraheremus quasi eum obligatum habituri: plerumque enim id accidit, ut extra id quod ageretur tacita obligatio nascatur, veluti eum per errorem indebitum solvendi causa datur.

obtener utilidad de una cosa antes de aceptar el riesgo de la misma.

§2. Si yo di una cosa en comodato a un hombre libre que me servía de buena fe como esclavo, analicemos si tendré la acción de comodato. Celso el hijo decía que si yo le mandé a hacer algo puedo demandarle con la acción de mandato o con la de palabras prescritas. Lo mismo se dirá respecto del comodato, sin importar que no contratemos con la intención de quedarnos obligado con un libre que nos es esclavo de buena fe, porque muchas veces sucede que nace una obligación tácita no convenida voluntariamente, por ejemplo, cuando por error se paga lo que no se debe.

14. ULPIANUS libro quadragensimo octavo ad Sabinum. si servus meus rem meam tibi scienti nolle me tibi commodari commodaverit, et commodati et furti nascitur actio et praeterea condictio ex causa furtiva.

14. ULPIANO *en el libro cuadragésimo octavo de los comentarios a Sabino.* Si mi esclavo te dio en comodato una cosa mía, y tú sabías que yo me oponía a que se te diera, nacen la acción de comodato y la de robo, así como la ejecutiva por causa de robo.

15. PAULUS libro vicensimo nono ad edictum. Commodare possumus etiam alienam rem, quam possidemus, tametsi scientes alienamm possidemus,

15. PAULO *en el libro vigésimo noveno de los comentarios al edicto.* También podemos dar en comodato una cosa ajena que poseemos, aunque sepamos que es ajena,

16. MARCELLUS libro quinto digestorum. ... ita ut et si fur vel praedo

16. MARCELO *en el libro quinto del digesto.* ... de modo que, aunque el

commodaverit, habeat commodati actionem.

ladrón o el poseedor de mala fe la diesen en comodato, tengan la acción de comodato.

17. *PAULUS libro vicensimo nono ad edictum. In comodato haec actio, ne dolus praestetur, rata non est.*

17. PAULO *en el libro vigésimo noveno de los comentarios al edicto.* No vale en el comodato el pacto de no responder por dolo.

§1. Contraria commodati actio etiam sine principali moveri potest, sicut et ceterae quae dicuntur contrariae.

§1. La acción contraria de comodato puede ejercerse incluso sin la principal, así como las demás que se denominan contrarias.

§2. Si ex facto heredis agatur commodati, in solidum condemnatur, licet ex parte heres est.

§2. Si por un acto del heredero se ejerce la acción de comodato, la condena será por el total, aunque solo sea heredero de una parte.

§3. Sicut autem voluntatis et officii magis quam necessitatis est commodare, ita modum commodati finemque praescribere eius est qui beneficium tribuit. Cum autem id fecit, id est postquam commodavit, tunc finem praescribere et retro agere atque intempestive usum commodatae rei auferre non officium tantum impedit, sed et suscepta obligatio inter dandum addimpendumque. Geritur enim negotium invicem et ideo invicem propositae sunt actiones, ut appareat, quod principio beneficii ac nudae voluntatis fuerat, converti in mutuas praestationes actionesque civiles, ut accidit in eo, qui absentis negotia gerere inchoavit: neque enim impune peritura deseret: suscepisset enim fotassis alius, si is non coepisset: voluntatis est enim suscipere mandatum necessitates consummare, igitur si pugillares mihi commodasti, ut debitor mihi caveret, non

§3. Así como dar en comodato es más un acto de voluntad y de obligación moral que de necesidad, así también delimitar el objeto y el límite del mismo es propio de quien otorga dicho beneficio. Pero después de dar en comodato no solo la misma obligación moral le impide ponerle fin, obrar retroactivamente y privar de repente del uso de la cosa dada en comodato, sino también la obligación tácita al dar y recibir, pues el negocio es recíproco y recíprocamente se han establecido las acciones. Para que se entienda: lo que al inicio fue un acto de obligación moral y voluntad pura, se convierte en objeto de obligaciones mutuas y acciones civiles, como sucede con quien gestionó los negocios de un ausente: no dejaría que se

recte facies importune repetendo: nam si negasses, vel emissem vel testes adhibuissem. Idemque est, si ad fulciendam insulam tigna commodasti, deinde protraxisti, aut etiam sciens vitiosa commodaveris: adiuvari quippe nos, non decipi beneficio oportet. Ex quibus causis etiam contrarium iudicium utile esse dicendum est.

perdiesen impunemente, pues quizá otro se encargaría de ellos si él no los tomaba a su cargo, pues aceptar un mandato es voluntario, pero obligatorio cumplirlo. Por ende, si me diste en comodato las tablillas para que un deudor me otorgarse garantía por escrito, obrarás indebidamente si demandas para que las devuelva, pues si te negaste a dármelas en comodato, yo las compraría o llamaría testigos. Lo mismo sucede si diste en comodato unas vigas para apuntalar una casa y luego las quitaste, o sabiendo que tenían estaban defectuosas las diste en comodato, porque se nos debe ayudar, y no engañar, con un favor. Por ello se debe afirmar que también es útil la acción contraria.

§4. Duabus rebus commodatis recte de altera commodati agi posse Vivianus scripsit: quod ita videri verum si separatae sint, Pomponius scripsit: nam eum qui carrucam puta vel lecticam commodavit, non recte acturum de singulis partibus.

§4. Viviano escribió que si se dan dos cosas en comodato puede ejercerse sobre una sola la acción de comodato. Aunque parece que lo escrito por Pomponio es acertado si son cosas separadas, porque, por ejemplo, quien dio en comodato una carroza o una litera no intentará la acción por cada una de sus partes separadamente.

§5. Rem commodatam perdidi et pro ea pretium dedi, deinde res in potestate tua venit: Labeo ait contrario iudicio aut rem mihi praestare te debere aut quod a me accepisti reddere.

§5. Perdí la cosa dada en comodato, pagué su valor y luego la recuperaste; dice Labeón que con la acción de comodato contraria deberás entregarme la cosa o devolverme el dinero que recibiste de mí.

18. *GAIUS libro nono ad edictum provinciale. In rebus commodatis tallis diligentia praestanda est, qualem quisque diligentissimus pater familias suis rebus adhibet, ita ut tantum eos casus non praestet, quibus resisti non possit, veluti mortes servorum quae sine dolo et culpa eius accidunt, latronum hostiumve iucursus, piratarum insidias, naufragium, incendium, fugas servorum qui custodiri non solent. Quod autem de latronibus et piratis et naufragio diximus, ita scilicet accipiemus, si in hoc commodata si alicui res, ut eam rem peregre secum ferat: alioquin si cui ideo argentum commodaverim, quod isa micos ad cenam invitaturum se diceret, et id peregre secum portaverit, sine ulla dubitatiiones etiam piratarum et latronum et naufragii casum praestare debet. Haec ita, si dumtaxat accipientis gratia commodata sit res, at si utriusque, veluti si communem amicum ad cenam invitaverimus tuque eius rei curam suscepisses et ego tibi argentum commodaverim, scriptum quidem apud quosdam invenio, quasi dolum tantum praestare debeas: sed videndum est, ne et culpa praestanda sit, ut ita culpa fiat aestimatio, sicut in rebus pignori datis et dotalibus aestimari solet.*

18. GAYO *en el libro noveno de los comentarios al edicto provincial*. En las cosas dadas en comodato deberá observarse la diligencia que tiene el cabeza de familia más diligente sobre sus cosas, de modo que no responda tan solo por los riesgos inevitables, como la muerte de los esclavos, la cual ocurre sin dolo ni culpa de él, los ataques de ladrones o de enemigos en guerra, los asaltos de piratas, un naufragio, un incendio o la fuga de esclavos que no suelen vigilarse. Pero lo dicho respecto a los ladrones, los piratas y el naufragio se entiende si la cosa fue dada y se autorizó llevarla de viaje; de lo contrario, si yo di en comodato a alguien una vajilla de plata porque dijo que invitaría a unos amigos a cenar y se la llevó de viaje, sin duda responderá en caso de un ataque de piratas, ladrones o algún naufragio. Ello siempre que una cosa fuese dada en comodato solo en interés del comodatario, porque si fue en interés de ambos, por ejemplo, si invitamos a cenar a un amigo común, y tú te encargaste de la vajilla de plata que yo te di en comodato, sé que algunos juristas escribieron que tan solo debes responder por el dolo; aunque debe considerarse si no se responde también por la culpa, y considero que no debe estimarse, como sucede con las cosas dadas en prenda y las dotales.

§1. Sive autem pignus sive commodata res sive deposita deterior ab eo qui acceperit facta sit, non solum istae sunt actiones, de quibus loquimur, verum etiam legis Aquiliae; sed si qua earum actum fuerit, aliae tolluntur.

§2. Possunt iustae causae intervenir, ex quibus cum eo qui commodasset agi deberet: veluti de impensis in valetudinem servi factis quaeve post fugam requirendi reducendique eius causa factae essent: nam cibariorum impensae naturali scilicet ratione ad eum pertinent, qui utendum accepisset. Sed et id, ad maiores impensas pertinere debet: modica enim impendia verius est, ut sicuti cibariorum ad eundem pertineant.

§3. Item qui sciens vasa vitiosa commodavit, si ibi infusum vinum vel oleum corruptum effusumve est, condemnandus eo nomine est.

§4. Quod autem contrario iudicio consequi quisque potest, id etiam recto iudicio, quo cum eo agitur, potest salvum habere iure pensationis, sed fieri potest,, ut amplius esset, quod invicem aliquem consequi oporteat, aut iudex pensationis rationem non habeat, aut ideo de restituenda re cum eo non agatur, quia ea res casu intercidit aut sive iudice

§1. Si la prenda o la cosa dada en comodato o depósito se deterioraron en manos de quien la recibió, proceden no solo las acciones respectivas sino también la de la ley Aquilia; pero si se ejerció alguna de ellas las demás se extinguen.

§2. Pueden existir causas justificadas por las cuales se intenta acción contra el comodante, por ejemplo, por los gastos realizados debido a la enfermedad de un esclavo, o por los realizados tras su fuga para rastrearlo y recuperarlo, ya que los gastos de manutención pertenecen naturalmente al comodatario. También lo dicho sobre los gastos de curación o de fuga se refiere a los gastos mayores, porque los menores y los de manutención sin duda corresponden al comodatario.

§3. También deberá ser condenado quien dio en comodato unos recipientes sabiendo que estaban defectuosos y el vino o el aceite vertido en ellos se estropeó o se derramó.

§4. Lo que puede obtenerse con la acción contraria también puede conseguirse por compensación con la acción directa. Pero puede ocurrir que sea más lo que el adversario obtenga por contrapartida, o que el juez no considere la compensación o que no se ejerza la acción para restituir

restituta est: dicemus necessariam esse contrariam actionem.

la cosa dada en comodato porque ésta pereció por accidente o por haberse devuelto sin intervención del juez, y en tales casos diremos que se requiere la acción contraria.

19. *IULIANUS libro primo digestorum. Ad eos, qui servandum aliquid conducunt aut utendum accipiunt, damnum iniuria ab alio datum non pertinere procul dubio est: qua enim cura aut diligentia consequi possumus, ne aliquis damnum nobis iniuria det?*

19. JULIANO *en el libro primero del digesto.* No hay duda de que los guardias alquilados o los comodatarios no responden del daño injustamente causado a una cosa por un tercero, pues ¿cuánto cuidado o diligencia se necesita para que alguien no dañe ilícitamente un bien nuestro?

20. *IDEM libro tertio ad Urseium Ferocem. Argentum commodatum si tam idoneo servo meo tradidissem ad te perferendum, ut non debuerit quis aestimare futurum, ut a quibusdam malis hominibus deciperetur, tuum, non meum detrimentum erit, si di mali homines intercepissent.*

20. EL MISMO *en el libro tercero de los comentarios a Urseyo Feroz.* Si yo le indiqué a un esclavo mío confiable que te devolviese la vajilla de plata que me diste en comodato, sin esperar que pudiese ser engañado por unos maleantes, si éstos se la quitan la pérdida será tuya, no mía.

21. *AFRICANUS libro octavo quaestionum. Rem mihi commodasti: eandem subripuisti: deinde cum commodati ageres nec a te scirem esse subreptam, iudex me condemnavit et solvi: postea comperi a te esse subreptam: quaesitum est, quae mihi tecum actio sit. Repondit furti quidem non esse, sed commodati contrarium iudicium utile mihi fore.*

21. AFRICANO *en el libro séptimo de las cuestiones.* Me diste en comodato una cosa que luego me robaste; ejerciendo tú la acción de comodato sin yo saber que tú me habías sustraído la cosa, el juez me condenó y pagué, pero más tarde descubrí el robo. Se preguntó qué acción tengo contra ri. Juliano respondió que obviamente no tenía la de robo, sino la contraria de comodato.

§1. *In exercitu contubernalibus vasa utenda communi periculo dedi ac deinde*

§1. Estando en el ejército di unas vasijas a unos camaradas para que

meus servus subreptis his ad hostes profugit et postea sine vasis receptus est. habiturum me commodati actionem cum contubernalibus constat pro cuiusque parte: sed et illi mecum furti servi nomine agere possunt, quando et noxa caput sequitur. Et si tibi rem periculo tuo utendam commodavero eaque a servo meo subripiatur, agere mecum furti possis servi nomine.

los usaran bajo riesgo común; un esclavo mío los robó y huyó hacia los enemigos, siendo después capturado pero sin las vasijas. Es cierto que tendré la acción de comodato contra mis camaradas según la parte que les corresponde, pero también ellos pueden intentar contra mí la acción de robo en razón del esclavo, porque el delito persigue al delincuente [es decir, yo debo responder en nombre del esclavo]. Y si te di en comodato una cosa para usarla a riesgo tuyo y mi esclavo la robó, podrás ejercer contra mí la acción de robo en razón del esclavo.

22. *PAULUS libro vicensimo secundo ad edictum. Si servus, quem tibi commodaverim, furtum fecerit, utrum sufficiat contraria commodati actio (quemadmodum competit, si quid in curationem servi impendisti) an furti agendum sit, quaeritur. Et furti quidem noxalem habere qui commodatum rogavit procul dubio est, contraria autem commodati tunc eum teneri, cum sciens talem esse servum ignoranti commodavit.*

22. PAULO *en el libro vigésimo segundo de los comentarios al edicto.* Si el esclavo que te di en comodato robó, se pregunta si bastará la acción contraria de comodato (como cuando se gasta en la curación del esclavo) o se ejercerá la acción de robo. Indudablemente el comodatario tiene la acción noxal de robo, pero el comodante se obliga por la acción contraria de comodato si dio en comodato un esclavo que sabía era ladrón a quien lo ignoraba.

23. *POMPONIUS libro vicensimo primo ad Quintum Mucium. Si commodavero tibi equum, quo utereris usque ad certum locum, si nulla culpa tua interveniente in ipso itinere deterior equus factus sit, non teneris commodati:*

23. POMPONIO *en el libro vigésimo primero de los comentarios a Quinto Mucio.* Si te di en comodato un caballo para que lo usases en cierto lugar, y el animal se deterioró sin culpa tuya durante el trayecto, no

nam ego in culpa ero, qui in tam longum iter commodavi, qui eum laborem sustinere non potuit.

te obligas por la acción de comodato, porque la culpa será mía al haberte dado en comodato un caballo que no pudo resistir la fatiga de tan largo viaje.

TITULUS VII
DE PIGNERATICIA ACTIONE VEL CONTRA

TÍTULO VII
DE LA ACCIÓN PIGNORATICIA DIRECTA O CONTRARIA

1. ULPIANUS *libro quadragensimo ad Sabinum. Pignus contrahitur non sola traditione, sed etiam nuda conventione, etsi non traditum est.*

1. ULPIANO *en el libro cuadragésimo de los comentarios a Sabino.* La prenda no solo se celebra con la entrega, sino también por simple pacto, aunque no se haya hecho entrega del bien.

§1. Si igitur contractum sit pignus nuda conventione, videamus, an, si quis aurum ostenderit quasi pignori daturus et aes dederit, obligaverit aurum pignori: et consequens est, ut aurum obligetur, non autem aes, quia in hoc non consenserint.

§1. Así, ya que la prenda puede celebrarse por simple pacto, si alguien mostró un objeto de oro como para darlo prenda y después dio uno de bronce, ¿dio el de oro en prenda? En efecto, se obliga el oro, no el bronce, porque no pactaron sobre éste último.

§2. Si qui stamen, cum aes pignori daret, adfirmavit hoc aurum esse et ita pignori dederit, videndum erit, an aes pignori obligaverit et numquid, auia in corpus consensum est, pignori esse videatur: quod magis est tenebitur tamen pigneraticia contraria actione qui dedit, praeter stellionaturm quem fecit.

§2. Pero si al dar un objeto de bronce en prenda alguien afirmó que era de oro y así lo dio, se pregunta: ¿obligó el bronce y se considerará dado en prenda por consentir en cuanto al objeto? Esto último parece más acertado, aunque el pignorante se obligará por la acción contraria de prenda y por el estelionato cometido.

2. *POMPONIUS libro Sexto ad Sabinum. Si debitor rem pignori datam vendidit et tradidit tuque ei numos credidisti, tibique cum eo convenit, ut ea res, quam iam vendiderat, pignori tibi esset, nihil te egisse constat, quia rem alienam pignori acceperis: ea enim ratione emptorem pignus liberatum habere coepisse neque ad rem pertinuisse, quod tua pecunia pignus sit liberatum.*

2. POMPONIO *en el libro sexto de los comentarios a Sabino.* Si un deudor vendió y entregó el objeto dado en prenda y tú le prestaste el dinero con el que pagó al acreedor pignoraticio, acordando con él que tú conservases en prenda la cosa que ya había vendido, se sabido que el acto fue nulo porque recibiste en prenda una cosa que pertenecía a un tercero, pues el comprador empezó a tener una cosa libre de prenda y no importa que ésta se haya extinguido con tu dinero.

3. *IDEM libro octavo decimo ad Sabinum. Si quasi recepturus a debitore tuo comminus pecuniam reddidisti ei pignus isque per fenestram ad misit excepturo eo, quem de industria ad id posuerit, Labeo ait furti te agere cum debitore posse et ad exhibendum: et, si agente te contraria pigneraticia excipiat debitor de pignore sibi reddito, replicabitur de dolo et fraude, per quam nec redditum, sed per fallaciam ablatum id intellegitur.*

3. EL MISMO *en el libro décimo octavo de los comentarios a Sabino.* Si le devolviste la prenda a tu deudor al cobrarle el dinero de la misma, y él la arrojó por la ventana para que la atrapase alguien que había colocado para ello, dice Labeón que puedes ejercer contra el deudor la acción de robo y la exhibitoria. Y si al ejercer tú la acción pignoraticia contraria el deudor opone la excepción de habérsele devuelto la prenda, se opondrá a su vez la de dolo y fraude, pues se entiende que la prenda no fue devuelta, sino quitada con artimaña.

4. *ULPIANUS libro quadragensimo primo ad Sabinum. Si convenit de distrahendo pignore sive ab initio sive postea, non tantum venditio valet, verum incipit emptor dominium rei habere. Sed*

4. ULPIANO *en el libro cuadragésimo primero de los comentarios a Sabino.* Si se acordó que el acreedor venda la prenda desde el primero momento o después, no solo es válida la

etsi non convenerit de distrahendo pignore, hoc tamen iure utimur, ut liceat distrahere, si modo non convenit, ne liceat. Ubi vero convenit, ne distraheretur, creditor, si distraxerit, furti obligatur, nisi ei ter fuerit denuntiatum ut solvat et cessaverit.

venta, sino que el comprador adquiere la propiedad. Pero si no se acordó tal cosa, se considera en derecho lícito venderla si se pactó que lo sea, aunque cuando se convino que el acreedor no podía vender, éste se obliga por la acción de robo si lo hizo, salvo que previamente notificase al deudor en tres ocasiones para que pagase y éste no lo hizo.

5. *POMPONIUS libro nono decimo ad Sabinum. Idque iuris est, sive omnino fuerint pacti, ne venat, sive in summa aut condicione aut loco contra pactionem factumm sit.*

5. POMPONIO *en el libro décimo noveno de los comentarios a Sabino.* Este derecho se observa cuando no se pactó no vender o si se infringe lo pactado respecto a la cantidad, la condición o el lugar de pago.

6. *IDEM libro trigensimo quinto ad Sabinum. Quamvis convenerit, ut fundum pigneraticium tibi vendere liceret, nihilo magis cogendus es vendere, licet solvendo non sit is qui pignus dederit, quia tua causa id caveatur. Sed Atilicinus ex causa cogendum creditorem esse ad vendendum dicit: quid enim si multo minus sit quod debeatur et hodie pluris venire possit pignus quam postea? Melius autem est dici eum, qui dederit pignus, posse vendere et acepta pecunia solvere id quod debeatur, ita tamen, ut creditor necessitatem habeat ostendere rem pigneratam, si mobilis sit, prius idónea cautela a debitore pro indemnitate ei praestanda. Invitum enim creditorem cogi vendere satis inhumanum est.*

6. EL MISMO *en el libro trigésimo quinto de los comentarios a Sabino.* Aunque se pactase que te fuese lícito vender el fundo dado en prenda, no por ello se te forzará a hacerlo si el deudor no es solvente, porque ese pacto se otorga en interés tuyo. Pero Atilicino dice que en ocasiones debe forzarse al acreedor a venderlo. Porque, ¿qué otra cosa hacer si la deuda vale menos que la prenda y hoy puede venderse la prenda por un precio mayor que en otro momento? Es mejor decir que el deudor puede vender la prenda y pagar lo que debe una vez cobrado el precio, cono tal de que se obligue al acreedor a exhibir la cosa dada en prenda si ésta es mueble, después de que el deudor otorgue suficiente caución para el daño que pudiese sufrir por ello, pues es muy inhumano obligar al acreedor a vender la prenda contra su voluntad.

§1. Si creditor pluris fundum pigneratum vendiderit, si id faeneret, usuram eius pecuniae praestare debet ei qui dederit pignus: sed et si ipse usus sit ea pecunia, usuram praestari oportet. Quod si eam depositam habuerit, usuras non debet.

§1. Si el acreedor vendió por un precio mayor el fundo dado en prenda y prestó el dinero con intereses, deberá entregar éstos al deudor. Y también deberá pagar intereses si aquél gastó el dinero, pero no lo hará si lo tuvo depositado.

7. PAULUS libro secundo sententiarum. Si autem tardius superfluum restituat creditor id quod apud eum depositum est, ex mora etiam usuras debitori hoc nomine praestare cogendus est.

7. PAULO *en el libro segundo de las sentencias.* Y si el acreedor devolvió con retraso el excedente que tenía en su poder, también se le obligará a pagar al deudor los intereses moratorios.

8. POMPONIUS libro tricensimo quinto ad Sabinum. Si necessarias impensas fecerim in servum aut in fundum, quem pignoris causa acceperim, non tantum retentionem, sed etiam contrariam pigneraticiam actionem habebo: finge enim medicis, cum aegrotaret servus, dedisse me pecuniam et eum decessisse, Item insulam fulsisse vel refecisse et postea deustam esse, nec habere quod possem retinere.

8. POMPONIO *en el libro trigésimo quinto de los comentarios a Sabino.* Si yo realicé gastos necesrios por el esclavo o el fundo recibido en prenda, no solo podré retener, sino que también tendré la acción pignoraticia contraria, porque puede suceder que yo gaste en médicos cuando el esclavo se enferme, y luego éste fallezca, o bien que repare o reconstruya la casa y luego ésta se incendie, y no tenga nada que retener.

§1. Si pignori plura mancipia data sint, et quaedam certis pretiis ita vendiderit creditor, ut evictionem eorum praestaret,

§1. Si se dieron varios esclavos en prenda y el acreedor vendió algunos en determinado precio

et creditum suum habeat, reliqua mancippia potest retinere, donec ei caveatur, quod evictionis nomine promiserit, indemnem eum futurm.

cada uno, obligándose a responder en caso de evicción, y luego cobra su crédito, puede retener los demás esclavos hasta obtener la garantía de que no sufrirá daño por lo que prometió para el caso de evicción.

§2. Si unus ex heredibus debitoris portionem suam solverit, quemadmodum si ipse debitor portionem solvisset.

§2. Si uno de los herederos del deudor pagó su parte, aun así podrá venderse en su totalidad la cosa dada en prenda, como si el propio deudor hubiese pagado solo una parte de su deuda.

§3. Si annua bima trima die triginta stipulatus acceperim pignus pactusque sim, ut nisi sua quaque die pecunia soluta esset, vendere eam mihi liceret, placet, antequam omnium pensionum dies veniret, non posse me pignus vendere, quia eis verbis omnes pensiones demonstrarentur: nec verum est sua quaque die non solutam pecuniam, antequam omnes dies venirent. Sed omnibus pensionibus praeteritis, etiamsi una portio soluta non sit, pignus potest venire. Sed si ita scriptum sit: 'si qua pecunia sua die soluta non erit', statim competit ei pacti conventio.

§3. Si recibí una cosa en prenda tras estipular que se me pagarían treinta mil sestercios a lo largo de uno, dos o tres años, y pacté que si no se me pagaba el dinero en las fechas respectivas podía yo venderla, se admite que no puedo hacerlo antes de que se venza el término de la última anualidad, porque con aquellas palabras se dieron a entender todas las anualidades. Y es falso que el dinero dejó de pagarse antes de vencerse todos los plazos; sin embargo, una vez vencidas las fechas puede venderse la prenda si una sola no se pagó. Pero si se escribió lo siguiente: 'si no se pagó cada cantidad en su fecha', la convención del pacto procede desde el primer plazo.

§4. De vendendo pignore in rem pactio concipienda est, ut omnes contineantur: sed et si creditoris dumtaxat persona fuerit comprehensa, etiam heres eius iure vendet, si nihil in contrarium actum est.

§4. El pacto para vender la prenda debe redactarse con precisión para comprender a todos los posibles vendedores. Pero si solo se incluyó el nombre del acreedor, su

93

heredero podrá vender lícitamente la cosa si no se pactó nada en sentido contrario.

§5. Cum pignus ex pactione venire potest, non solum ob sortem non solutam venire poterit, sed ob cetera quoque, velutu usuras et quae in id impensa sunt.

§5. Si en virtud del pacto puede venderse la prenda, no solo se hará por el capital insoluto, sino también por los intereses y gastos realizados en la cosa dada en prenda.

9. ULPIANUS libro vicensimo octavo ad edictum. Si rem alienam mihi debitor pignori dedit aut malitiose in pignore versatus sit, dicendum est locum habere contrarium iudicium.

9. ULPIANO *en el libro vigésimo octavo de los comentarios al edicto.* Si un deudor me dio en prenda una cosa ajena, o actuó con malicia respecto a la prenda, procede la acción contraria.

§1. Non tantum autem ob pecuniam, sed et ob aliam causam pignus dari potest, veluti si quis pignus alicui dederit, ut pro se fideiubeat.

§1. Puede darse prenda no solo por una cantidad de dinero, sino también por otra causa, por ejemplo, si alguien dio prenda para que un tercero sea su fiador.

§2. Proprie pignus dicimus, quod ad creditorem transit, hypothecam, cum non transit nec possessio ad creditorem.

§2. Con razón llamamos prenda a la cosa que se transfiere al acreedor e hipoteca cuando no se transfiere la posesión al acreedor.

§3. Omnis pecunia exsoluta esse debet aut eo nomine satisfactum esse, ut nascatur pigneraticia actio. Satisfactum autem accipimus, quemadmodum voluit creditor, licet non sit solutum: sive aliis pignoribus sibi caveri voluit, ut ab hoc recedat, sive fideiussoribus sive reo dato sive pretio aliquot vel nuda conventione, nascitur pigneraticia action. Et generaliter dicendum erit, quotiens recedere voluit creditor a pignore, videri ei satisfactum, si ut ipse voluit sibi cavit, licet in hoc deceptus sit.

§3. Para que nazca la acción pignoraticia debe haberse pagado toda la deuda o haberse satisfecho por la obligación. Esto último se entiende de cualquier modo que aceptase el acreedor, aunque no se haya pagado: la acción nace ya sea garantizando con otras prendas para dejar la que se dio, con fianza, habiendo hecho novación con nuevo obligado, a cambio de algún precio o por nudo pacto. En general decimos que cuando el acreedor quiso dejar la prenda se entiende "satisfecho" si se otorgó caución como él quiso, aunque en ello haya sido engañado.

§4. Is quoque, qui rem alienam pignori dedit, soluta pecunia potest pigneraticia experiri.

§4. También puede ejercer la acción pignoraticia quien dio en prenda una cosa ajena habiendo pagado la cantidad adeudada.

§5. Qui ante solutionem egit pigneraticia, licet non recte egit, tamen, si offerat in iudicio pecuniam, debet rem pigneratum et quod sua interest consequi.

§5. Quien ejerció la acción pignoraticia antes de pagar, aunque no la ejerció correcatmente, debe recuperar la cosa dada en prenda y su interés si ofreció en juicio la cantidad adeudada.

10. *GAIUS libro nono ad edictum provinciale. Quod si non solvere, sed alia ratione satisfacere paratus est, forte si expromissorem dare vult, nihil ei prodest.*

10. GAYO *en el libro nvoeno de los comentarios al edicto provincial.* Pero si no está dispuesto a pagar, sino a satisfacer de otro modo, por ejemplo, dando un nuevo deudor a través de novación, no le servirá.

11. *ULPIANUS libro vicensimo octavo ad edictum. Solutum non videtur, si lis contestata cum debitore sit de ipso debito vel si fideiussor conventus fuerit.*

11. ULPIANO *en el libro vigésimo octavo de los comentarios a Sabino.* No se entiende que se pago si el deudor contestó demanda sobre la misma deuda o si se demandó al fiador.

§1. Novata ante debiti obligatiio pignus peremit, nisi convenit, ut pignus repetatur.
§2. Si quasi daturus tibi pecuniam pignus accepero nec dedero, pigneraticia actione tenebor et nulla solutione facta: idemque et si accepto lata sit pecunia, vel condijo defecit, ob quam pignus contractum est, vel si pactum, cui standum est, de pecunia non petenda factum est.

§1. La novación de una deuda extingue la prenda, salvo que se conviniera reconstituirla.
§2. Si recibí una prenda antes de darte el dinero y no te lo di, quedaré obligado por la acción pignoraticia aunque no se pagase nada. Lo mismo sucede si cancelé el crédito por medio de acceptilación o se frustró la condición por medio de la cual se celebró la prenda, o si se estableció

§3. Si in sortem dumtaxat vel in usura obstrictum est pignus, eo soluto propter quod obligatum est locum habet pigneraticia. Sive autem usurae in stipulatum sint deductae sive non, si tamen pignus et in eas obligatum fuit, quamdiu quid ex his debetur, pigneraticia cessabit. Alia causa est earum, quas quis supra licitum modum promisit: nam hae penitus illicitae sunt.

§4. Si creditori plures heredes exstiterint et uni ex his pars eius solvatur, non debent ceteri heredes creditoris iniuria adfici, sed possunt totum fundum vendere oblato debitori eo, quod coheredi eorum solvit: quae sententia non est sine ratione.

§5. Solutam autem pecuniam accipiendum non solum, si ipsi, cui obligata res est, sed et si alii sit non soluta voluntate eius, vele i cui heres exstitit, vel procuratori eius, vel servo pecuniis exigendis praeposito. Unde si domum conduxeris et eius partem mihi locaveris egoque locatori tuo pensionem solvero, pigneraticia adversus te potero experiri (nam Iulianus scribit solvi ei posse): et si partem tibi, partem ei solvero, tantundem erit dicendum. Plane in eam dumtaxat summam invecta mea et illata tenebuntur, in quam ceraculum conduxi: non enim credibile est hoc

pacto de no reclamar el dinero, el cual debe respetarse.

§3. Si la prenda se refiere tan solo al capital o a los intereses, pagado el crédito procede la acción pignoraticia. Pero si los intereses fueron objeto o no de estipulación, y la prenda se obligó también por los intereses, no procederá la acción pignoraticia en tanto se deba algo por ellos. Otra cosa es referirse a los intereses que alguien prometió por encima de la tasa lícita, porque son totalmente ilícitos.

§4. Si varias personas fueron designadas herederos de un acreedor y a uno de ellas se le pagó su parte, no debe perjudicarse por ello a los demás herederos, sino que éstos pueden ofrecer al deudor lo que pagó al coheredero y vender todo el fundo, cuya opinión es fundada.

§5. Debe entenderse por "deuda pagada" no solo si se pagó al acreedor pignoraticio, sino también a un tercero con el consentimiento de aquél, a su heredero, a su procurador o al esclavo encargado de cobrar créditos. Por ello, si arrendaste una casa, me subarriendas una parte y yo pago la renta a tu arrendador, podré ejercer contra ti la acción pignoraticia (porque Juliano escribe que puede pagársele la renta). Y lo mismo se dirá si pagué una parte de la renta al arrendador

convenisse, ut ad universam pensionem insulae frivola mea tenebuntur. Videtur autem tacite et cum domino aedium hoc convenisse, ut non pactio cenacularii proficiat domino, sed sua propria.

y otra a ti. Sin embargo, mis muebles y objetos solo quedarán obligados como garantía respecto a la cantidad por la que tomé arrendada la vivienda, porque no es posible convenir que mis muebles garanticen el alquiler completo de la casa; así pues, se entiende acordado con el dueño de la casa que le aproveche el pacto realizado con él, no el que hizo el subarrendador para la vivienda.

§6. Per liberam autem persona pignoris obligatio nobis non adquiritur, adeo ut ne per procuratorem plerumque vel tutorem adquiratur: et ideo ipsi actione pigneraticia convenentur. Sed nec mutat, quod constitutum est ab imperatore nostro posse per liberam personam possessionem adquiri: nam hoc eo pertinebit, ut possimus pignoris nobis obligati possessionem per procuratorem vel tutorem adprehendere, ipsam autem obligationem libera persona nobis non semper adquiret.

§6. No adquirimos la garantía de la prenda por medio de persona libre, pues en la mayoría de casos ni siquiera se adquiere por medio de procurador o tutor; por tanto, se les demandará con la acción pignoraticia. Esto es acorde a lo dispuesto por nuestro emperador Caracala: que se adquiere la posesión por medio de una persona libre, porque esto sirve para que podamos tomar posesión de una prenda constituida a nuestro favor por medio de procurador o tutor, aunque no siempre la podrá constituir para nosotros una persona libre.

§7. Sed si procurator meus vel tutor rem pignori dederit, ipse agere pigneraticia poterit: quod in procuratore ita procedit, si ei mandatum fuerit pignori dare,

§7. Si mi procurador o tutor dio una cosa en prenda, él podrá ejercer la acción pignoraticia, siendo más aún si se le mandó al procurador constituir la prenda,

12. GAIUS libro nono ad edictum provincial. … vel universorum bonorum administratio ei permissa est ab eo, qui sub pignoribus solebat mutuas pecunias

12. GAYO en el libro noveno de los comentarios al edicto provincial. … o si se le autorizó a administrar los bienes de quien solía recibir en

accipere.

13. ULPIANUS *libro trigensimo octavo ad edictum. Si, cum venderet creditor pignus, convenerit inter ipsum et emptorem, ut, si solverit debitor pecuniam pretii emptori, liceret ei recipere rem suam, scripsit Iulianus et est rescriptum ob hanc conventionem pigneraticiis actionibus teneri creditorem, ut debitori mandet ex vendito actionem adversus emptorem. Sed et ipse debitor aut vindicare rem poterit aut in factum actione adversus emptorem agere.*

§1. Venit autem in hac actione et dolus et culpa, ut in comodato: venit et custodia: vis maior non venit.

14. PAULUS *libro vicensimo nono ad edictum. Ea igitur, quae diligens pater familias in suis rebus praestare solet, a creditore exiguntur.*

15. ULPIANUS *libro vicensimo octavo ad edictum. Creditor cum pignus reddit, de dolo debet debitori repromittere: et si praedium fuit pigneratum, et de iure eius repromittendum est, ne forte servitutes cessante uti creditore amissae sint.*

mutuo dinero con garantía pignoraticia.

13. ULPIANO *en el libro trigésimo octavo de los comentarios al edicto.* Juliano escribió, y además consta por respuesta imperial escrita, que si al vender la prenda el acreedor pignoraticio pactó con el comprador que el deudor podría recuperarla si pagaba la cantidad del precio al comprador, con base en dicho acuerdo el acreedor se obliga por la acción pignoraticia a ceder al deudor su acción de venta de venta contra el comprador, pudiendo el mismo deudor reivindicar la cosa o ejercer contra el comprador la acción derivada de la conducta.

§1. En esta acción se comprende el dolo, la culpa y la custodia, al igual que en el comdato, pero no la fuerza mayor.

14. PAULO *en el libro vigésimo noveno de los comentarios al edicto.* Por ello, se exige del acreedor pignoraticio lo que suele hacer con sus cosas un cabeza de familia diligente.

15. ULPIANO *en el libro vigésimo octavo de los comentarios al edicto.* El acreedor debe prometer al deudor indemnizarle por el dolo al devolver la cosa dada en prenda, y si se dio en prenda un fundo también debe prometerse respecto de la conservación de las servidumbres, no sea que se extingan por haberlas dejado de usar el acreedor.

16. *PAULUS libro vicensimo nono ad edictum. Tutor lege non refragante si dederit rem pupilli pignori, tuendum erit, scilicet si in rem pupilli pecuniam accipiat. Idem est et in curator adulescentis vel furiosi.*

16. PAULO *en el libro vigésimo noveno de los comentarios al edicto.* Si el tutor dio en prenda una cosa del pupilo que no le prohibía la ley, el acto se tendrá por válido si recibió el dinero en beneficio del pupilo. Lo mismo sucede con el curador de un adolescente o de un demente.

§1. Contrariam pigneraticiam creditori actionem competere certum est: proinde si rem alienam vel alii pigneratam vel in publicum obligatam dedit tenebitur, quamvis et stellionatus crimen committat. Sed utrum ita demum, si scit, an et si ignoravit? Et quantum ad crimen pertinent, excusat ignorantia: quantum ad contrarium iudicium, ignorantia eum non excusat, ut Marcellus libro Sexto digestorum scribit. Sed si sciens creditor accipiat vel alienum vel obligatum vel morbosum, contrarium ei non competit.

§1. La acción contraria de prenda ciertamente compete al acreedor pignoraticio. Por tanto, si el deudor dio una cosa ajena, la dio a otro en prenda estando ya pignorada o la obligó siendo una garantía fiscal, quedará obligado, aparte de cometer crimen de estelionato. Pero, ¿solamente si lo sabía o también si lo ignoraba? Respecto al crimen la ignorancia le excusa, pero no respecto a la acción contraria, como escribe Marcelo en el libro sexto de su digesto. Pero si el acreedor recibió en prenda una cosa ajena sabiendo que ya estaba obligada o estaba defectuosa, no le compete la acción contraria.

§2. Etiam vectigale praedium pignori dari potest: sed et superficiarium, quia hodie utiles actiones superficiariis dantur.

§2. También puede darse en prenda un predio vectigal y uno tributario, porque en la actualidad se conceden acciones dominicales útiles a los superficiarios.

17. *MARCIANUS libro singulari ad formulam hypothecariam. Sane divi*

17. MARCIANO *en el libro único de los comentarios a la fórmula hipotecaria.*

Severus et Antoninus rescripserunt ut sine diminutione mercedia soli obligabitur.

En efecto, con base en los rescriptos de los divinos Severo y Antonino Caracala, puede darse en prenda el solar construido sin por ello disminuir la renta del suelo.

18. *PAULUS libro vicensimo nono ad edictum. Si convenerit, ut nomen debitoris mei pigneri tibi sit, tuenda est a praetore haec conventio, ut et te in exigendia pecunia et debitorem adversus me, si cum ex experiar, tueatur. Ergo si id nomen pecuniarium fuerit, exactam pecuniam tecum pensabis, si vero corporis alicuius, id quod acceperis erit tibi pignoris loco.*

18. PAULO *en el libro vigésimo noveno de los comentarios al edicto.* Si pactamos que el crédito contra mi deudor te quede en prenda, este acuerdo debe ser protegido por el pretor para que puedas reclamar el dinero y se proteja al deudor contra mí si yo lo demandase. Por tanto, si dicho crédito fue pecuniario, compensarás el dinero cobrado con lo que te debo, pero si fue alguna otra especie, te quedará en prenda lo que cobres.

§1. Si nuda proprietas pignori data sit, usus fructus, qui postea adereverit, pignori erit: eadem causa est alluvionis.

§1. Si se dio en prenda la nuda propiedad el usufructo que produjese quedará en prenda. Lo mismo sucede respecto del acrecimiento por aluvión.

§2. Si fundus pigneratus venierit, manere causam pignoris, quia cum sua causa fundus transeat: sicut in partu ancillae, qui post venditionem natus sit.

§2. Si se vendió el fundo dado en prenda subsiste el gravamen de ésta, porque el fundo pasa con su gravamen como sucede con el hijo de una esclava dada en prenda que nació después de venderla.

§3. Si quis caverit, ut silva sibi pignori esset, navem ex ea materia factam non esse pignori Cassius ait, quia aliud sit materia, aliud navis: et ideo nominatim in dando pignore adiciendum esse ait: 'quaeque ex silva vacta natave sint'.

§3. Si se dio en prenda un bosque, dice Casio que no forma parte de ésta el barco hecho con madera de aquél, porque una cosa es la madera y otra el barco. Por ello, dice que al constituir la prenda debe añadirse expresamente 'y lo que se hiciese con la madera del bosque o naciese de él'.

§4. Servus rem peculiarem si pignori dederit, tuendum est, si liberam peculii administrationem habuit: nam et alienare eas res potest.

§4. Si un esclavo dio en prenda una cosa del peculio, debe considerarse como válida si tenía la libre administración del mismo, porque entonces también puede enajenar cosas del peculio.

19. MARCIANUS libro singulari ad formulam hypothecariam. Eadem et de filio familias dicta intellegemus.

19. MARCIANO *en el libro único de los comentarios a la fórmula hipotecaria.* Lo mismo sucede respecto del hijo de familia.

20. PAULUS libro vicensimo nono ad edictum. Aliena res pignori dari voluntate domini potest: sed et si ignorante eo data sit et ratum habuerit, pignus valebit.

20. PAULO *en el libro vigésimo noveno de los comentarios al edicto.* Puede darse en prenda una cosa ajena previo consentimiento del dueño, pero también será válida si se dio sin él saberlo y luego la ratificó.

§1. Si pluribus res simul pignori detur, aequalis omnium causa est.

§1. Si se dio a varios acreedores una cosa en prenda, todos tienen igual derecho de cobro.

§3. Si per creditorem stetit, quo minus ei solvatur, recte agitur pigneraticia.

§2. Si dependió del acreedor que no se le pagase, la acción pignoraticia se ejerce justamente contra él.

§4. Interdum etsi soluta sit pecunia, tamen pigneraticia actio inhibenda est, veluti si creditor pignus suum emerit a debitore.

§3. A veces debe negarse la acción pignoraticia aunque se haya pagado la deuda, por ejemplo, si el acreedor compró al deudor la cosa dada en prenda.

21. IDEM libro sexto brevium. Domo pignori data et area eius tenebitur: est enim pars eius. Et contra ius soli sequetur aedificium.

21. EL MISMO *en el libro sexto de los breves.* Si se da en prenda una casa también quedará comprendido en la obligación su solar no edificado, por ser parte de ella; por el contrario, el edificio seguirá el derecho del suelo.

22. *ULPIANUS libro trigensimo ad edictum. Si pignore subrepto furti egerit creditor, totum, quidquid percepit, debito eum imputare Papinianus confitetur, et est verum, etiamsi culpa creditoris furtum factum sit. Multi magis hoc erit dicendum in eo, quod ex condictione consecutus est. Sed quod ipse debitor furti actione praestitit creditori vel condictione, an debito sit imputandum videamus: et quidem non oportere id ei restitui, quod ipse ex furti actione praestitit, peraeque relatum est et traditum, et ita Papinianus libro nono quaestionum ait.*

§1. Idem Papinianus ait et si metus causa servum pigneratum debitori tradiderit, quem bona fide pignori acceperat: nam si egerit quod metus causa factum est et quadruplum sit consecutus, nihil neque restituet ex eo quod consecutus, nihil restituet ex eo quod consecutus est nec debito imputabit.

§2. Si praedo rem pignori dederit, competit ei et de fructibus pigneraticia actio, quamvis ipse fructus suos non faciet (a praedone enim fructus et vindicari extantes possunt et consumpti condici): proderit igitur ei, quod creditor bona fide possessor fuit.

22. ULPIANO *en el libro trigésimo de los comentarios al edicto.* Papiniano destaca que, si tras robársele al acreedor una prenda éste ejerce la acción de robo, debe compensar con la deuda todo lo obtuviese por ello, lo cual es verdad, aunque el robo se cometiese por culpa del acreedor. Y con mayor razón esto aplica a lo que obtuvo con la acción ejecutiva. Ahora veamos si debe compensarse con la deuda lo que el deudor que sustrajo la prenda pagó al acreedor con la acción de robo o la ejecutiva. La opinión general es que no debe restituírsele lo que pagó por la acción de robo, y así lo dice Papiniano en el libro noveno de las cuestiones.

§1. Papiniano opina lo mismo si por causa de intimidación el acreedor entregó al deudor el esclavo que había recibido de buena fe en prenda, porque si intentó la acción debido a verse intimidado, y consiguió el cuádruple por la pena, no restituirá nada de lo obtenido ni compensará con la deuda.

§2. Si un poseedor de mala fe dio en prenda la cosa que robó, le compete la acción pignoraticia incluso por los frutos, aunque éstos no serán suyos (porque pueden reivindicarse del poseedor de mala fe los frutos no consumidos y con la acción

§3. Si post distractum pignus debitor, qui precario rogavit vel conduxit pignus, possessionem non restituat, contrario iudicio tenetur.

§4. Si creditor, cum venderet pignus, duplam promisit (nam usu hoc evenerat et conventus ob evictiionem erat et condemnatus), an haberet regressum pigneraticiae contrariae actionis? Et potest dici esse regressum, si modo sine dolo et culpa sic vendidit et ut pater familias diligens id gressit: si vero nullum emolumentum talis vendtio attulit, sed tanti venderet, quanto vendere potuit, etiamsi haec non promisit, regressum non habere:

23. TRYPHONINUS *libro octavo disputationum. ... nec enim amplius a debitore quam debiti summa consequi poterit. Sed si stipulatio usurarum fuerat et post quinquennium forte, quam pretium ex re obligata victus eam emptori restituit, etiam medii temporis usuras a debitore petere potest, quia nihil ei solutum esse, ut auferri non possit, palam factum est: sed si simplum praestitit, doli exceptione repellendus erit ab usurarum petitione, quia habuit usum pecuniae pretii, quod ab emptore*

ejecutiva reclamar los consumidos). Por tanto, le favorece que el acreedor haya poseído la prenda de buena fe.

§3. Si el acreedor vendió la prenda que el deudor no restituye por retenerla en precario o en arrendamiento, el segundo se obliga por la acción pignoraticia contraria.

§4. Si el acreedor prometió sanear por el duplo al vender la prenda, como se acostumbra en otras ventas, y fue demandado y condenado por evicción, ¿tendrá la acción pignoraticia contraria? Puede afirmarse que sí, siempre que vendiese sin dolo ni culpa, como lo hace un jefe de familia diligente. Pero si dicha venta no produjo ninguna ganancia, pues vendió al mismo precio por el que pudo vender sin responder por evicción, no tiene ninguna acción contraria,

23. TRIFONINO *en el libro octavo de las disputas.* ... obteniendo del deudor únicamente el valor simple de la deuda. Pero si se estipularon intereses, y después de cinco años de haber cobrado el precio la cosa obligada fue objeto de evicción y el acreedor pignoraticio pagó al comprador el duplo prometido, puede reclamar al deudor los intereses del periodo intermedio, porque fue evidente que no se le pagó nada; pero si pagó al

acceperat.

comprador el valor simple de lo vendido, se rechazará la reclamación de intereses con la excepción de dolo, porque usó el dinero del precio que había cobrado del comprador.

24. ULPIANUS *libro trigensimo ad edictum. Elegante apud me quaesitum est, si impetrasset creditor a Caesare, ut pignus possideret idque evictum esset, an habeat contrariam pigneraticiam. Et videtur finita esse pignoris obligatio et a contractu recessum. Immo utilis ex empto accommodata est, quemadmodum si pro soluto ei res data fuerit, ut in quantitatem debiti ei satisfiat vel in quantum eius intersit, et compensationem habere potest creditor, si forte pigneraticia vel ex alia causa cum eo agetur.*

§1. Qui réprobos numos solvit creditori, an habet pigneraticiam actionem quasi soluta pecunia, quaeritur: et constat neque pigneraticia eum agere neque liberari posse, quia reproba pecunia non liberat solventem, reprobis videlicet nummis reddendis.

§2. Si vendiderit quidem creditor pignus pluris quam debitum erat, nondum autem pretium ab emptore exegerit, an pigneraticio iudicio conveniri possit ad superfluum reddendum, an vero vel exspectare debeat, quoad emptor solvat,

24. ULPIANO *en el libro trigésimo de los comentarios al edicto*. Se me preguntó con inteligencia esto: si un acreedor obtuvo del César la posesión definitiva de la prenda, y ésta fue reivindicada por medio de la evicción, ¿tendrá la acción pignoraticia contraria? La prenda se extinguió y el contrato se resolvió; es más, se otorgó al acreedor la acción útil de compra, como si se le pagase con la cosa para satisfacer el valor de la deuda o el interés que tiene, y dándole al acreedor la compensación si se le demanda con la acción pignoraticia o por otra causa.

§1. Se pregunta si tiene la acción pignoraticia el deudor que pagó a su acreedor con moneda falsa, como si hubiese pagado la deuda. Es sabido que ni puede ejercer dicha acción ni queda exento del adeudo, porque la moneda falsa no lo libera, debiéndose devolver dichas monedas.

§2. Si el acreedor vendió la prenda por un valor superior al adeudo, y todavía no recibe el dinero del comprador, ¿podrá ser demandado con la acción pignoraticia para que devuelva el sobrante, deberá

vel suscipere actiones adversus emptorem? Et arbitror non esse urguendum ad solutionem creditorem, sed aut exspectare debere debitorem aut, si non exspectat, mandandas ei actiones adversus emptorem periculo tamen venditoris. Quod si accepit iam pecuniam, superfluum reddit.

§3. In pigneraticio iudicio venit et si res pignori datas male traetavit creditor vel servos debilitavit. Plane si pro maleficiis suis coercuit vel vinxit vel optulit praefecturae vel praesidi, dicendum est pigneraticia creditorem non teneri. Quare si prostituit ancillam vel aliud improbatum facere coegit, ilico pignus ancillae solvitur.

25. *IDEM libro trigensimo primo ad edictum. Si servos pigneratos artificiis instruxit creditor, si quidem iam imbutos vel voluntate debitoris, erit actio contraria: si vero nihil horum inrecessit, si quidem artificiis necessariis, erit actio contraria, non tamen sic, ut cogatur, servis carere pro quantitate sumptuum debitor. Sicut enim neglegere creditorem dolus et culpa quam praestat non patitur, ita nec talem efficere rem pigneratam, ut gravis sit debitori ad recipierandum: puta saltum grandem pignori datum ab homine, qui vix luere*

esperar a que pague el comprador o deberá ceder las acciones contra el comprador? Opino que no debe obligarse al acreedor a pagar el excedente, sino que debe esperar al deudor, y si no lo hace, le cedan las acciones contra el comprador pero a riesgo del vendedor. Pero si ya cobró el dinero debe restituir el excedente.

§3. También procede la acción pignoraticia si el acreedor maltrató las cosas dadas en prenda o inutilizó a los esclavos. Pero no responde por la acción pignoraticia si debido a una fechoría los castigó físicamente, los tuvo presos o los entregó al prefecto o al gobernador; por tanto, si prostituyó a una esclava o la obligó a realizar un acto inmoral, se extingue inmediatamente la prenda sobre la esclava.

25. EL MISMO *en el libro trigésimo de los comentarios al edicto*. Si un acreedor instruyó en algún oficio a los esclavos dados en prenda, y éstos ya lo dominaban o se hizo con autorización del deudor, procederá la acción pignoraticia contraria; pero si no fue así, la acción procederá solo si el oficio era en verdad necesario, pero no al grado que el deudor se vea forzado a vender los esclavos debido al monto de los gastos en la instrucción. Porque así como el

potest, nedum excolere, tu acceptum pignori excoluisti sic, ut magni pretii faceres. Alioquin non est aequum aut quaerere me alios creditores aut cogi distrahere quod velim receptum aut tibi paenuria coatum derelinquere. Medie igitur haec a iudice erunt dispicienda, ut neque delicatus debitor neque onerosus creditor audiatur.

dolo y la culpa por los que responde el acreedor le impiden que sea negligente, así también le impiden encarcer de tal modo la cosa dada enprenda como para que el deudor no pueda recuperarla, por ejemplo, si una persona muy pobre dio en prenda un enorme monte que no cultivaba, y tras recibirlo tú lo cultivaste y así aumentó su valor. En consecuencia, no es justo que me obligue con más acreedores para que me presten el dinero neceseario, o que me vea obligado a vender lo que deseaba recuperar, o bien que lo abandone orillado por la falta de recursos. Así pues, el juez deberá ponderar las circunstancias para atender juiciosamente tanto al deudor quejumbroso como al acreedor gravoso.

26. *IDEM libro tertio disputationum. Non est mirum, si ex quacumque causa magistratus in possessionem aliquem miserit, pignus constitui, cum testamento quoque pignus constitui posse imperator noster cum patre saepissime rescripsit.*

26. EL MISMO *en el libro tercero de las disputas.* No es raro que se constituya prenda cuando el magistrado otorga por alguna causa la posesión de una cosa a alguien, pues muchísimas veces nuestro emperador Caracala contestó por escrito junto con su padre Septimio Severo que también puede constituirse la prenda por medio de testamento.

§1. Sciendum est, ubi iussu magistratus pignus constituitur, non alias constitui, nisi ventum fuerit in possessionem.

§1. Debe saberse que solo se constituye prenda por orden del magistrado desde que se toma posesión de la cosa.

27. *IDEM libro sexto opinionum. Petenti mutuam pecuniam creditori, cum prae manu debitor non haberet, species auri dedit, ut pignori apud alium creditorem poneret. Si iam solutione liberatas receptasque eas is qui susceperat tenet, exhibere iubendus est: quod si etiam nunc apud creditorem creditoris sunt, voluntate domini nexae videntur, sed ut liberatae tradantur, domino earum propria actio adversus suum creditorem competit.*

27. EL MISMO *en el libro sexto de las opiniones.* Ante los reclamos del acreedor, un deudor que no tenía a la mano el dinero que se le había dado en mutuo le dio unas alhajas de oro para que las diese en prenda a otro acreedor. Si el primer acreedor debió pagar para liberarlas y así las recuperó, deberá ordenarse que las exhiba. Pero si siguen en poder del segundo acreedor, se consideran dadas en prenda con voluntad del dueño, pero para que se le devuelvan libres debe ejercer contra su acreedor acción propia del convenio originalmente realizado.

28. *IULIANUS libro undecimo digestorum. Si creditor, qui rem pignori acceperat, amissa eius possessione Serviana actione petierit et Litis aestimationem consecutus sit, postea debitor eandem rem petens exceptione summovetur, nisi offerat ei debitor, quod pro eo solutum est.*

28. JULIANO *en el libro décimo primero del digesto.* Si tras haber perdido la posesión de una cosa en prenda, el acreedor que la recibió ejerce la acción Serviana, y consigue el valor de lo litigado, el deudor que reclame la misma cosa será rechazada con una excepción si no ofrece al poseedor la estimación que pagó por ella.

§1. Si servus pro peculiari nomine pignus acceperit, actio pigneraticia adversus dominum debitori competit.

§1. Si el esclavo recibió una cosa en prenda por un crédito que dio de su peculio, compete al deudor la acción pignoraticia contra el dueño.

29. *IDEM libro quadragensimo quarto digestorum. Si rem alienam bona fide emeris et mihi pignori heredem instituerit, desinit pignus esse et sola*

29. EL MISMO *en el libro cuadragésimo cuarto del digesto.* Si compraste una cosa ajena de buena fe y me la diste en prenda,

precarii rogatio supererit: idcirco usucapio tua interpellabitur.

me pidieses retenerla en calidad de precario y luego su dueño me instituyó heredero, la prenda se extingue y solo subsistirá la petición del precario, interrumpiéndose así tu usucapión.

30. *PAULUS* libro quinto *epitomarum Alfeni –Vari digestorum. Qui ratiario erediderat, cum ad diem pecunia non solveretur, ratem in flumine sua auctoritate detinuit: postea flumen crevit et ratem abstulit. Si iuvito ratiario retinuisset, eius periculo ratem fuisse respondit: sed si debitor sua voluntate concessisset, ut retineret, culpam dumtaxat ei praestandam, non vim maiorem.*

30. PAULO *en el libro quinto del epítome del digesto de Alfeno Varo.* Un acreedor que prestó a un comerciante fluvial detuvo por su autoridad el barco en el río cuando no se le pagó el dinero en la fecha de vencimiento; luego, el río creció y se llevó el barco. Si lo retuvo contra la voluntad del barquero, Alfeno respondió que la nave quedó a riesgo del acreedor, pero si el deudor permitió que la conservase, el acreedor responderá tan solo por la culpa, no por la fuerza mayor.

31. *AFRICANUS* libro octavo *quaestionum. Si servus pignori datus creditori furtum faciat, liberum est debitori servum pro noxae deditione relinquere: quod si sciens furem pignori mihi dederit, etsi paratus fuerit pro noxae dedito apud me relinquere, nihilo minus habiturum me pigneraticiam actionem, ut indemnem me praestet. Eadem servanda esse Iulianus ait etiam cum depositus vel commodatus servus furtum faciat.*

31. AFRICANO *en el libro octavo de las cuestiones.* Si el esclavo dado en prenda robó algo al acreedor, el deudor tiene la opción de entregar el esclavo para cubrir el daño, pero si el acreedor sabía que era ladrón y aun así me lo dio, aunque estuviese dispuesto a dejármelo para satisfacer el daño, tendrá contra aquél la acción pignoraticia para que me indemnice. Dice Juliano que lo mismo sucederá si el esclavo dado en depósito o en comodato hubiese robado.

32. *MARCIANUS* libro quarto

32. MARCIANO *en el libro cuarto de*

regularum. Cum debitore, qui alienam rem pignori dedit, potest creidtor contraria pigneraticia agere, etsi solvendo debitor sit.

33. IDEM *libro singulari ad formulam hypothecariam. Si pecuniam debitor solverit, potest pigneraticia actione uti ad reciperandam ἀντίχοησυν: nam cum pignus sit, hoc verbo poterit uti.*

34. MARCELLUS *libro singulari responsorum. Titius cum credidiset pecuniam Sempronio et ob eam pignus accepisset futurumque esset, ut distraheret eam creditor, quia pecunia non solveretur, petit a creditore, ut fundum certo pretio emptum haberet,, et cum impetrasset, epistulam, qua se vendidisse fundum creditori significaret, emisit: quaero, an hanc venditionem debitor recovare possit offerendo sortem et usuras quae debentur. Marcellus respondit secundum ea quae proposita essent revocare non posse.*

35. FLORENTINUS *libro octavo institutionum. Cum et sortis nomine et usurarumm aliquid debetur ab eo, qui sub pignoribus pecuniam debet, quidquid ex venditione pignorum recipiatur, primum usuris, quas iam*

las reglas. El acreedor puede ejercer la acción pignoraticia contraria contra el deudor que dio en prenda una cosa ajena, sin importar que éste sea solvente.

33. EL MISMO *en el libro único de los comentarios a la fórmula hipotecaria.* Si el deudor pagó la cantidad, puede usar la acción pignoraticia para recuperar el disfrute de la prenda (en griego *anticresis*), porque al haber prenda puede usarse este vocablo.

34. MARCELO *en el libro único de las respuestas.* Ticio prestó dinero a Sempronio y por tal motivo recibió un fundo como prenda; el acreedor debió vender la cosa porque no se le cubrió el adeudo, y Sempronio le pidió quedarse con el fundo como comprado por cierto valor. Tras hacerlo, expidió un documento al acreedor en el que declaraba haber vendido el fundo al acreedor. Pregunto: ¿podrá revocar el deudor esta venta ofreciendo el capital y los intereses debidos? Marcelo respondió que, según el caso planteado, no podía hacerlo.

35. FLORENTINO *en el libro octavo de las instituciones.* Cuando por razón del capital y los intereses alguien adeuda dinero garantizado con prendas, todo lo obtenido con la venta de éstas se aplica primero

tunc deberi constat, deinde si quid superest sorti accepto ferendum est: nec audiendus est debitor, si, cum parum idoneum se esse sciat, eligit, quo nomine exonerari pignus suum malit.

§1. Pignus manente proprietate debitoris solam possessionem transferit ad creditorem: potest tamen et precario et pro conducto debitor re sua uti.

a los intereses debidos y luego, si sobra algo, al capital. Y no debe escucharse al deudor que, sabieéndose menos solvente, elige el crédito que prefiere pagar para liberar la prenda.

§1. La prenda otorga al acreedor únicamente la posesión, conservando el deudor la propiedad, pero éste puede usar la cosa en calidad de precarista y de arrendatario.

36. *ULPIANUS libro undecimo ad edictum. Si quis in pignore pro auro aes subiecisset creditori, qualiter teneatur, quaesitum est. In qua specie rectissime Sabinus scribit, si quidem dato auro aes subiecisset, furti teneri: quod si in dando aes subiecissit, turpiter fecisse, non furem esse. Sed et hic puto pigneraticium iudicium locum habere, et ita Pomponius scribit. Sed et extra ordinem stellionato nomine plectetur, ut est saepissime rescriptum.*

36. ULPIANO *en el libro décimo primero de los comentarios al edicto.* Se preguntó cómo quedará obligado el deudor que, al entregar la prenda al acreedor, sustituyó un objeto de oro por otro de bronce. Sabino escribe acertadamente que si habiendo ya dado el oro lo sustituyó por bronce, se obliga por la acción de robo, pero si lo sustituyó al dar bronce, obró maliciosamente pero no es ladrón. Sin embargo, opino que en este caso también procede la acción pignoraticia, y así lo juzga Pomponio, aunque, como en numerosas ocasiones se ha respondido por escrito, esto se castigará en juicio extraordinario con la pena del estelionato.

§1. Sed et si quis rem alienam mihi pignori dederit sciens prudensque vel si quis alii obligatam mihi obligavit nec me de hoc certioraverit, eodem crimine plectetur. Plane si ea res ampla est et ad modicum aeris fuerit pignerata, sed

§1. Y si alguien me dio en prenda una cosa sabiendo que era ajena, o si me dio en prenda la que tenía ya obligada a otro hacérmelo saber, será castigado con la misma pena del estelionato. Pero si la cosa es

etiam pigneraticiam et de dolo actionem, quasi in nullo captus sit, qui pignori secundo loco accepit.

de valor elevado y fue dada en prenda por una cantidad mínima, debe decirse que no habrá delito de estelionato ni tampoco acción pignoraticia ni de dolo, considerándose que quien aceptó la prenda en segundo lugar no fue engañado.

37. *PAULUS libro quinto ad Plautium. Si pignus mihi traditum locassem domino, per locationem retineo possessionem, quia antequam conduceret debitor, non fuerit eius possessio, cum et animus mihi retinendi sit et conducenti non sit animus possessionem apiscendi.*

37. PAULO *en el libro quinto de los comentarios a Plaucio.* Si arrendé a su dueño original la prenda dada, retengo la posesión en virtud del arrendamiento, porque antes de arrendársela no tenía la posesión, pues yo tenía la inteción de retenerla y el arrendatario no la tenía de adquirirla.

38. *MODESTINUS libro primo differentiarum. Pupillo capienti pignus propter metum pigneraticiae actionis necessaria est tutoris auctoritas.*

38. MODESTINO *en el libro primero de las diferencias.* El pupilo que recibe una cosa en prenda necesita de la autorización del tutor por miedo a la acción pignoraticia.

39. *IDEM libro quarto responsorum. Gaius Seius ob pecuniam mutuam fundum suum Lucio Titio pignori dedit: postea pactum inter eos factum est, ut creditor pignus suum in compensationem pecuniae suae certo tempore possideret: verum ante expletum tempus creditor cum suprema sua ordinaret, testamento cavit, ut alter ex filiis suis haberet eum fundum et addidit 'quem de Lucio Titio emi', cum non emisset: hoc testamentum inter ceteros signavit et Gaius Seius, qui fuit debitor. Quaero, an ex hoc quod*

39. EL MISMO *en el libo cuarto de las respuestas.* Cayo Seyo dio en prenda un fundo suyo a Lucio Ticio a cambio de un mutuo; luego se pactó que el segundo poseyese el fundo durante cierto tiempo en compensación del dinero prestado. Sin embrgo, antes de cumplirse el plazo de pago el acreedor dispuso en su testamento que uno de sus hijos retuviese el fundo y añadió 'el que compré a Cayo Seyo', sin haberlo hecho; luego, esté firmó el

signavit praeiudicium aliquod sibi fecerit, sed solum pactum, ut creditor certi temporis fructus caperet. Herennius Modestinus respondit contractui pignoris non obese, quod debitor testamentum creditoris, in quo se emisse pignus expressit, signasse proponitur

testamento junto con otros testigos. Pregunto: ¿se provocó algún perjuicio por haber firmado y no mostrarse ningún documento de venta, sino tan solo el pacto de que el acreedor disfrutaría del fundo durante cierto tiempo? Herenio Modestino respondió que no altera al contrato de prenda que el deudor firmase el testamento del acreedor donde éste declaró haber comprado la prenda.

40. *PAPINIANUS libro tertio responsorum. Debitor a creditore pignus quod dedit frustra emit, cum rei suae nulla emptio sit: nec si minoris emerit et pignus petat aut dominium vindicet, ei non totum debitum offerenti creditor possessionem restituere cogetur.*

40. PAPINIANO *en el libro tercero de las respuestas.* El deudor compra en vano la prenda dada al acreedor, porque es nula la compra de cosa propia, y aunque la compre por un precio menor y reclame la prenda o reivindique su propiedad, el acreedor no está obligado a restituirle la posesión si no paga la deuda completa.

§1. Debitoris filius, qui manet in patris potestate, frustra pignus a creditore patris peculiaribus nummis comparat: et ideo si patronus debitoris contra tabulas eius possessionem acceperit, dominio partem optinebit: nam pecunia, quam filius ex re patris in pretium dedit, pignus liberatur.

§1. El hijo del deudor que está bajo su potestad compra en vano la prenda al acreedor de su padre con dinero del peculio; por ello, si el patrón del deudor recibió la posesión de la herencia de su liberto contra las tablillas testamentarias, obtendrá parte de la propiedad de la cosa dada en prenda, porque la prenda se libera con el dinero del patrimonio paterno que el hijo dio como pago.

§2. Soluta pecunia creditor possessionem pignoris, quae corporalis apud eum fuit, restituere debet nec quicquam amplius praestare cogitur. Itaque si medio

§2. Una vez pagado el adeudo el acreedor debe restituir la posesión de la prenda que conservó en su poder, y no debe dar nada más.

tempore pignus creditor pignori dederit, domino solvente pecuniam quam debuit secundi pignoris neque persecutio dabitur neque retentio relinquetur.

Por tanto, si en el plazo intermedio el acreedor subpignoró la prenda, y el dueño pagó su adeudo, no se dará al segundo acción para perseguir la prenda ni se le permitirá retenerla.

41. *PAULUS libro tertio quaestionum. Rem alienam pignori dedisti, deinde dominus rei eius esse coepisti: datur utilis actio pigneraticia creditori. Non est idem dicendum, si ego Titio,, qui rem meam obligaverat sine mea voluntate, heres extitero: hoc enim modo pignoris persecutio concedenda non est creditori, nec utique sufficit ad competendam utilem pigneraticiam actionem eundem esse dominum, qui etiam pecuniam debet. Sed si convenisset de pignore, ut ex suo mendactio arguatur, improbe resistit, quo minus utilis actio moveatur.*

41. PAULO *en el libro tercero de las cuestiones.* Diste en prenda una cosa ajena y luego adquiriste la propiedad de ésta: al acreedor se le concede una acción pignoraticia útil. No se dirá lo mismo si yo fui heredero de Ticio y éste obligó una cosa mía sin mi consentimiento: en tal caso no se le concede al acreedor acción para perseguir la cosa dada en prenda, ni basta para ejercer la acción pignoraticia útil que sea dueño quien también debe la cantidad. Pero si se constituyó prenda esperando poder negarse después aduciendo que quien no era el dueño mintió, no se admitirá oponerse a la acción útil.

42. *PAPINIANUS libro tertio responsorum. Creditor iudicio, quod de pignore dato proponitur, ut superfluum pretii cum usuris restituat, iure cogitur, nec audiendus erit, si velit emptorem delegare, cum in venditione, quae fit ex facto, suum creditor negotium gerat.*

42. PAPINIANO *en el libro tercero de las respuestas.* Durante el juicio para recuperar la prenda, el acreedor es obligado a restituir el excedente del precio con los intereses, y no será escuchado si quiere delegar en el comprador, porque en virtud del pacto, el acreedor actúa en interés propio con la venta realizada.

43. *SCAEVOLA libro quinto digestorum.* Locum purum pignori creditori obligavit eique instrumentum emptionis tradidit: et cum eum locum inaedificare vellet, mota sibi controversia a vicino de latitudine, quod alias probare non poterat, petit a creditore, ut instrumentum a se traditum auctoritatis exhiberet: quo non exhibente minorem locum aedificavit atque ita damnum passus est. Quaesitum est, an, si creditor pecuniam petat vel pignus vindicet, doli exceptione posita iudex huius damni rationem habere debeat. Respondit, si operam non dedisset, ut instrumenti facultate subducta debitor caperetur, posse debitorem pecunia soluta pigneraticia agere: opera autem in eo data tunc et ante pecuniam solutam in id quod interest cum creditore agi.

§1. *Titius cum pecuniam mutuam accepit a Gaio Seio sub pignore cullecrum: istos culleos cum Seius in horreo haberet, missus ex officio annonae centurio culleus ad annonnam sustulit ac postea instantia Gaii Seii creditoris reciperati sunt: quaero, intertrituram, quae ex operis facta est, utrum Titius debitor an Seius creditor adgnoscere debeat. Respondit secundum ea quae proponeretur ob id, quod eo nomine intertrimenti accidisset, non*

43. ESCÉVOLA *en el libro quinto del digesto.* Alguien dio en prenda a su acreedor un solar libre y le entregó la escritura de compra; cuando el deudor quiso edificar allí, el vecino le demandó sobre los límites, y al no poder probarlo de otro modo, el deudor pidió a su acreedor que presentase el documento que le había entregado. Al no hacerlo, el deudor edificó en un espacio más reducido, sufriendo por ello un perjuicio. Pregunto: si el acreedor recibe el dinero adeudado o reivindica la cosa dada en prenda, ¿el juez deberá tomar en cuenta el perjuicio habiéndose opuesto la excepción de dolo? Respondió que si no se actuó adrede para perjudicar al deudor no exhibiendo el documento, éste puede ejercer la acción pignoraticia tras liquidar su deuda; pero si actuó adrede, entonces puede ejercerse acción por lo que interesa incluso antes de pagar el adeudo.

§1. Ticio recibió de Cayo Seyo dinero en mutuo dando en prenda unos sacos de cuero; teniendo Seyo estos sacos en un almacén, un centurión de la oficina de abastos los tomó para provisiones y luego fueron recuperados a instancias de Cayo Seyo. Pregunto: ¿deberá responder el deudor Tico o el acreedor Seyo por el perjuicio que el servicio provocó? Respondió que, según el caso

teneri.

planteado, Seyo no debe responder por el desgaste.

LIBER XIV

LIBRO XIV

TITULUS I
DE EXERCITORIA
ACTIONE

TÍTULO I
DE LA ACCIÓN
EJERCITORIA

1. *ULPIANUS libro vicensimo octavo ad edictum. Utilitatem huius edicti patere nemo est qui ignoret, nam cum interdum ignari, cuius sint condicionis vel quales, cum magistris propter navigandi necessitatem contrahamus, aequum fuit eum, qui magistrum vani imposuit, teneri, ut tenetur, qui institorem tabernae vel benogtio praeposuit, cum sit maior necessitas contrahendi cum magistro quam institore. Quippe res patitur, ut de condicione quis institoris dispiciat et sic contrahat: in navis magistro non ita, nam interdum locus tempus non patitur plenius deliberandi consilium.*

1. ULPIANO *en el libro vigésimo octavo de los comentarios al edicto.* Nadie ignora la utilidad evidente de este edicto, porque, como a veces contratamos con capitanes marítimos por las necesidades del comercio marítimo, ignorando su condición jurídica o su moral, fue justo que se obligue aquél que designó capitán para un barco, como se obliga quien puso un encargado al frente de una tienda o un negocio, ya que hay mayor necesidad de contratar con el capitán que con un encargado, pues las necesidades permiten que cualquiera se informe de la condición del segundo y así contrate, no así con el primero, porque a veces el lugar y el tiempo no permiten pensarlo más cuidadosamente.

§1. Magistrum navis accipere debemus, cui totius navis cura mandata est.

§1. Debemos entender por capitán del barco aquel a quien se encomienda el cuidado de todo el navío.

§2. Sed si cum quolibet nautarum sit contractum, non datur actio in exercitorem, quamquam ex delicto cuiusvis eorum, qui navis nvigandae causa in nave sint, detur actio in

§2. Si se contrató con alguno de los tripulante no se otorga acción contra el dueño del barco, aunque sí se concede por el delito cometido por cualquiera de los que están en él

117

exercitorem: alia enim est contrahendi causa, alia delinquendi, si quidem qui magistrum praeponit, contrahi cum eo permittit, qui nautas adhibet, non contrahi cum eis permittit, sed culpa et dolo carere eos curare debet.

§3. Magistri autem imponuntur locandis navibus vel ad merces vel vectoribus conducendis aramentisve emendis: sed etiamsi mercibus emendis vel vendendis fuerit praepositus, etiam hoc nomine obligat exercitorem.

§4. Cuius autem condicionis sit magister iste, nihil interest, utrum liber an servus, et utrum exercitoris an alienus: sed   nec cuius aetatis sit, intererit, sibi imputaturo qui praeposuit.

§5. Magistrum autem accipimus non solum, quem exercitor praeposuit, sed et eum, quem magister: et hoc consultus Iulianus in ignorante exercitore respondit: ceterum si scit et passus est eum in nave magisterio fungi, ipse eum imposuisse videtur. Quae sentential mihi videtur probabilis: Omnia enim facta magistri debeo praestare qui cum praeposui, alioquin contrahentes decipientur: et facilius hoc in magistro quam institore admittendum propter utilitatem. Quid tamen si sic magistrum praeposuit, ne alium ei liceret praeponere? An adhuc Iuliani sententiam admittimus, videndum est: finge enim et nominatim eum prohibuisse, ne Titio magistro

como tripulantes, ya que una cosa es contratar y otra delinquir, pues quien designa al capitán permite que se contrate con él, y quien emplea a los tripulantes no permite que se contrate con ellos, aunque debe cuidar que éstos no incurran en culpa y dolo.

§3. Se designan capitanes para arrendar los barcos, para transportar mercancías o pasajeros, o para comprar aparejos. Pero aunque haya sido designado solo para comprar o vender mercancías, también por ello obliga al dueño del barco.

§4. No importa si el capitán es libre o esclavo, si es propiedad del dueño del barco o de cualquier otro, ni tampoco importa su edad, siendo esto asunto de quien lo contrató.

§5. Entendemos por capitán no solo al designado por el dueño del barco, sino también al que el propio capitán designó; esto respondió Juliano al consultársele sobre el caso de un dueño que no lo sabía. Pero si lo sabe y permitió que el designado fungiese como capitán del barco, se entiende que él lo designó, opinión que me parece acertada, porque quien lo designó debe responder de todos los actos del capitán, de lo contrario serían defraudados los clientes; y con mayor facilidad debe admitirse esta solución por su utilidad respecto del capitán que del acto de comercio. ¿Y si designó al capitán pero sin autorizarle a

utaris, dicendum tamen erit eo usque producendam utilitatem navigantium.

designar a otro? Veamos si todavía admitimos la opinión de Juliano, porque supongamos que expresamente te prohibió servirte de Ticio como capitán. Deberá decirse que la utilidad de los navegantes se extiende hasta ese supuesto.

§6. Navem accipere debemus sive marinam sive fluviatilem sive in aliquo stagno naviget sive schedia sit.

§6. Se entiende por barco el que navega en el mar, en el río, en algún lago e incluso una barquichuela.

§7. Non autem ex omni causa praetor dat in exercitorem actionem, sed eius rei nomine, cuius ibi praepositus fuerit, id est si in eam rem praepositus sit, ut puta si ad onus vehendum locatum sita ut aliquas res emerit utiles naviganti vel si quid reficiendae navis causa contractum vel impensum est vel si quid nautae operarum nomine petent.

§7. El pretor no concede acción contra el naviero por cualquier causa, sino solo por el negocio que se encomendó al capitán, es decir, si se le encomendó, por ejemplo, arrendar el barco para transportar mercancías, o si compró algunas cosas útiles para navegar, o si se contrató o se gastó algo para reparar el barco, o si la tripulación pidió algo por su trabajo.

§8. Quid su mutuam pecuniam sumpserit, an eius rei nomine videatur gestum? Et Pegasus existimat, si ad usum eius rei, in quam praepositus est, fuerit mutuatus, dandam actione, quam sententiam puto veram: quid enim si ad armandam instruendamve navem vel nautas exhibendos mutuatus est?

§8. ¿Se entenderá que el capitán obró por razón de su cargo si pidió prestado dinero en mutuo? Pegaso opina que si lo hizo para destinarlo a la gestión que le fue dada, se concederá la acción, opinión que juzgo cierta. ¿Y qué diremos si recibió dinero en mutuo para armar o proveer al barco, o para contratar marineros?

§9. Unde quaerit Ofilius, si ad reficiendam navem mutuatus numos in suos usus converterit, an in excercitorem detur actio. Et ait, si hac lege accepit quasi in navem impensurus, mox mutavit voluntatem, teneri exercitorem imputaturum sibi,

§9. Al respecto Ofidio pregunta: si el capitán recibió dinero en muto para reparar la nave y lo usó en cosas personales, ¿se concederá la acción contra el dueño del barco? Responde que si aquél lo recibió con la obligación de invertirlo en el

cur talem praeposuerit: quod si ab initio consilium cepti fraudandi creditoris et hoc specialiter non expresserit, quod ad navis causam accipit, contra esse: quam distinctionem Pedius probat.

§10. Sed et si in pretiis rerum emptarum fefellit magister, exercitoris erit damnum, non creditoris.

§11. Sed si ab ablio mutuatus liberavit eum, qui in navis refectionem crediderat, puto etiam huic dandam actionem, quasi in navem crediderit.

§12. Igitur praepositio certam legem dat con trahentibus. Quare si eum praeposuit navi ad hoc solum, ut vecturas exigat, non ut locet (quod forte ipse locaverat), non tenebitur exercitor, si magister locaverit: vel si ad locandum tantum, non ad exigendum, idem erit dicendum: aut si ad hoc, ut vectoribus locet, non ut mercibus navem praestet, vel contra, modum egressus non obligabit exercitorem: sed et si ut certis mercibus eam locet, praepositus est. puta legumini, cannabae, ille marmoribus vel alia material locavit, dicendum erit non teneri. Quaedam enim naves onerariae, quaedam (ut ipsi dicunt ἐπιβατηγοί) vectoriae: el plerosque mandare scio, ne vectores recipient et sic, ut certa regione

barco y luego cambió de parecer, el dueño del barco deberá culparse a sí mismo por haber empleado a tal individuo y quedar obligado; pero si desde el principio había pensado defraudar al acreedor, y no expresó claramente que recibía el dinero para destinarlo al barco, la solución es al contrario, distinción que aprueba Pedio.

§10. Igualmente, si el capitán defraudó en el precio de las cosas compradas, el daño será para el dueño, no para el acreedor.

§11. Si recibió dinero en mutuo de un tercero y con él pagó a quien prestó para reparar la nave, opino que también debe concedérsele la acción al primero, como si hubiese prestado para reparar el barco.

§12. La designación del cargo de capitán brinda certeza a los contratantes. Por ello, si se le puso al frente del barco únicamente para cobrar fletes y no para arrendar (pues quizá el dueño lo había hecho), no se obligará el dueño del barco si el capitán arrendó; lo mismo se dirá si se le designó para arrendar pero no para cobrar fletes; tampoco se obligará el dueño si designó capitán para arrendar pasaje a los viajeros, pero no para transportar mercancías en el barco, o al contrario, excediéndose el capitán en sus atribuciones. Pero si fue designado para arrendar el barco y transportar determinadas mercancías, por ejemplo, legumbres

et certo mari negotietur, ut ecce sunt naves, quae Brundisium a Cassopa vel a Dyrrachio vectores traiciunt ad onera inhabiles, item quaedam fluvii capaces ad mare non sufficientes.

o cáñamos, y el lo arrendó para trasladar mármoles u otro material, también se dirá que el dueño no se obliga, porque ciertos barcos son para trasladar mercancías, y otros (como dicen los marineros en griego: *epigabetoi*), para transportar pasajeros. Y sé que la mayoría ordena que no reciban pasajeros, salvo para negociar con ellos en cierta región y en cierto mar, como los barco de Casiopa o de Dirraquio, que transportan pasajeros a Brindisi pero son impropias allí para trasladar cargas. Del mismo modo algunas son adecuadas para navegar en el río, pero inadecuadas para el mar.

§13. Si plures sint magistri non divisis officiis, quodcumque cum uno gestum erit, obligabit exercitorem: si divisis, ut alter locando, later exigendo, pro cuiusque officio obligabitur exercitor.

§13. Si fueran varios los capitanes y no se han dividido las funciones, cualquier negocio realizado con alguno de ellos obligará al dueño del barco; si ya se distribuyeron, éste se obligará con arreglo al cargo de cada uno, para que así capitán arriende y el dueño cobre.

§14. Sed et si sic preaposuit, ut plerumque faciunt, ne alter sine altero quid gerat, qui contraxit cum uno sibi imputabit.

§14. Pero si los nombró, como hacen muchas veces los dueños de barcos, para que uno no haga ningún negocio sin el otro, quien contrató con uno solo deberá sufrir las consecuencias, pues no obliga al dueño.

§15. Exercitorem autem eum dicimus, ad quem obventiones et reditus omnes perveniunt, sive is dominus navis sit sive a domino navem per aversionem conduxit vel ad tempus vel in perpetuum.

§15. Llamamos dueño del barco a aquel a quien corresponden todas las utilidades y ganancias, ya sea el propietario, o bien quien arrendase de éste el barco a su riesgo, temporal o indefinidamente.

121

§16. *Parvi autem refert, qui exercet masculus sit an mulier, pater familias an filius familias vel servus: pupillus autem si navem exerceat exigemus tutoris auctoritatem.*

§17. *Est autem nobis electio, utrum exercitorem an magistrum convenire velimus.*

§18. *Sed ex contrario exercenti navem adversus eos, qui cum magistro contraxerunt, actio non pollicetur, quia non eodem auxilio indigebat, sed aut ex locato cum magistro, si mercede operam ei exhibet, aut si gratuitam, mandati agere potest. Solent plane praefecti propter ministerium annonae, item in provinciis praesides provinciarum extra ordinem eos iuvare ex contractu magistrorum.*

§19. *Si is, qui navem exercuerit, in aliena potestate erit eiusque voluntate navem exercuerit, quod cum magistro enim gestum erit, in eum, in cuius potestate is erit qui navem exercuerit, iudicium datur.*

§20. *Licet autem datur actio in eum, cuius potestate est qui navem exercet, tamen ita demum datur, si voluntate eius exerceat. Ideo autem ex voluntate in solidum tenentur qui habent in potestate exercitrem, quia ad summam rem publicam navium exercitio pertinent. At institorum non idem*

§16. Poco importa si quien explota el barco es varón o mujer, jefe o hijo de familia, libre o esclavo; pero si un pupilo realiza negocios con el barco, exigiremos la autorización del tutor.

§17. Tenemos la opción de demandar al dueño del barco o al capitán.

§18. Por el contrario, al dueño que explota el barco no se le concede acción contra quienes contrataron con el capitán, porque no necesitaba del mismo auxilio. Sin embargo, puede ejercer contra el capitán la acción de locación si le brinda servicios por un salario, o la de mandato si lo hace gratuitamente. Aunque por razones de aprovisionamiento, los prefectos y los gobernadores de las provincias suelen auxiliar a los dueños por vía extraordinaria contra quienes contratan con los capitanes.

§19. Si el dueño del barco se halla bajo la potestad de otro y explota la nave con la voluntad de éste, se concederá acción por lo que se contrate con su capitán, contra quien tiene bajo su potestad al dueño del barco.

§20. Aunque se conceda acción contra aquél bajo cuya potestad se halla el dueño del barco, solo se concederá si lo hace con la voluntad del primero. Sin embargo, quienes tienen bajo su potestad al dueño se obligan enteramente por razón de su voluntad, pues el ejercicio de la

usus est: ea propter in tributum dumtaxat vocantur, qui contraxerunt cum eo, qui in merce peculiari sciente domino negotiator. Sed si sciente dumtaxat, non etiam volente cum magistro contractum sit, utrum quasi in volentem damus actionem in solidum an vero exemplo tributoriae dabimus? In re igitur dubia melius est verbis edicti servire et neque scientiam solam et nudam patris dominive in navibus onerare neque in peculiaribus mercibus voluntatem extendere ad solidi obligationem. Et ita videtur et Pomponius significare, si sit in alicua potestate, si quidem voluntate great, in solidum eum obligari, si minus, in peculium.

§21. In potestate autem accipiemus utriusque sexus vel filios vel filias vel servos vel servas.

§22. Si tamen servus peculiaris volente filio familias in cuius peculio erat, vel servo vicarius eius navem exercuit, pater dominusve, qui voluntatem non accomodavit, dumtaxat de peculio tenebitur, sed filius ipse in solidum, plane si voluntate domini vel patris

navegación es de suma utilidad para la república, no así el de los encargados de un comercio; por ende, solo serán llamados a reparto quienes contrataron con el que negocia sobre mercancías del peculio con conocimiento del dueño. Y si se contrató con el capitán sabiéndolo el dueño pero sin la voluntad de éste, ¿concederemos la acción por el total, como si hubiese consentido, o la concederemos a semejanza de la tributoria? En caso de duda es mejor atenerse a las palabras del edicto: ni respecto de los barcos volver más gravoso el solo y nudo conocimiento del padre o del dueño, ni respecto de las mercancías de un peculio extender la responsabilidad derivada del consentimiento hasta la obligación por el total. Así parece opinar también Pomponio: si el dueño del barco estuvo bajo la potestad de otro, y verdaderamente actuó con su voluntad, éste se obliga por el total; si no fue así, hasta el límite del peculio.

§21. Consideramos bajo potestad a los de uno u otro sexo, a hijos, hijas, esclavos o esclavas.

§22. Si un esclavo del peculio fungió como dueño de un barco con el consentimiento del hijo de familia, o un vicario del esclavo con el consentimiento de éste, el padre o el dueño que no manifestó su voluntad se obligará hasta el límite

exerceant, in solidum tenebuntur et praeterea et filius, si et ipse voluntatem accomodavit, in solidum erit obligatus.

del peculio, mientras que el hijo se obligará por el total de dicho peculio. Y si fungieran como dueños con la autorización del dueño o del padre, se obligarán por el total; y si el hijo dio su consentimiento, también se obligará por el total.

§23. Quamquam autem, si cum magistro eius gestum sit, dumtaxat polliceatur praetor actionem tamen, ut Iulianus quoque scripsit, etiamsi cum ipso exercitore sit contractum, pater dominusve in solidum tenebitur.

§23. Aunque el pretor solamente prometió conceder acción si se contrató con el capitán, aunque se contratase con el dueño del barco, el padre o el amo se obligará por el total, como también escribió Juliano.

§24. Haec actio ex persona magistri in exercitorem dabitur, et ideo, si cum utro eorum actum est, cum altero agi non potest. Sed si quid sit solutum, si quidem a magistro, ipso iure minuitur obligatio: sed et si ab exercitore, sive suo nomine, id est propter honorariam obligationem, sive magistri nomine solverit, minuetur obligatio, quoniam et alius pro me solvendo me liberat.

§24. Esta acción procederá contra el dueño del barco por los actos del capitán; por ello, si se ejerció acción contra alguno de ellos, no puede demandarse al otro. Pero si se pagó algo y fue pagado por el capitán, la obligación disminuye por derecho civil; también disminuirá la obligación si fue pagado por el dueño, ya sea en su nombre, es decir, en virtud de una obligación pretoria, ya en nombre del capitán, porque también quedo eximido de la obligación si otro paga por mí.

§25. Si plures navem exerceant, cum quolibet eorum in solidum agi potest,

§25. Si varios dueños explotan un barco, puede intentarse la acción por el total contra cualquiera de ellos,

2. GAIUS libro nono ad edictum provinciale. ... ne in plures adversaries distringatur qui cum uno contraxerit:

2. GAYO *en el libro noveno de los comentarios al edicto.* ... para que no se vea obligado a litigar contra muchos quien contrató solamente con uno,

3. *PAULUS libro vicensimo nono ad edictum. ... nec quicquam facere, quotam quisque portionem in nave habeat, eumque qui praestiterit societatis iudicio a ceteris consecuturum.*

3. PAULO *en el libro vigésimo noveno de los comentarios al edicto.* ... y no importa qué porcentaje tenga cada uno invertido en el barco: el que pague obtendrá de los demás el reintegro por la acción de sociedad.

4. *ULPIANUS libro vicensimo nono ad edictum. Si tamen plures per se navem exerceant, pro portionibus exercitionis conveniuntur: neque enim invicem sui magistri videntur.*

4. ULPIANO *en el libro vigésimo noveno de los comentarios al edicto.* Si varios fungen como dueños del barco, son demandados según la participación de su ejecicio, porque no se consideran entre sí como capitanes.

§1. Sed si plures exerceant, unum autem de numero suo magistrum fecerint, huius nomine in solidum poterunt conveniri.

§1. Pero si son varios los dueños y a uno de ellos lo designan capitán, podrán ser demandados por el total a través de éste.

§2. Sed si servus plurium navem exerceat voluntate eorum, idemplacuit quod in pluribus exercitoribus. Plane si unius ex omnibus voluntate exercuit, in solidum ille tenebitur, et ideo puto et in superior casu in solidum omnes teneri.

§2. Si el esclavo propiedad de varios explota un barco con el consentimiento de sus dueños, se aceptó lo mismo que cuando son varios los propietarios; sin embargo, si fungió como dueño con el consentimiento de uno solo, se obligará por el total. Por ello opino que también en el caso anterior todos se obligan por el total.

§3. Si servus sit, qui navem exercuit voluntate domini, et alienatus fuerit, nihilo minus is qui eum alienavit tenebitur. Proinde et si decesserit servus, tenebitur: nam et magistro defuncto tenebitur.

§3. Si un esclavo explotó la nave como dueño con el consentimiento de su amo, y hubiese sido enajenado, el adquirente del esclavo quedará obligado. Por tanto, si el esclavo fallece también se obligará, porque el primero se obliga tras fallecer el patrón.

§4. Hae actiones perpetuo et heredibus et in heredes dabuntur: proinde et si servus, qui voluntate domini exercuit,

§4. Estas acciones se concederán perpetuamente a favor de los herederos y contra los herederos;

decessit, etiam post annum dabitur haec actio, quamvis de peculio ultra annum non detur.

por tanto, aunque falleciese el esclavo que fue dueño con el consentimiento de su amo, se otorgará esta acción incluso pasado el año, aunque la de peculio no se concederá transcurrido dicho plazo.

5. PAULUS *libro vicensimo nono ad edictum. Si eum, qui in mea potestate sit, magistrum navis habeas, mihi quoque in te competit actio, si quid cum eo contraxero: idem est, si communis ervus nobis erit. Ex locato tamen mecum ages, quod operas servi mei conduxeris, quia et si cum alio contraxisset, ageres mecum, ut actiones, quas eo nomine habui, tibi praestarem, quemadmodum cum libero, si quidem conduxisses, experieris: quod si gratuitae operae fuerint, mandate ages.*

5. PAULO *en el libro vigésimo noveno de los comentarios al edicto.* Si tuvieras por capitán de tu barco al esclavo que estuvo bajo mi potestad, me compete acción contra ti si yo contraté con él alguna cosa. Lo mismo procede si el esclavo nos era común; pero si arrendaste los servicios de mi esclavo como capitán, ejercerás contra mí la acción de locación, porque aunque yo contratase con otro, me demandarás para que yo te ceda las acciones que tuve por dicho motivo, como cuando ejerces la acción contra un hombre libre si arrendaste sus servicios como capitán. Pero si éstos fueron gratuitos, ejercerás la acción de mandato.

§1. Item si servus meus navem exercebit et cum magistro eius contraxero, nihil obstabit, quo minus adversus magistrum experiar actione, quae mihi vel iure civili vel honorario competit: nam et cuivis alii non obstat hoc edictum, quo minus cum magistro agere possit: hoc enim edicto non transfertur actio, sed adicitur.

§1. Igualmente, si un esclavo mío explotó como dueño un barco y yo contraté con el capitán del mismo, nada impedirá que yo ejerza contra el capitán la acción respectiva por derecho civil o por honorario, porque tampoco este edicto impide que otro cualquiera pueda ejercer la acción contra el patrón, pues tal edicto no sustituye la acción, sino que la acumula.

§2. Si unus ex his exercitoribus cum

§2. Si uno de los diversos dueños

magistro navis contraxerit, agere cum aliis exercitoribus poterit.

contrató con el capitán del barco, podrá ejercer la acción contra los demás dueños.

6. *PAULUS libro sexto brevium. Si servus non voluntate domini navem exercuerit, si sciente eo, quiasi tributoria, si ignorante, de peculio actio dabitur.*

6. PAULO *en el libro sexto de los breves.* Si el esclavo explotó el barco sin consentimiento de su amo y éste lo sabía, se concederá la acción cuasi tributoria; si lo ignoraba, la de peculio.

§1. Si communis servus voluntate dominorum exerceat navem, in singulos dari debebit in solidum actio.

§1. Si un esclavo común fungió como dueño de un barco con el consentimiento de sus amos, se concederá acción por el total contra cada uno de ellos.

7. *AFRICANUS libro octavo quaestionum. Lucius Titius Stichum magistrum navis praeposuit: is pecuniam mutuatus cavit se in refectionem navis eam accepisse: quaesitum est, an non aliter Titius exercitoria teneretur, quam si creditor probaret pecuniam in refectionem navis esse consumptam. Respondit creditorem utiliter acturum, si cum pecunia crederetur, navis in ea causa fuisset, ut refici deberet: etenim ut non oportet creditorem ad hoc adstringi, ut ipse reficiendae navis curam suscipiat et negotium domini great (quod certe futurum sit, si necesse habeat probare pecuniam in refectionem erogatam esse), ita illud exigendum, ut sciat in hoc se credere, cui rei magister quis sit praepositus, quod certe aliter fieri non potest, quam si illud quoque scierit necessariam refectioni pecuniam esse: quare etsi in ea causa fuerit navis, ut*

7. AFRICANO *en el libro octavo de las cuestiones.* Lucio Ticio designó a Estico capitán de un barco, y tras recibir éste dinero en calidad de mutuo, afirmó haberlo recibido para reparar la nave. Se preguntó: ¿quedaría obligado Ticio por la acción ejercitoria solo si el acreedor prueba que el dinero se invirtió en reparar el barco? Se respondió que el acreedor ejercerá la acción si, al prestarse el dinero, se veía que el barco debía repararse, porque así como no conviene obligar al acreedor a reparar el barco y ser gestor de negocios del dueño, (lo que sin duda sucederá su debe probar que el dinero se gastó en la reparación), así también debe exigirse que sepa que presta para el negocio del que fue encargado el capitán, lo cual solo puede suceder si supo que el dinero era necesario

refici deberet, multo tamen maior
pecunia credita fuerit, quam ad eam
rem esset necessaria, non debere in
solidum adversus dominum navis
actionem dari.

§1. Interdum etiam illud
aestimandum, an in eo loco pecunia
credita sit, in quo id, propter quod
credebatur, comparari potuerit: quid
enim, inquit, si ad velum emendum in
eiusmodi insula pecuniam quis
crediderit, in qua omnino velum
comparari non potest? Et in summa
aliquam diligentiam in ea creditorem
debere praestare.

§2. Eadem fere dicenda ait et si de
institoria actione quaeratur: nam tunc
quoque creditorem scire debere
necessariam esse mercis
comparationem, cui emendae servus sit
praepositus, et sufficere, si in hoc
crediderit, non etiam illud exigendum,
ut ipse curam suscipiat: an in hanc
rem pecunia eroganda est.

para las reparaciones. Por tanto, aunque la nave necesitase ser reparada, pero se prestó una cantidad superior a la necesaria para tal efecto, no debe otogarse la acción por el total contra el dueño de la nave.

§1. A veces también debe considerarse si se prestó el dinero en el lugar donde podía comprarse aquello para lo que se prestaba, porque Juliano pregunta: ¿qué se dirá si alguien prestó dinero para comprar una vela en cierta isla en la que no puede comprarse en lo absoluto tal objeto? En este caso el acreedor debe poner cierto cuidado.

§2. Juliano agrega que se dirá casi lo mismo si se trata de la acción institoria, porque también en tal caso el acreedor debe saber que era necesaria la compra de mercancía como que se le encargó a un esclavo, bastando con haberse prestado para dicha compra; tampoco se exigirá que tome vigile que el dinero se gasta en la compra.

TITULUS II
DE LEGE RHODIA DE IACTU

TÍTULO II
DE LA LEY RODIA SOBRE ECHAZÓN

1. PAULUS libro secundo sententiarum. Lege Rhodia cavetur, ut, si levandae navis gratia iactus mercium factus est, ómnium contributione sarciatur quod pro omnibus datum est.

1. PAULO en el libro segundo de las sentencias. En la ley Rodia se dispone que, si para aligerar un barco se echaron mercancías al mar, se resarcirá con la contribución de

todos los dueños de las mercancías el daño que se causó en beneficio de todos.

2. IDEM libro trigensimo quarto ad edictum. Si laborante nave iactus factus est, amissarum mercium domini, si merces vehendas locaverant, ex locato cum magistro navis agere debent: is deinde cum reliquis, quorum merces salvae sunt, ex conducto, ut detrimentum pro portione communicetur, agere cum magistro navis debere, ut ceterorum vectorum merces retineat, donec portionem damni praestent. Immo etsi non retineat merces magister, ultro ex locato habiturus est actionem cum vectoribus: quid enom si vectores sint, qui nullas sarcinas habeant? Plane commodius est, si sint, retinere eas. At si non totam navem conduxerit, ex conducto aget, sicut vectores, qui loca in navem conduxerunt: aequissimum enim est commune detrimentum fieri eorum, qui propter amissas res aliorum consecuti sunt, ut merces suas salvas haberent.

2. EL MISMO *en el libro trigésimo cuarto de los comentarios al edicto.* Si peligrando un barco debieron arrojarse mercancías, los dueños de éstas podrán ejercer contra el capitán del barco la acción de locación si arrendaron el transporte de aquéllas, y después el capitán puede ejercer la acción de conducción contra todos los demás dueños de las mercancías salvadas para repartir proporcionalmente el perjuicio. Servio respondió acertadamente que debá ejercerse contra el capitán del barco la acción de locación para que retenga las mercancías de los demás contratantes hasta que paguen la parte del daño. Más aún: aunque el capitán no retenga las mercancías, tendrá contra los transportados la acción de locación, porque ¿qué pasa con los pasajeros que no tienen ninguna carga a bordo? Sin duda es más cómodo retenerlas si las tuviesen. Pero alguien si no arrendó todo el barco, ejercerá la acción de conducción, así como los pasajeros que arrendaron un sitio en el navío, porque es muy justo que el perjuicio se divida entre quienes consiguieron salvar sus mercancías en demérito de quienes las perdieron.

§1. Si conservatis mercibus deterior facta sit navis aut si quid exarmaverit,

§1. Si por haberse conservado las mercancías se dañó el barco o se

nulla facienda est collation, quia dissimilis earum rerum caus sit, quae navis gratia parenur et earum, pro quibus mercedem aliquis acceperit: nam et si faber incudem aut malleum fregerit, non imputaretur ei qui locaverit opus. Sed si voluntate vectorum vel propter aliquem metum id detrimentum factum sit, hoc ipsum sarciri oportet.

§2. Cum in eadem nave varia mercium genera complures mercatores coegissent praetereaque multi vecotres servi liberique in ea navigarent, tempestate gravi orta necessario iactura facta erat: quaesita deinde sunt haec: an omnes facturam praestare oporteat et si qui tales merces imposuissent, quibus navis non oneraretur, velut gemmas margaritas? Et quae portio praestanda est? Et an etiam pro liberis capitibus dari oporteat? Et qua actione ea res expediri possit? Placuit omnes, quorum interfuisset iacturum fieri, conferre oportere, quia id tributum observatae res deberent: itaque dominum etiam navis pro portione obligatum esse. Iacturae summam pro rerum pretio distribui oportet. Corporum liberorum aestimationem nullam fieri posse. Ex condcuto dominos rerum amissarum cum nauta, id est cum magistro acturos. Itidem igitatum est, an etiam vestimentorum cuiusque et anulorum aestimationem fieri oporteat: et ómnium visum est, nisi si qua consumendi causa imposita forent, quo

desarmó, no se hará aportación común, porque es diferente la situación de las cosas que prestan servicio al barco de la de aquellas por las que alguien percibió retribución, pues tampoco se le imputará a quien arrendó la obra si el herrero rompió el yunque o el martillo. Pero si este daño se causó con voluntad de los pasajeros o por algún temor, deberá ser resarcido.

§2. Habiendo embarcado varios mercaderes diversos tipos de mercancías en el mismo barco, además de navegar en éste muchos pasajeros esclavos y libres, tras haberse formado un fuerte temporal debió realizarse la echazón. Luego se preguntó: ¿deberán responder todos por la echazón, aunque algunos hubiesen embarcado mercancías que no cargasen el barco, como piedras preciosas, en qué proporción deberán responder y deberán pagar también por las personas libres que fallecieron y con qué acción podrá demandarse todo esto? Se aceptó que todos los interesados en arrojar las mercancías debían contribuir, porque las mercancías salvadas debían esta contribución, por lo que también el dueño del barco se obliga proporcionalmente a contribuir. El importe de la echazón deberá distribuirse según el precio de las mercancías transportadas. No pueden valuarse los hombres libres. Los dueños de las cosas perdidas

in numero essent cibaria: eo magis quod si quando ea defecerint in navigationem, quod quisque haberet in commune conferret.

deberán ejercer la acción de conducción contra el marinero, es decir, contra el capitán. También se discutió si deberán valuarse los vestidos y los anillos de algunos pasajeros. Pareció correcto que todo se valuase, salvo algunas cosas embarcadas para ser consumidas, por ejemplo, los comestibles; con mayor razón cada pasajero aportaría en común lo que tuviese si faltasen durante la navegación.

§3. Si navis a piratis redempta sit, Servius Ifilius Labeo omnes conferre debere aiunt: quod vero praedones abstulerint, cum perdere cuius fuerint, nec conferendum ei, qui suas merces redemerit.

§3. Dicen Servio, Ofilio y Labeón que si se rescató un barco de los piratas, todos deben contribuir; pero lo que robaron los ladrones lo pierde quien fuese su dueño, y no se contribuirá en favor de quien rescate sus mercancías.

§4. Portio autem pro aestimatione rerum quae salvae sunt et earum quiae amissae sunt praestari solet, nec ad rem pertinent, si hae quae amissae sunt pluris venire poterunt, quoniam detrimenti, non lueri fit praestatio. Sed in his rebus, quarum nomine conferendum est, aestimatio debet haberi non quanti emptae sint, sed quanti venire possunt.

§4. Suele pagarse la parte proporcional según la estimación de las cosas salvadas y de las perdidas, no importando si éstas últimas pudieron venderse a un mayor precio, porque se paga el daño, no el lucro. Sin embargo, respecto de las cosas salvadas por las que deberá contribuirse, deben estimarse no en su valor de compra, sino en su valor de venta.

§5. Servorum quoque qui in mare perierunt non magis aestimatio facienda est, quam si qui aegri in nave decesserint aut aliqui sese praecipitaverint.

§5. Tampoco se valuarán los esclavos que murieron en el mar, ni los que hubiesen fallecido en el barco por enfermedad ni los arrojados al agua.

§6. Si quis ex vectoribus solvendo non sit, hoc detrimentum magistri navis non erit: nec enim fortunas cuiusque nauta excutere debet.

§6. Si algún pasajero no es solvente, esta pérdida no se achacará al capitán del barco, porque éste no debe indagar sobre la fortuna de

cada uno.

§7. *Si res quae iactae sunt apparuerint, exoneratur collation: quod si iam contribution facta sit, tunc hi qui solverint agent ex locato cum magistro, ut is ex conducto experiatur et quod exegerit reddat.*

§7. Si las cosas arrojadas al mar apareciesen después, se libera de la aportación común, pero si ésta ya se hizo, entonces quienes pagaron ejercerán contra el capitán la acción de locación para que, a su vez, éste ejerza la de conducción y devuelva lo cobrado.

§8. *Res autem iacta domini manet nec fit adprehendentis, quia pro derelict non habetur.*

§8. La cosa arrojada al mar sigue siendo de su dueño y no se vuelve propiedad de quien la ocupa, porque no se le considera abandonada.

3. PAPINIANUS libro nono decimo responsorum. Cum arbor aut aliud navis instrumentum removendi communis periculi causa deiectum est, contribution debetur.

3. PAPINIANO *en el libro décimo noveno de las respuestas.* Cuando se arrojó al mar el mástil u otro instrumento del barco para evitar un peligró común, todos se obligan a contribuir.

4. CALISTRATUS libro secundo quaestionum. Navis onustae levandae causa, quia intrare flumen vel portum non potuerat cum onere, si quaedam merces in scapham traiectae sunt, ne aut extra flumen periclitetur aut in ipso ostio vel protu, eaque scapha summersa est, ratio haberi debet inter eos, qui in nave merces salvas habent, cum his qui in scapha perdiderunt, proinde tamquam si iactura facta esset: idque Sabinus quoque libro secundo responsorum probat. Contra si scapha cum parte mercium salva est, navis periit, ratio haberi non debet eorum, qui in nave perdiderunt, quia iactus in tributum nave salva venit.

4. CALISTRATO *en el libro segundo de las cuestiones.* Si para aligerar un barco cargado que no pudo entrar con la carga en el río o en el puerto se transbordaron algunas mercancías a una lancha para evitar que peligrase el barco fuera del río, a la entrada o en el puerto, y la lancha se hundió, debe hacerse la cuenta entre quienes salvaron sus mercancías en el barco y quienes las perdieron en la lancha, como si se hubiesen arrojado al agua; así lo aprueba Sabino en el libro segundo de las respuestas. Por el contrario, si se salvó la lancha con parte de las mercancías pero se hundió el barco,

no debe incluirse en la cuenta a quienes las perdieron en el segundo, porque la echazón obliga a contribuir si la nave se salva.

§1. Sed si navis, quae in tempestate iactu mercium unius mercatoris levata est, in alio loco summersa est et aliquorum mercatorum merces per urinatores extractae sunt data mercede, rationem haberi debere eius, cuius merces in navigatione levandae navis causa iactae sunt, ab his, qui postea sua per urinatores servaverunt, Sabinus aeque respondit. Eorum vero, qui ita servaverunt, iuvicem rationem haberi non debere ab eo, qui in navigatione iactum fecit, si quaedam ex his mercibus per urinatores extractae sunt: eorum enim merces non possunt videri servandae navis causa iactae esse, quae perit.

§1. Pero si el barco, aligerado con la echazón de mercancías de un solo mercader durante una tempestad, se hundió en otro lugar, y a cambio de una retribución algunos buzos salvaron las mercancías de otros mercaderes, Sabino también respondió que quienes salvaron sus mercancías gracias a los buzos deben compensar a aquel cuyas mercancías se arrojaron durante el viaje para aligerar el navío. Pero respecto de los primeros, quien realizó la echazón durante el trayecto no debe compensarles si los buzos salvaron algunas mercancías, porque no puede decirse que éstas fueron arrojadas para salvar el barco, pues se hundió.

§2. Cum autem iactus de nave factus est et alicuius res, quae in navi remanserunt, deteriores factae sunt, videndum, an conferre cogendus sit, quia non debet duplici damno onerari et collationis et quod res deteriores factae sunt. Sed defendendum est hunc conferre debere pretio praesente rerum: itaque verbi gratia si vicenum merces duorum fuerunt et alterius aspargine decem esse coeperunt, ille cuius res integrae sunt pro viginti conferat, hic pro decem. Potest tamen dici etiam illa sententia distinguentibus nobis, deteriores ex qua causa factae sunt, id est utrum propter iacta nudatis rebus

§2. Si durante la echazón se dañaron las mercancías de otro pasajero que quedaron en la nave, deberá analizarse si éste se obliga a contribuir, pues no debe ser gravado con un doble perjuicio: el de la contribución y el del daño de sus cosas. Puede decirse que deberá contribuir según el precio actual de las cosas luego de su deterioro; y así, por ejemplo, si las mercancías cada uno de los dos valían veinte mil sestercios, y la de uno terminó valiendo diez tras la mojadura, aquel cuyas mercancías están íntegras contribuirá por veinte y éste último

damnum secutum est an vero alia ex causa, veluti quod alicubi iacebant merces in angulo aliquo et unda penetravit. Tunc enim conferre debebit: an ex priore causa collationis onus pati non debet, quia iactus etiam hunc laesit? Adhuc numquid et si aspargine propter iactum res deteriore factae sunt? Sed distinctio suptilior adhibenda est, quid plus sit, in damno an in collatione: si verbi gratia hae res viginti fuerunt et collatio quidem facit decem, damnum autem duo, deducto hoc, quod damnum passus est, reliquum conferre debeat. Quid ergo, si plus in damno erit quam in collatione? Ut puta decem aureis res deteriore factae sunt, duo autem collationis sunt indubitate utrumque onus pati non debet: sed hic videamus, num et ipsi conferre oporteat. Quid enim interest iactatas res meas amiserim an nudatas deteriores habere coeperim: nam sicut ei qui perdiderit subvenitur, ita et ei subveniri oportet, qui deteriores propter iactum res habere coeperit. Haec ita Papirius Fronto respondit.

por diez. Pero también puede opinarse esto: debe distinguirse la causa del daño, es decir, si éste se provocó por haber quedado al descubierto las cosas debido a la echazón o por otra causa, como que las mercancías se hallaban en algún rincón por donde penetraron las olas, porque en tal caso deberá contribuir. ¿Pero no deberá soportar la carga de la contribución por la primera causa, ya que la echazón también le perjudicó? ¿Y si las cosas se dañaron con el agua que salpicó al realizar la echazón? Aquí deberá hacerse otra distinción más sutil: qué importa más, el daño o la contribución. Por ejemplo, si las cosas valían veinte mil sestercios, la aportación asciende a diez y el daño a dos, una vez deducido el daño sufrido deberá contribuir con lo restante. ¿Y qué decir si el daño importase más que la aportación, por ejemplo, si las cosas redujeron su valor en diez áureos, pero la contribución es de dos? Sin duda no debe soportar ambas cargas. Pero veamos si también en este caso deberá contribuirse a su favor, porque ¿qué importa haber perdido yo mis cosas por haber sido arrojadas, o que se me hayan deteriorado por haber quedado a la intemperie? Pues así como se auxilia a quien las perdió, así también se auxilia a quien la echazón las estropeó. Y así respondió Papirio a Frontón.

5. *HERMOGENIANUS libro secundo iuris epitomarum. Amissae navis damnum collationis consortio non sarcitur per eos, qui merces suas naufragio liberaverunt: nam huius aequitatem tunc admitti placuit, cum iactus remedio ceteris in communi periculo salva navi consultum est.*

§1. *Arbore caesa, ut navis cum mercibus liberari possit, aequitas contributionis habebit locum.*

6. *IULIANUS libro octogensimo sexto digestorum. Navis adversa tempestate depressa ictu fulminis deustis armamentis et arbore et antemna Hipponem delata est ibique tumultuariis armamentis ad praesens comparatis Ostiam navigavit et onus integrum pertulit: quaesitum est, an hi, quorum onus fuit, nautae pro damno conferre debeant. Respondit non debere: hic enim sumptus instruendae magis navis, quam conservandarum mercium gratia factus est.*

7. *PAULUS libro tertio epitomarum Alfeni digestorum. Cum depressa navis aut deiecta esset, quod quisque ex ea suum servasset, sibi servare respondit, tamquam ex incendio.*

5. HERMOGENIANO *en el libro segundo del epítomde del derecho.* El daño del barco hundido no se resarce por las contribuciones de quienes salvaron sus mercancías del naufragio, porque se consideró conveniente admitir la equidad de esta solución solo si, ante un peligro común, debió velarse por todos recurriendo a la echazón, pero se salvó la nave.

§1. Al cortarse el mástil para salvar el barco con las mercancías, procederá la justa solución de la contribución.

6. JULIANO *en el libro octagésimo sexto del digesto.* Sorprendido un barco por una tormenta, y habiendo destruido un rayo los aparejos, el mástil y la antena, fue llevado a Hipona; allí se compraron aparejos provisionales, navegó hacia Ostia, y transportó íntegra la carga. Se preguntó: ¿deberán indemnizar los dueños de la carga al marinero por el daño sufrido? Se respondió que no, porque el gasto se hizo para reparar la nave, no para conservar las mercancías.

7. PAULO *en el libro tercero del digest de Alfeno.* Si un barco se hundió, se estrelló o se incendió, se respondió que cada uno conserva lo que hubiese salvado.

8. *IULIANUS libro secundo ex Minicio. Qui levandae navis gratia res aliquas proiciunt, non hanc mentem habent, ut eas pro derelict habeant, quippe si invenerint eas, ablaturos et, si suspicati fuerint, in quem locum electae sunt, requisituros: ut perinde sint, ac si quis onere pressus in viam rem abiecerit mox cum aliis reversurus, ut eandem auferret.*

8. JULIANO *en el libro segundo de la doctrina de Minicio.* Si para aligerar la nave algunos arrojan ciertas cosas, no tienen la intención de darlas por abandonadas, pues si las encuentran podrán recuperarlas, y si sospechan en qué lugar fueron depositadas por el mar, pueden ir a buscarlas, como cuando alguien, agobiado por una carga, dejó alguna cosa en el camino para luego regresar con otros y llevársela.

9. *VOLUSIUS MAECIANUS ex lege Rhodia. Petitio Endaeruonis Nicomedensis ad imperatorem Antoninum. Domine imperator Antonine, cum naufragium fecissemus in Italia, direpto sumus a publicis, qui in Cycladibus insulis habitant. Antoninus dicit Eudaemoni. Ego orbis terrarum dominus sum, lex autem maris. Lege Rhodia de re nautica res iudicetur, quatemus nulla lex ex nostris ei contraria est. Idemetiam divus Augustus iudicavit.*

9. (texto original en griego) VOLUSIO MECIANO *tomado de la ley Rodia.* Petición de Eudemón de Nicomedia al emperador Antonino Pío: "Señor emperador Antonino, habiendo naufragado en Icaria, fuimos despojados por los publicanos que habitan en las islas Cícladas". Antonino respondió a Eudemón: "Ciertamente soy señora del orbe, pero la ley Rodia lo es del mar; júzguese este caso bajo la ley Rodia para asuntos marítimos, en cuanto a ello no se oponga ninguna de nuestras leyes". Esto mismo decidió también el divino Augusto.

10. *LABEO libro primo pithanon a Paulo epitomatorum. Si vehenda mancipia conduxisti, pro eo mancipio, quod in nave mortuum est, vectura tibi non debetur. PAULUS: immo quaeritur, quid actum est, utrum ut pro his qui impositi an pro his qui deportati essent, merces daretur: quod si hoc apparere non potuerit, satis erit*

10. LABEÓN *en el libro primero de los comentarios recopilados por Paulo.* Si arrendaste el transporte de esclavos, no se te debe el porte del esclavo que murió en el navío. Paulo dice que ante todo debe saberse si se pagó el porte de lo que fueron embarcados o por los que fueron transportados. Y si esto no queda

pro nauta, si probaverit impositum esse mancipium.

§1. Si ea condiciones navem conduxisti, u tea merces tuae portarentur easque merces nulla nauta necessitate coactus in navem deteriorem, cum id sciret te fieri nolle, transtulit et merces tuae cum ea nave perierunt, in qua novissime vectae sunt, habes ex conducto locato cum priore nauta actionem. PAULUS: immo contra, si modo ea navigatione utraque navis periit, cum id sine dolo et culpa nautarum factum esset. Idemiuris erit, si prior nauta publice retentus navigare cum tuis mercibus prohibitus fuerit. Idemiuris erit, cum ea condicione a te conduxisset, ut certam poenam tibi praestaret, nisi ante constitutum diem merces tuas eo loci exposuisset, in quem devehendas eas merces locasset, nec per eum staret, quo minus remissa sibi ea poena spectaret. Idemiuris in eodem genere cogitationis observabimus, si probatum fuerit nautam morbo impeditum navigare non potuisse. Idemdicemus, si navis eius vitium fecerit sine dolo malo et culpa eius.

§2. Si conduxisti navem amphorarum duo milium et ibi amphoras portasti, pro duobus milibus amphorarum pretium debes. PAULUS. Immo si aversione navis conducta est, pro duobus milibus debetur merces: si pro numero impositarum amphorarum

claro, bastará que el marinero pruebe que el esclavo fue embarcado.

§1. Si arrendaste un barco con la condición de transportar en él tus mercancías, y sin necesidad alguna el marinero transbordó las mercancías a otra nave peor sabiendo que no deseabas eso, y las mercancías se perdieron en el último barco, tienes contra el primer marinero la acción de conducción por razón del arrendamiento. Paulo dice que debe decidirse lo contrario si en aquel viaje se hundieron ambos barcos, y esto sucedió sin culpa ni dolo de los marineros. Lo mismo se dirá si el marinero se vio impedido de transportar tus mercancías tras ser detenido por la autoridad. Igualmente si te arrendó acordando de pagarte cierta pena si antes del día señalado no puso tus mercancías en el lugar que arrendaste para trasladar allí las mercancías, y no dependió de él no poder liberarse de la pena. Lo mismo se observará si se probó que el marinero no pudo navegar debido a una enfermedad. También si la nave se averió sin dolo ni culpa suya.

§2. Si arrendaste un barco con capacidad para dos mil ánforas y transportaste éstas en aquél, debes el porte por las dos mil ánforas. Paulo dice que si se arrendó todo el barco, se debe el porte por las dos mil, pero si se estipuló el preció

merces constituta est, contra se habet; nam pro tot amphoris pretium debes, quot portasti.

según la cantidad de ánforas embarcadas, sucede lo contrario, porque solo debes el precio de las ánforas que llevabas.

TITULUS III
DE INSTITORIA
ACTIONE

TÍTULO III
DE LA ACCIÓN
INSTITORIA

1. ULPIANUS libro vicensimo octavo ad edictum. Aequum prateori visum est, sicut commoda sentimus ex actu institorum, ita etiam obligari nos ex contractibus ipsorum et conveniri. Sed non idemfacit circa eum qui institorem praeposuit, ut experiri possit: sed si quidem servum proprium institorem habuit, potest esse secures adquisitis sibi actionibus: su autem vel alienum servum vel etiam hominem liberum , actione deficietur: ipsum tamen institorem vel dominus eius convenire poterit vel mandate vel negotiorum gestorum. Marcellus autem ait debere dari actionem ei qui institiorem praeposuit in eos, qui cum eo contraxerint...

1. ULPIANO *en el libro vigésimo octavo de los comentarios al edicto*. El pretor consideró justo que, así como nos beneficiamos con los actos de nuestros encargados de comercios, así también nos obliguemos y se nos demande por los negocios celebrados por aquéllos. Sin embargo, no hace lo mismo en favor de quien nombró encargado de un negocio para que él pueda demandar, pues, si puso como encargado a un esclavo propio, puede estar seguro de adquirir las acciones, pero si puso a un esclavo ajeno o a un hombre libre, no tendrá acción; sin embargo, podrá demandar al encargado o a su dueño con la acción de mandato o con la de gestión de negocios. Pero Marcelo dice que debe otorgársele acción a quien designó encargado contra los que se obligaron con éste...

2. GAIUS libro nono ad edictum provinciale. ... eo nomine, quo institor contraxit, si modo aliter rem suam

2. GAYO *en el libro noveno de los comentarios al edicto provincial*. ... por causa del contrato del encargado, si

servare non potest.

no hay otro recurso para recuperar su cosa.

3. *ULPIANUS libro vicensimo octavo ad edictum. Institor appellatus est ex eo, quod negotio gerendo instet: nec cultum facit, tabernae sit praepositus an cuilibet alii negotiationi,*

3. ULPIANO *en el libro vigésimo octavo de los comentarios al edicto.* Se llamó al encargado *institor* porque insta la gestión de un negocio, sin importar mucho que se le ponga al frente de una tienda o de cualquier otro negocio,

4. *PAULUS libro trigensimo ad edictum. … cum interdum etiam ad homines honestos adferant merces et ibi vendant. Nec mutat causam actionis locus vendendi emendive, cum utroque modo verum sit institorem emisse aut vendidisse.*

4. PAULO *en el libro trigésimo de los comentarios al edicto.* … porque en ocasiones también se entregan a hombres honrados mercancías para que las vendan en sus domicilios. Y el lugar donde se compra o se vende no cambia el tipo de acción, porque de una u otra forma el encargado del negocio compró o vendió.

5. *ULPIANUS libro vicensimo octavo ad edictum. Cuicumque igitur negotio praepositus sit, institor recte appellabitur.*

5. ULPIANO *en el libro vigésimo octavo de los comentarios al edicto.* Así, se denominará "encargado" (*institor*) a quien haya sido nombrado para cualquier negocio.

§1. Nam et Servius libro primo ad Brutum ait, si quid cum insulario gestum sit vel eo, quem quis aedificio praeposuit vel frumento coemendo, in solidum eum teneri.

§1. Dice Servio en el libro primero de sus comentarios a Bruto que si se trató algún negocio con el administrador de una casa o con aquel a quien alguien encargó el cuidado de un edificio o de comprar trigo, el que encargó se obliga por el total.

§2. Labeo quoque scripsit, si quis pecuniis faenerandis, agris colendis, mercaturis redempturisque faciendis praeposuerit, in solidum eum teneri.

§2. También escribió Labeón que si alguien puso a otro a prestar dinero al interés, o a cultivar campos, o a hacer compras y pagos, el primero se obliga por el total.

§3. Sed et si in mensa habuit quis servum praepositum, nomine eius tenebitur.

§4. Sed etiam eos institores dicendos placuit, quibus vestiarii vel lintearii dant vestem circunferendam et distrahendam, quos vulgo appellamus circitores.

§5. Sed et muliones quis proprie institores appellet.

§6. Item fullonum et sarcinatorum praepostos stabularii quoque loco institorum habendi sunt.

§7. Sed et si tabernarius servum suum peregre mitteret ad merces comparandas et sibi mittendas, loco institoris habendum Labeo scripsit.

§8. Idem ait, si libitinarius, quos graece νεχροθάπτας vocant, servum pollinctorem habuerit isque mortuum spoliaverit, danda in eum quasi institoriam actionem, quamvis et furti et iniuriarum actio competeret.

§9. Idem Labeo ait: si quis pistor servum suum solitus fuit in certum locum mittere ad panem vendendum, deinde is pecunia accepta praesenti, ut per dies singulos eis panem praestaret, conturbaverit, dubitari non oportet, quin, si permissit ei ita dari summas, teneri debeat.

§3. Igualmente, si alguien puso a un esclavo al frente de una mesa de cambio, se obligará en razón del segundo.

§4. Se consideró adecuado llamar también encargados de negocio a quienes los costureros o los lenceros dan vesidos para llevarlos a las casas y venderlos, vulgarmente llamados "vendedores ambulantes".

§5. También se denominará adecuadamente encargados a los muleros.

§6. También quienes fueron puestos al frente de batanes y sastrerías, así como los encargados de establos, han de considerarse bajo esta denominación.

§7. Labeón escribió que también debe considerarse encargado de un negocio al esclavo enviado de viaje por el tendero para comprar mercancías y enviárselas.

§8. También dice que si el dueño de una funeraria, al que los griegos llaman "enterrador", tiene un esclavo embalsamador, y éste despojó al muerto, se dará contra el dueño la acción cuasi institoria, aunque también procederá la acción de robo y la de injurias.

§9. El mismo Labeón dice que si un panadero acostumbraba enviar a cierto lugar un esclavo suyo para vender pan, y éste, habiendo recibido dinero por anticipado para que cada día entregase a algunos clientes el producto, hubiese malversado, y el primero permitió

§10. *Sed et cum fullo peregre proficiscens rogasset, ut discipulis suis, quibus tabernam instructam tradiderat, imperaret, post cuius profectionem vestimenta discipulus accepisset et fugisset, fullonem non teneri, si quasi procurator fuit relictus: sin vero quasi institor, teneri eum. Plane si adfivrmaverit mihi recte me credere operariis suis, non institoria, sed ex locato tenebitur.*

§11. *Non tamen omne, quod cum institore geritur, obligate um qui praeposuit, sed ita, si eius rei gratia, cui praepositus fuerit, contractum est, id est dumtaxat ad id quod eum praeposuit.*

§12. *Proinde si praeposui ad mercium distractionem, tenebor nomine eius ex empto actione: item si forte ad emendum eum praeposuero, tenebor dumtaxat ex vendito: sed neque si ad emendum, et ille vendiderit, neque si ad vendendum, et ille emerit, debebit teneri, idque Cassius probat.*

§13. *Sed si pecuniam quis crediderit institori ad emendas merces praeposito, locus est institoriae, idemque et si ad pensionem pro taberna exsolvendam: quod ita verum puto, nisi prohibitus fuit mutuari.*

§14. *Si ei, quem ad vendendum emendumve oleum praeposui, mutuum*

que se le anticipase dinero al esclavo, sin duda queda obligado.

§10. Igualmente, si al salir de viaje un batanero pidió que me sirviese de sus encargados, a quienes había dejado provista la tienda, y tras partir uno de los dependientes huyó con los vestidos que recibió, el batanero no queda obligado si lo dejó en calidad de procurador, pero si lo fue en calidad de encargado, sí se obliga. Pero si me aseguré de poder fiarme de sus dependientes, no se obligará por la acción institoria, sino por la de locación.

§11. Pero no todo lo que se hace con el encargado del comercio obliga a quien lo nombró, sino solo si contrató aquello para lo que fue puesto, es decir, solo para lo que le encargó.

§12. Por tanto, si le puse a vender mercancías, me obligaré en su nombre por la acción de compra. Y si le encargué comprar, me obligaré tan solo por la acción de venta. Pero no se obligará si para comprar debió vender, o si para vender debió comprar, y esto lo aprueba Casio.

§13. Si alguien prestó dinero al encargado de comprar mercancías, procede la acción institoria. También procede si se le prestó para pagar el alquiler de la tienda y no se le prohibió pedir dinero en mutuo, lo que considero acertado.

§14. Si se le dio aceite en mutuo al que encargué vender o comprar este

oleum datum sit, dicendum erit institoriam locum habere.

§15. Item si institor, cum oleum vendidisset, anulum arrae nomine acceperit neque eum reddat, dominum institoria teneri: nam eius rei, in quam praepositus est, contractum est: nisi forte mandatum ei fuit praesenti pecunia vendere. Quare si forte pignus institor ob pretium acceperit, institoriae locus erit.

§16. Item fideiussori, qui pro institore intervenerit, institoria competit: eius enim rei sequella est.

§17. Si ab alio institor sit praepositus, is tamen decesserit qui praeposuit et heres ei extiterit, qui eodem institore utatur, sine dubio teneri cum oportebit. Nec non, si ante aidtam hereditatem cum eo contractum est, aequum est ignoranti dari institoriam actionem.

§18. Sed et si procurator meus, tutor, curator institorem praeposuerit, dicendum erit veluti a me praeposito dandam institoriam actionem.

6. PAULUS libro trigensimo ad edictum. Sed et in ipsum procuratorem, si omnium rerum procurator est, dari debebit institori.

producto, se dirá que procede la acción institoria.

§15. Igualmente, si el encargado de vender aceite recibió un anillo en concepto de arras y no lo devueve, el principal queda obligado por la acción institoria, pues se contrató para el negocio que se le encargó, salvo que se le encomendase vender al contado. Por tanto, si el encargado recibió prenda en vez del precio, procederá la acción institoria.

§16. También compete esta acción al que intervinó como fiador del encargado, pues este negocio es consecuencia del principal.

§17. Si el encargado fue nombrado por alguien que falleció y quedó como heredero suyo otro que se sirvió del mismo encargado, sin duda el heredero quedará obligado. También es justo que a quien contrató con el encargado antes de aceptarse la herencia se le otorgue la acción institoria contra el heredero si lo ignoraba.

§18. Igualmente, si mi procurador, tutor o curador nombró un encargado, se dirá que se concederá la acción institoria como si yo lo hubiese designado.

6. PAULO *en el libro trigésimo de los comentarios al edicto.* También se concederá la acción institoria contra el procurador de todo el patrimonio.

7. ULPIANUS libro vicensimo octavo ad edictum. Sed et si quis meam rem gerens praeposuerit et ratum habuero, idem erit dicendum.

§1.parvi autem refert, quis sit institor, masculus an fémina, liber an servus proprius vel alienus. Item quisquis praeposuit: nam et si mulier praeposuit, competet institoria exemplo exercitoriae actionis et si mulier sit praeposita, tenebitur etiam ipsa. Sed et si filia familias sit vel ancilla praeposita, competit institoria actio.

§2. Pupillus autem institor obligate um, qui eum praeposuit, insitoria actione, quoniam sibi imputare debet, qui eum praeposuit.

8. GAIUS libro nono ad edictum provinciale. Nam et plerique pueros puellasque tabernis praeponunt.

9. ULPIANUS libro vicensimo octavo ad edictum. Verum si ipse pupillus praeposuerit, si quidem tutoris auctoritate, obligabitur, si minus, non.

10. GAIUS libro nono ad edictum provinciale. Eatenus tamen dabitur in eum actio, quatenus ex ea re locupletior est.

7. ULPIANO *en el libro vigésimo octavo de los comentarios al edicto.* Lo mismo se dirá si lo nombró mi gestor de negocios y yo ratifiqué el nombramiento.

§1. Poco importa si el encargado es varón o mujer, libre o esclavo propio o ajeno; tampoco importa quien lo nombró, porque aunque lo haya nombrado una mujer, procederá la acción institoria a semejanza de la ejercitoria, y si se designó a una mujer, también quedará obligada ella misma. Y aunque se nombrase a una hija de familia o a una esclava, procede la acción institoria.

§2. El pupilo nombrado como encargado obliga a quien lo nombró por la acción institoria, pues quien lo nombró debe sufrir las consecuencias,

8. GAYO *en el libro noveno de los comentarios al edicto provincial.* ... ya que muchos ponen al frente de sus tiendas a muchachos y muchachas.

9. ULPIANO *en el libro vigésimo octavo de los comentarios al edicto.* Si el pupilo nombró al encargado, y lo hizo con autorización de su tutor, se obligará; de lo contrario, no.

10. GAYO *en el libro noveno de los comentarios al edicto provincial.* Pero se concederá acción contra el pupilo solo en la medida en que aquel negocio lo enriqueció.

11. ULPIANUS libro vicensimo octavo ad edictum. Sed si pupillus heres extiterit ei qui praeposuerat, aequissimum erit pupillum teneri, quamdiu praepositus manet: removendus enim fuit a tutoribus, si nollent opera eius uti.

§1. Sed et si minor viginti quinque annis erit qui praeposuit, auxilio aetatis utetur non sine causae cognitione.

§2. De quo palam proscriptum fuerit, ne cum eo contrahatur, is praepositi loco non habetur: non enim permittendum erit cum institore contrahere, sed si quis nolit contrahi, prohibeat: ceterum qui praeposuit tenebitur ipsa praepositione.

§3. Proscribere palam sic accipimus claris litteris, unde de plano recte legi possit, ante tabernam scilicet vel ante cum locum in quo negotiation excercetur, non in loco remote, sed in evidenti litteris utrum Graecis an Latinis? Puto secundum loci condicionem, ne quis cansari possit ignorantiam litterarum. Certe si quis dicat ignorasse se litteras vel non observasse quod propositum erat, cum multi legerent cumque palam esset propositum, non audietur.

11. ULPIANUS *libro vigésimo octavo de los comentarios al edicto.* Si un pupilo se volvió heredero de quien había nombrado al encargado, será muy justo que el pupilo se obligue mientras siga siendo encargado el designado, porque debió ser removido por los tutores si no quisieron usar sus servicios.

§1. Pero si quien nombró al encargado tuvo menos de veinticinco años, aprovechará del beneficio de la edad previo conocimiento de causa.

§2. A quien se le prohibiese públicamente contratar con él, no se le considera encargado de comercio, porque no se permitirá contratar con él. Pero si alguien no quiso que se contrate, debe prohibirlo públicamente, de lo contrario, quien no nombró se obligará por razón del nombramiento hecho.

§3. 'Prohibir públicamente' se entiende hacerlo con carteles claros en los que pueda leerse fácilmente, frente a la tienda o local donde se tiene el negocio, y no en lugar oculto, sino visible. ¿Deberá escribirse en letras griegas o latinas? Opino que según las condiciones de la región, para que nadie pueda excusarse alegando que ignora la escritura. Así, no será escuchado en juicio quien diga que no sabía leer o que no se fijó en el anuncio, cuando muchos lo leyeron y estuvo expuesto en público.

§4. *Proscriptum autem perpetuo esse oportet: ceterum si per id temporis, quo propositum non erat, vel obscurata proscriptione contractum sit, institoria locum habebit. Proinde si dominus quidem mercis proscripsisset, alius autem sustulit aut vetustate vel pluvial vel quo simili contingit, ne proscriptum esset vel non pareret, dicendum eum qui praeposuit teneri. Sed si ipse institor decipiendi mei causa detraxit, dolus ipsius praeponenti nocere debet, nisi particeps doli fuerit qui contraxit.*

§5. *Condicio autem praepositionis servanda est: quid enim si certa lege vel interventu cuiusdam personae vel sub pignore volut cum eo contrahi vel ad certam rem? Aequissimum erit id servari, in quo praepositus est. Item si plures habuit institores vel cum omnibus simul contrahi voluit vel cum uno solo. Sed et si denuntiavit cui, me cum eo contraheret, non debet institoria teneri: nam et certam personam possumus prohibere contrahere vel certum genus hominum vel negotiatorum, vel certis hominibus permittere. Sed si alias cum alio contrahi vetuit continua variatione, danda est omnibus adversus eum actio: neque enim decipi debent contrahentes.*

§4. Conviene que la prohibición se exponga de forma permanente. Pero si se contrató durante el tiempo que no estuvo a la vista, o tras haberse borrado ya la prohibición, procederá la acción institoria. Por tanto, si el dueño del negocio expuso la prohibición y otro la quitó, o debido al mal tiempo, la lluvia u otra causa semejante no estuvo a la vista o no fue visible, se dirá que se obliga quien nombró al encargado. Pero si éste la quitó para defraudarme, su dolo perjudica a quien lo nombró, salvo que quien contrató fuese cómplice del dolo.

§5. Deben considerarse los terminos del nombramiento, porque ¿qué pasará si el dueño quiso que se contratase con el encargado de cierta manera: con la intervención de una determinada persona, mediante la entrega de prenda o sobre un bien determinado? Será muy justo que se observe los términos en que fue nombrado el encargado. Lo mismo se dirá si alguien tuvo muchos encargados y quiso que se contratase con todos al mismo tiempo o con uno solo, pero si denunció a alguien para que no se contratase con él, no se obligará por la acción institoria, pues también podemos prohibir que contrate cierta persona, cierta clase de personas o de negociantes, o bien permitírselo a ciertas personas. Pero si el dueño varió frecuentemente de

§6. *Sed si in totum prohibuit cum eo contrahi, praepositi loco non habetur, cum magis hic custodis sit loco quam institoris: ergo nec vendere mercem hic poterit nec modicum quid ex taberna.*

§7. *Si institoria recte actum est, tributoria ipso iure locum non habet: neque enim potest habere locum tributoria in merce dominica. Quod si non fuit institor dominicae meercis, tributoria superest actio.*

§8. *Si a servo tuo operas vicarii eius conduxero et eum merci meae instiorem fecero isque tibi mercem vendiderit, emptio est: nam cum dominus a servo emit, est emptio, licet non sit dominus obligatus, usque adeo, ut etiam pro emptre et possidere et usucapere dominus possit:*

12. *IULIANUS libro undécimo digestorum. ... et ideo utilis institoria actio adversus me tibi competet, mihi vero adversus te vel de peculio dispensatoris, si ex conducto agere velim, vel de peculio vicarii, quod ei mercem vendendam mandaverim: pretiumque, quo emisti, in rem tuam versus videri poterit eo, quod debitor*

opinión para prohibir que se contratase con éste o con aquél, a todos se concederá acción contra él, porque los contratantes no deben ser engañados.

§6. Pero si prohibió contratar con encargado, no se le considerará a éste como tal, estando más bien en calidad de custodio que de encargado del negocio. Por tanto, no podrá vender ni mercancía ni ninguna cosa de la tienda.

§7. Si se ejerció fundadamente la acción institoria, por derecho no procede la tributoria, porque ésta no puede tener lugar respecto a las mercancías del dueño. Pero si no estuvo encargado de las mercancías de éste, subsiste la acción tributoria.

§8. Si arrendé de tu esclavo los servicios de un vicario suyo, lo designé encargado de comerciar mi mercancía, y éste la vendió, la compra es válida, porque cuando el dueño compra de un esclavo, ésta vale, aunque no se obligue el dueño al punto de que éste puede posser como comprador e incluso usucapir,

12. JULIANO *en el libro décimo primero del digesto.* ... por lo que te competerá contra mí la acción institoria útil, pero contra ti lo será la del peculio del esclavo administrador o la del peculio del vicario, porque yo le encargué que vendiese la mercancía, y el precio en que la compraste podrá

servi tui factus esses.

considerarse gastado en beneficio tuyo, pues te habrías hecho deudor de tu esclavo.

13. ULPIANUS libro vicensimo octavo ad edictum. Habebat quis servum merci oleariae praepositum Arelate, eundem eet mutuis pecuniis accipiendis: acceperat mutuam pecuniam: putans creditor ad merces eum accepisse egit proposita actione: probare non potuit mercis gratia eum accipisse. Licet consumpta est actio nec amplius agere poterit, quasi pecuniis quoque mutuis accipiendis esset praepositus, tamen Iulianus utilem ei actionem competere ait.

13. ULPIANO *en el libro vigésimo octavo de los comentarios al edicto.* Alguien tenía un esclavo encargado del comercio de aceite en Arlés y de recibir préstamos en calidad de mutuo. Obtuvo un préstamo. Al considerar el acreedor que el esclavo lo había recibido para comprar aceite, ejerció la acción institoria, mas no pudo probarlo. Juliano opina que, aunque se extinga la acción y no pueda volver a demandar, al autorizársele al esclavo recibir dinero en calidad de mutuo, le compete la acción útil.

§1. Meminisse autem oportebit institoria dominum ita demum teneri, si non novaverit qui seam obligationem vel ab institore vel ab alio novandi animo stipulando.

§1. Debe tenerse presente que el dueño se obliga por la acción institoria únicamente si no se novó la obligación, estipulando del encargado del negocio o de otro con ánimo de novar.

§2. Si duo pluresve tabernam exerceant et servum, quem ex disparibus partibus habebant, institorem praeposuerint, utrum pro dominicis partibus teneantur an pro aequalibus an pro portione mercis an vero in solidum, Iulianus quaerit. Et verius esse ait exemplo exercitorum et de peculio actionis in solidum unumquemque conveniri posse, et quidquid is praestiterit qui conventus est, societatis iudicio vel communi dividundo consequetur, quam sententiam et supra probavimus.

§2. Si dos o más personas son dueñas de una tienda y ponen al frente como encargado a un esclavo que tenían en copropiedad por partes desiguales, pregunta Juliano si se obligarán según sus partes proporcionales, por partes iguales, en proporción a la mercancía vendida o por el total. Considera más correcto que, al igual que los capitanes de barco y la acción de peculio, cada uno puede ser demandado por el total, y lo que pague de más quien fue demandado lo obtendrá del otro con la acción de sociedad o con la de división de cosa común. Opinión que anteriormente hemos aprobado.

14. *PAULUS libro quarto ad Plautium. Idem erit et si alienus servus communi merci praepositus sit: nam adversus utrumque in solidum actio dari debet et quod quisque praestiterit, eius partem societatis vel communi dividundo iudicio consequetur. Certe ubicumque actio societatis vel communi dividundo cessat, quemque pro parte sua condemnari oportere constat, veluti si is, cuius servo creditum est, duobus heredibus institutis ei servo libertatem dederit: nam heredum quisque pro sua parte conveniendi sunt, quia cessat inter eos communi dividundo iudicium.*

14. PAULO *en el libro cuarto de los comentarios a Plaucio.* Lo mismo se dirá si un esclavo ajeno fue puesto al frente de una mercancía común, porque debe darse la acción por el total contra uno y otro, y cada uno obtendrá del otro su parte con la acción de sociedad o con la de división de cosa común. Claro que si no procede algunas de estas acciones es sabido que cada uno será condenado según sus partes proporcionales; por ejemplo, si alguien manumitió en su testamento al esclavo que se le prestó y dejó dos herederos, porque cada uno de estos será demandado de acuerdo a su parte, pues entre ellos deja de existir la acción de división de cosa común.

15. *ULPIANUS libro vicensimo octavo ad edictum. Novissime sciendum est has actiones perpetuo dari et in heredem et heredibus.*

15. ULPIANO *en el libro vigésimo octavo de los comentarios al edicto.* Por último, debe saberse que tales acciones se conceden perpetuamente, tanto contra el heredero como en favor de los herederos.

16. *PAULUS libro vicensimo nono ad edictum. Si cum vilico alicuius contractum sit, non datur in dominum actio, quia vilicus propter fructus percipiendos, non propter quaestum*

16. PAULO *en el libro vigésimo noveno de los comentarios al edicto.* Si se contrató con el encargado de la casa de campo de alguien, no se concede acción contra este dueño, porque tal

praeponitur, sit amen vilicum distrahendis quoque mercibus praepositum habuero, non erit iniquum exemplo institoriae actionem in me competere.

encargado se pone para recoger los frutos, no para comerciar. Pero si yo puse al encargado también a vender mercancías, será justo que se me demanda con la acción similar a la institoria.

17. IDEM *libro trigensimo ad edictum. Si quis mancipiis vel iumentis pecoribusve emendis vendendisque praepositus sit, non solum institoria competit adversus eum qui praeposuit, sed etiam redhibitoria vel ex stipulate duplae simplaeve in solidum actio danda est.*

17. EL MISMO *en el libro trigésimo de los comentarios al edicto.* Si a alguien se le encargó comprar y vender esclavos, jumentos o ganado, no solo compete la acción institoria contra quien dio el encargo, sino también la acción redhibitoria y la de lo estipulado al doble o al simple por el total.

§1. Si servum Titii institorem habueris, vel tecum ex hoc edicto vel cum Titio ex inferioribus edictis agere potero. Sed si tu come o contrahi vetuisti, cum Titio dumtaxat agi poterit.

§1. Si tuviste como encargado a un esclavo de Ticio, podré demandarte por la acción institoria en virtud de este edicto, o por la de peculio contra Ticio en virtud de los edictos más adelante mencionados. Pero si prohibiste que se contratase con él, podrá ejercerse la acción solamente contra Ticio.

§2. Si impubes patri habenti institores heres exstiterit, deinde cum his contractum fuerit, dicendum est in pupillum dari actionem propter utilitatem pormiscui usus, quemadmodum ubi post mortem tutoris, cuius auctoritate institor praepositus est, cum eo contrahitur.

§2. Si un impúber heredó de su padre, quien tenía unos encargados, y luego alguien contrató con estos, se responderá que procede la acción contra el pupilo al autorizar el comercio, como cuando, luego de la muerte del tutor, con cuya autorización se nombró al encargado, se contrata con éste último.

§3. Eius contractus certe nomine, qui ante aditam hereditatem intercessit, etiamsi furiosus heres existat, dandam esse actionem etiam Pomponius

§3. Pomponio escribió que también se otorgará acción en virtud del contrato celebrado antes de aceptarse la herencia, aunque

scripsit: non enim imputandum est ei, qui sciens dominum decessisse cum institore exercente mercen contrahat.

§4. *Proculus ait, si denuntiavero tibi, ne servo a me praeposito crederes, exceptionem dandam: si ille illi non denuntiaverit, ne illo servo crederet. Sed si ex eo contractu peculium habeat aut in rem meam versum sit nec velim quo locupletior sim solvere, replicari de dolo malo oportet. Nam videri me dolum malum facere, qui ex aliena iactura lucrum quaeram.*

§5. *Ex hac causa etiam condici posse verum est.*

18. *IDEM libro singulari de variis lectionibus. Institor est, qui tabernae locove ad emendum vendendumve praeponitur quique sine loco ad eundem actum praeponitur.*

19. *PAPINIANUS libro tertio responsorum. In eum, qui mutuis accipiendis pecuniis procuratorem praeposuit, utilis ad exemplum institoriae dabitur actio: quod aeque faciendum erit et si procurator solvendo sit, qui stipulanti pecuniam promisit.*

§1. *Si dominus, qui servum institorem*

heredase un demente, porque no se culpará a quien, sabiendo que el dueño falleció, contrate con su encargado negociador de la mercancía.

§4. Dice Próculo que si yo te advertí de no prestar al esclavo que designé como encargado, se dará esta excepción: "si no le advirtió que no prestase a aquel esclavo". Pero si en virtud de aquel contrato el esclavo tuvo un peculio u obtuve alguna utilidad, y yo no quiero pagar por aquello que me enriqueció, debe introducirse la réplica del dolo malo, porque se entiendo que lo cometo al querer obtener un lucro en perjuicio de otro.

§5. Por esta causa también puede intentarse la acción ejecutiva.

18. EL MISMO *en el libro único de autores varios.* Encargado de comercio es aquel a quien se pone al frente de una tienda o en algún lugar para comprar o vender, y también aquel a quien se pone para tal efecto sin establecer un ugar determinado.

19. PAPINIANO *en el libro tercero de las respuestas.* Se otorgará acción útil semejante a la institoria contra quien nombró procurador para recibir dinero en calidad de mutuo; lo mismo se dirá si el procurador que prometió dinero al estipulante fuera solvente.

§1. Si el dueño que puso a un

apud mensam pecuniis accipiendis habuit, post libertatem quoque datam idem per libertum negotium exercuit, varietate status non mutabitur periculi causa.

§2. Tabernae praepositus a patre filius mercium causa mutuam pecuniam accepit: pro eo pater fideiussit: etiam institoria ab eo petetur, cum acceptae pecuniae speciem fideiubendo negotio tabernae miscuerit.

§3. Servus pecuniis tantum faenerandis praepositus per intercessionem aes alienum suscipiens ut institorem dominum in solidum iure praetorio non adstringit: quod autem pro eo, qui pecuniam faeneravit, per delegationem alii promisit, a domino recte petetur, cui pecuniae creditae contra eum qui delegavit actio quaesita est.

20. *SCAEVOLA* libro quinto digestorum. Lucius Titius mensae nummulariae quae exercebat habuit libertum praepositum: is Gaio Seio cavit in haec verba: 'Octavius Terminalis rem agens Octavii Felicis Domitio Felici salute. Habes penes mensam patroni mei denarios mille, quos denarios vobis numerare debebo pridie kalendas Maias'. Quaesitum

esclavo como encargado de una mesa de cambio para recibir dinero, siguió explotando el negocio luego de haberle manumitido, pero ahora por medio del liberto, no se alterará la causa del riesgo al cambiar su condición jurídica.

§2. Un hijo puesto por el padre al frente de una tienda recibió dinero en calidad de mutuo para comprar mercancías, y el padre salió como su fiador. También se le demandará con la acción institoria por haber incorporado con la fianza el préstamo al negocio de la tienda.

§3. El esclavo encargado tan solo de prestar dinero al interés no obliga por el total al señor con la acción de derecho pretorio cuando si sale fiador de una deuda ajena como encargado de negocios; sin embargo, lo que prometió a un tercero por delegación de un deudor a quien prestó dinero al interés, será reclamado justamente del dueño, el cual adquirió la acción del dinero prestado contra quien delegó en el esclavo.

20. ESCÉVOLA *en el libro quinto del digesto.* Lucio Ticio puso a un liberto al frente de una mesa de cambio con la que negociaba. El liberto dio caución a Cayo Seyo en los siguientes términos: "Octavio Terminal, gestor de negocios de Octavio Félix, saluda a Domicio Félix. En la mesa de cambio de mi patrón tienes mil denarios, los

est, Lucio Titio defuncto sine herede bonis eius venditis an ex epistula iure conveniri Terminalis possit. Respondit nec iure his verbis obligatum nec aequitatem conveniendi eum superesse, cum id institoris officio ad fidem mensae protestandam scripsisset.

cuales deberé entregarte un día antes de las calendas de mayo (30 de abril)". Se preguntó: si fallece Lucio Ticio sin nombrar heredero y se venden sus bienes, ¿podrá demandarse a Terminal en virtud del documento? Se respondió que en esos términos no se obliga jurídicamente ni puede demandársele, porque aquello lo escribió para cumplir como encargado y dar cuenta del estado de la mesa de cambio.

TITULUS IV
DE TRIBUTORIA
ACTIONE

TÍTULO IV
DE LA ACCIÓN
TRIBUTORIA

1. ULPIANUS libro vicensimo nono ad edictum. Huius quoque edicti non minima utilitas est, ut dominus, qui alioquin in servi contractibus privilegium habet (quippe cum de peculio dumtaxat teneatur, cuius peculii aestimatio deducto quod domino debetur fit), tamen, si scierit servum peculiari merce negotiari, velut extraneus creditor ex hoc edicto in tributum vocatur.

1. ULPIANO *en el libro vigésimo noveno de los comentarios al edicto.* No es menor la utilidad de este edicto, pues el dueño, que de otro modo tiene una posición privilegiada en los contratos de un esclavo (porque al obligarse solamente por el peculio, se hace la estimación de éste tras deducir lo que el esclavo debe al dueño), puede ser llamado con este edicto a contribuir como un acreedor cualquiera si supo que el esclavo negocia con mercancía del peculio.

§1. Licet mercis appellation angustior sit, ut neque ad servos fullones vel sarcinatores vel textores vel venaliciarios pertineat, tamen Pedius libro quinto decimo scribit ad omnes

§1. Aunque la denominación de "mercancía" sea de tal modo estricta que no incluya a los esclavos bataneros, sastres, tejedores ni revendedores de esclavos, Pedio

negotiations porrigendum edictum.

escribe en el libro décimo quinto de los comentarios al edicto que éste debe ampliarse a todo tipo de negocio.

§2. Peculiarem autem mercem non sic uti peculium accipimus, quippe peculium deducto quod domino debetur accipitur, merx peculiaris etiamsi nihil sit in peculio, dominum tributoria obligat, ita demum si sciente eo negotiabitur.

§2. No consideramos a la mercancía parte del peculio, pues éste se entiende una vez deducido lo que se debe al dueño, y la mercancía del peculio, aunque nada haya en él, obliga al dueño con la acción tributoria, pero solo si el esclavo negocia sabiéndolo aquél.

§3. Scientiam hic eam accipimus, quae habet et voluntatem, sed ut ego puto, non voluntatem, sed patientiam: non enim velle debet dominus, sed non nolle. Si igitur scit et non protestatur et contra dicit, tenebitur actione tributoria.

§3. Por "sabiéndolo" entendemos el tener voluntad, aunque en mi opinión no tanto la voluntad, sino el tolerar, porque el dueño no tanto debe querer, sino no oponerse. Y así, si sabe que su esclavo negocia y no protesta ni contradice, se obligará con la acción tributoria.

§4. Potestatis verbum ad omnem sexum, item ad omnes, qui sunt alieno iuri subiecti, porrigendum erit.

§4. El vocablo "potestad" debe extenderse a cualquier sexo y a todos los sujetos a potestad ajena.

§5. Non solum ad servos pertinebit tributoria actio, verum ad eos quoque, qui nobis bona fide servient, sive liberi sive servi alieni sunt, vel in quibus usum fructum habemus,

§5. La acción tributoria incluye no solo los actos de los esclavos, sino también de quienes lo hacen de buena fe, ya sean libres, esclavos ajenos o de quienes obtenemos un usufructo,

2. PAULUS libro trigensimo ad edictum. … ut tamen merx, qua peculiariter negotietur, ad nos pertineat.

2. PAULO *en el libro trigésimo de los comentarios al edicto.* … siempre que la mercancía con la que se negocia a favor del peculio nos pertenezca.

3. ULPIANUS libro vicensimo nono ad edictum. Sed si servus communis sit et ambo sciant domini, in utrumlibet ex illis dabitur actio: at si alter scit,

3. ULPIANO *en el libro vigésimo noveno de los comentarios al edicto.* Si el esclavo es propiedad común y ambos dueños tienen conocimiento

alter ignoravit, in eum qui scit dabitur actio, deducetur tamen slidum quod ei qui ignoravit debetur. Quod si ipsum quis ignorantem convenerit, quoniam de peculio convenitur, deducetur etiam id quod scienti debetur et quidem in solidum: nam et si ipse de peculio conventus esset, solidum quod ei deberetur deduceretur, et ita Iulianus libro duodecimo digestorum scripsit.

del negocio que realizó, se otorgará la acción contra cualquiera de ellos. Pero si uno lo sabe y el otro no, se otorgará la acción contra el primero, deduciéndose del peculio todo lo que el esclavo debe a quien lo ignora. Y si alguien demandó a éste último, pues se le demanda por motivo del peculio, también se deducirá todo lo que se debe a quien lo sabe, porque también si éste último fuese demandado por razón del peculio se deducirá íntegramente lo que se le debe, y así opina Juliano en el libro duodécimo del Digesto.

§1. Si servus pupilli vel furiosi sciente tutore vel curator in merce peculiari negotietur, dolum quidem tutoris vel curatoris nocere pupillo vel furioso non debere puto, nec tamen lucrosum esse debere, et ideo hactenus eum ex dolo tutoris tributoria teneri, si quid ad eum pervenerit: idem et in furioso puto. Quamvis Pomponius libro octavo epistularum, si solvendo tutor sit, ex dolo eius pupillum teneri scripsit: et sane hactenus tenebitur, ut actionem, quam contra tutorem habeeat, praestet.

§1. Si el esclavo de un pupilo o de un demente negoció con mercancía del peculio sabiéndolo el tutor o el curador, opino que el dolo de uno o de otro no debe perjudicar al pupilo o al demente, aunque tampoco debe beneficiarle, por lo que el pupilo solo se obliga con la acción tribuitoria por el dolo del tutor si en algo se benefició. Lo mismo opino sobre el demente, aunque en el libro octavo de las epístolas Pomponio escribió que, si el tutor es solvente, el pupilo se obliga por el dolo del tutor, obligándose tan solo a ceder la acción que tenga contra el tutor.

§2. Sed et si ipsius pupilli dolo factum sit, si eius aetatis sit, ut doli capax sit, efficere ut teneatur, quamvis scientia eius non sufficiat ad negotiationem. Quid ergo est? scientia quidem tutoris et curatoris debet facere locum huic actioni: dolus autem quatenus noceat,

§2. Si el negocio se realizó con dolo del pupilo, y éste tuviese edad para imputársele el dolo, se obligará, aunque su conocimiento no baste para la negociación. Entonces, ¿qué solución procede? Respondí que el conocimiento del tutor y del

ostendi.

curador debe dar lugar a la acción tributoria, pero el dolo solo en lo que perjudique.

4. PAULUS libro trigensimo ad edictum. Si pupillus, cuius tutor scierit, pubes factus vel furiosus sanae mentis dolum admittant, tenentur ex hoc edicto.

4. PAULO *en el libro trigésimo de los comentarios al edicto.* Si actuó con dolo el pupilo que llegó a la pubertad o el demente que recobró el juicio, y el tutor supo de esa conducta, en virtud de este edicto se obligan.

5. ULPIANUS libro vicensimo nono ad edictum. Procuratoris autem scientiam et dolum nocere debere domino neque Pomponius dubitat nec nos dubitamus.

5. ULPIANO *en el libro vigésimo noveno de los comentarios al edicto.* Ni Pomponio ni nosotros dudamos de que el conocimiento y el dolo del procurador deben perjudicar al dueño del negocio.

§1. Si vicarius servi mei negotietur, si quidem me sciente, tributoria tenebor, si me ignorante, ordinario sciente, de peculio eius actionem dandam Pomponius libro sexagensimo scripsit, nec deducendum ex vicarii peculio, quod ordinario debetur, cum id quod mihi debetur deducatur. Sed si uterque scierimus, et tributoriam et de peculio actionem competere ait, tributoriam vicarii nomine, de peculio vero ordinarii: eligere tamen debere agentem, qua potius actione experiatur, sic tamen, ut utrumque tribuatur et quod mihi et quod servo debetur, cum, si servus ordinarius ignorasset, deduceretur integrum, quod ei a vicario debetur.

§1. Si un esclavo vicario sujeto a mi esclavo negocia con mi conocimiento, me obligaré por la acción tributoria; si lo ignoro pero lo sabe el esclavo principal, escribió Pomponio en el libro sexagésimo de sus comentarios al edicto que se otorgará acción sobre el peculio del principal, evitando deducir del peculio del vicario lo que se debe al esclavo principal, aunque se deduce lo que me debe. Pero si uno y otro lo supimos, dice Pomponio que competen la acción tributoria y la de peculio: la primera en nombre del vicario, la segunda en el del principal. Sin embargo, el actor debe elegir la acción con la que prefiere demandar, de modo que en la distribución se incluya lo que se me debe y lo que se debe al esclavo principal, dado que si el éste ignora la negociación, se deducirá íntegro lo que el vicario le debía.

§2. *Sed et si ancilla negotiabitur, admittendam tributoriam dicimus.*

§2. También diremos que se admite la acción tributoria si negocia una esclava.

§3. *Item parvi refert, cum ipso servo contrahatur an cum institore eius.*

§3. Tampoco importa si se contrata con el esclavo o con su encargado.

§4. *'Mercis nomine' merito adicitur, ne omnis negotiation com eo facta tributoriam inducat.*

§4. Con acierto se añade "en virtud de la mercancía", para que no toda negociación hecha con el esclavo dé lugar a la acción tributoria.

§5. *Per hanc actionem tribui iubetur, quod ex e amerce et quod eo nomine receptum est.*

§5. Con esta acción se ordena entregar a la masa del peculio lo que se recibió de aquella mercancía o por razón de ella.

§6. *In tributum autem vocantur, qui in potestate habent, cum creditoribus mercis.*

§6. Son llamados a contribución los dueños que tienen esclavos bajo su potestad y los acreedores del negocio.

§7. *Sed et quaesitum, dominus utrum ita demum partietur ex merce, si quid ei mercis nomine debeatur, an vero et si ex alia causa. Et Labeo ait, ex quacumque causa ei debeatur, parvique referret, ante mercem an postea ei debere quid servus coeperit: sufficere enim, quod privilegium deductionis perdidit.*

§7. Se preguntó: ¿el dueño participará en el reparto de la mercancía solo si se le debe algo en virtud de ésta o también por otra causa? Labeón dice que por cualquier causa que se le deba, sin importar que el esclavo le debiese algo antes o después de negociar, pues basta haber perdido el privilegio de la deducción.

§8. *Quid tamen si qui contraherbant ipsam mercem pignori acceperint? Puto debere dici, praeferendos domino iure pignoris.*

§8. ¿Y qué decir si quienes contrataron recibieron en prenda la misma mercancía? Opino que deben ser preferidos al dueño por razón de su derecho de prenda.

§9. *Sive autem domino sive his qui in potestate eius sunt debeatur, utique erit tribuendum.*

§9. Sin duda deberá contarse en el reparto lo que se debe al dueño y a quienes están bajo su potestad.

§10. *Sed si duo pluresve domini sint, utique omnibus tribuetur pro rata*

§10. Si son dos o más los dueños, se abonará a todos a prorrata de su

debiti sui.

§11. Non autem totum peculium venit in tributum, sed id dumtaxat, quod ex e amerce est, sive merces manent sive pretium carum receptum conversumve est in peculium.

§12. Sed et si adhuc debeatur mercis nomine a quibusdam, quibus solebat servus distrahere. Hoc quoque tribuetur, prout fuerit receptum.

§13. Si praeter mercem servus iste in tabernam habeat instrumentum, an hoc quoque tribuatur? Et Labeo ait et hoc tribui, et est aequissimum: plerumque enim hic apparatus ex merce est, immo semper. Cetera tamen, quae extra haec in peculium habuit, non tribuentur, ut puta argentum habuit vel aurum, nisi si haec ex merce comparavit.

§14. Item si mancipia in negotiation habuit ex merce parata, etiam haec tribuentur.

§15. Si plures habuit servus creditors, sed quosdam in mercibus certis, an omnes in isdem confundendi erunt et omnes in tributum vocandi? Ut puta duas negotiations exercebat, puta sagariam et linteariam, et separatos habuit creditores. Puto separatism eos in tributum vocari: unusquisque enim eorum merci magis quam ipsi credidit.

deuda.

§11. No todo el peculio entra para pagar las deudas, sino solamente lo que hay en él en virtud de la negociación, ya se haya recibido o invertido en el peculio el precio de ellas.

§12. Si por razón de la negociación algunos deben todavía algo a quienes el esclavo solía vender, también se entregará esto si se cobró.

§13. Si además de la mercancía el esclavo tuviese en la tienda algunos accesorios, ¿se contribuirá también con ellos? Labeón dice que sí, y es muy justo, porque muchas veces, e incluso siempre, estos aparejos se adquirieron con dinero de la mercancía. Pero no se contribuirá con las demás cosas que, aparte de éstas, tuvo en el peculio, por ejemplo, si el esclavo tuvo objetos de plata u oro, salvo que los haya comprado con la mercancía.

§14. Si en el negocio tuvo esclavos comprados con dinero proveniente de la mercancía, también se contribuirá con ello.

§15. Si un esclavo tuvo muchos acreedores, pero algunos lo fueron por determinadas mercancías, ¿se mezclarán todos sin distinguirlas y serán llamados todos al mismo reparto? Por ejemplo, si el esclavo tenía dos negocios, uno de sayos y otro de tejidos, y tuvo acreedores en cada uno de ellos. Opino que se les llama por separado al reparto,

§16. Sed si duas tabernas eiusdem negotiationis exercuit et ego fui tabernae verbi gratia quam ad Bucinum habuit ratiocinator, alius eius quam trans Tiberim, aequissimum puto separatism tributionem faciendam, ne ex alterius re merceve alii indemnes fiant, alii damnum sentiant.

§17. Plane si in eadem taberna merces deferebantur, licet hae quae exstent ex unius creditoris pecunia sint comparatae, dicendum erit omnes in tributum venire, nisi fuerint creditori pigneratae.

§18. Sed si dedi mercem meam vendendam et exstat, videamus, ne iniquum sit in tributum me vocari. Et si quidem in creditum ei abiit, tributio locum habebit: enimvero si non abiit, quia res venditae non alias desinunt esse meae, quamvis vendidero, nisi aere solute vel fideiussore dato vel alias satisfacto, dicendum erit vindicare me posse.

§19. Tributio autem fit pro rata eius quod cuique debeatur, et ideo, si unus creditor veniat desiderans tribui, integram portionem consequitur, sed quoniam fieri potest, ut alius quoque vel alii existere possint mercis peculiaris creditoris, cavere debet creditor iste pro rata se refusurum, si forte alii emerserint creditores.

porque a cada uno debe considerársele acreedor de la mercancía, no del mismo esclavo.

§16. Pero si tuvo dos tiendas del mismo giro comercial y yo fui contador, por ejemplo, de la que tuvo en Bucino, y otro lo fue de la del otro lado del Tíber, considero muy justo que se computen por separado los distintos créditos, para que unos acreedores no se cobren con las cosas o mercancías de otros, y éstos se vean perjudicados.

§17. Pero si las mercancías eran vendidas en una misma tienda, aunque las que no se venden fueron compradas de un solo acreedor, se dirá que todas entran en el reparto si no se dieron en prenda al acreedor.

§18. Si yo di mi mercancía para que se vendiese y aún no se vende, analicemos si será justo llamarme al reparto. Si dejé el precio a crédito, procederá aquél, pero si no fue así, se dirá que puedo reivindicarlas, ya que las cosas vendidas siguen siendo mías aunque no las venda, si no he pagado el precio, otorgado fiador o satisfecho de otra manera.

§19. El reparto se hace considerando la propirción de lo que se debe a cada acreedor. Por ello, si se presenta uno solo exigiendo el pago inmediato, lo conseguirá. Pero como sucede que puede haber otro u otros acreedores más de la mercancía del peculio, este acreedor debe otorgar caución de que les reembolsará en proporción a sus créditos si apareciesen otros acreedores.

6. *PAULUS libro trigensimo ad edictum. Non enim haec actio sic ut de peculio occupantis meliorem causam facit, sed aequalem condicionem quandoque agentium.*

6. PAULO *en el libro trigésimo de los comentarios al edicto.* Esta acción no mejora la condición del ocupante, como sucede en la de peculio, sino que iguala a todos los que algún día podrían ser demandantes.

7. *ULPIANUS libro vicensimo nono ad edictum. Illud quoque cavere debet, si quid aliud domini debitum emerserit, refusurum se ei pro rata. Finge enim condicionale debitum imminere vel in occulto esse: hoc quoque admittendum est: nam iniuriam dominus pati non debet, licet in tributum vocatur.*

7. ULPIANO *en el libro vigésimo noveno de los comentarios al edicto.* El acreedor único también debe otorgar caución de que reembolsará según la proporción si surgiese otra deuda del dueño. Porque supongamos que ganará una deuda condicional o que la deuda está oculta: está también debe admitirse, pues el dueño no debe sufrir perjuicio aunque sea llamado al reparto como un acreedor más.

§1. *Quid tamen si dominus tribuere nolit nec hanc molestiam suscipere, sed peculio vel mercibus cedere paratus sit? Pedius refert audiendum eum, quae sententia habet aequitatem: et plerumque arbitrum in hanc rem praetor debebit dare, cuius interventu tribuantur merces peculiares.*

§1. ¿Y si el dueño no quiere ir al reparto ni tomarse tal molestia, pero está dispuesto a ceder el peculio o las mercancías? Pedio dice que deberá ser atendido, opinión que es justa. Comúnmente el pretor deberá nombrar para estos casos un árbitro, con cuya intervención se reparten las mercancías del peculio.

§2. *Si cuius dolo malo factum est, quo minus ita tribueretur, in eum tributoria datur, ut quanto minus tributum sit quam debuerit, praestet: quae actio dolum malum coercet domini. Minus autem tribuere videtur etiam si nihil tributum sit. Si tamen*

§2. Se otorga la acción tributoria cuando el dolo de alguien impide el reparto, para que entregue lo que dejó de repartir, corrigiendo así el dolo del dueño. Se entiende que se reparte menos cuando no se reparte nada. Pero si el dueño repartió

ignorans in merce servum habere minus tribuit, non videtur dolo minus tribuisse, sed re comperta si non tribuat, dolo nunc non caret. Proinde si sibi ex e amerce solvi fecit, utique dolo videtur minus tribuisse.

menos de lo debido ignorando que un esclavo tiene mercancías, no se entiende que dejó de repartir dolosamenete, aunque si lo sabía y no contribuyó, no queda exento del dolo. Por tanto, si logró que se le pagase por la mercancía del esclavo, se entiende que dejó de repartir dolosamente.

§3. Sed et si mercem perire passus est au team avertit aut vilioris data opera distraxit vel si ab emptoribus pretium non exegerit, dicendum erit teneri eum tributoria, si dolus intervenit.

§3. Si consintió que se perdiese la mercancía, o si la ocultó, la vendió intencionadamente por un precio inferior, o si no cobró de los compradores, también se dirá que el deuño se obliga por la acción tributoria si actuó con dolo.

§4. Sed et si negaverit dominus cuiquam deberi, videndum erit, an tributoriae locus sit: et est verior Labeonis sentential tributoriam locum habere: alioquin expediet domino negare.

§4. Aunque el dueño negase que le debía a alguien, deberá analizarse si procede la acción tributoria. Y es más acertada la opinión de Labeón, de que sí procede, pues, de lo contrario, al dueño le convendría negarlo.

§5. Haec actio et perpetuo et in heredem datur de eo dumtaxat quod ad eum pervenit,

§5. Esta acción se otorga de forma perpetua y contra el heredero, pero solo por lo que llegó a poder de éste,

8. IULIANUS libro undecim digstorum. ... quia non de dolo est, sed rei persecutionem continent: quare etiam mortuo servo dominus, item heres eius perpetuo teneri debebit propter factum defuncti: quamvis non aliter auam dolo interveniente competat.

8. JULIANO *en el libro décimo primero del digesto.* ... porque no es una acción por el dolo, sino de una reipersecutoria. Por tanto, aunque el esclavo haya muerto el dueño y su heredero deberán obligarse perpetuamente por el fallecimiento del esclavo, aunque la acción no competa slvo mediando dolo.

9. *ULPIANUS libro vicensimo nono ad edictum. Quod in herede dicimus, idem erit et in ceteris successoribus.*

§1. Eligere quis debet, qua actione experiatur, utrum de peculio an tributoria, cum scit sibi regressum ad aliam non futurum. Plane si quis velit ex alia causa tributoria agere, ex alia causa de peculio, audiendus erit.

§2. Si servo testament manumisso peculium legatum sit, non debere heredem tributoria teneri, quasi neque ad eum pervenerit neque dolo fecerit, Labeo ait. Sed Pomponius libro sexagensimo scripsit heredem nisi curaverit caveri sibi a servo vel deduxit a peculio quod tribuendum erat, teneri tributoria, quae sententia non est sine ratione: ipse enim auctor doli est, qui id egit, ne intribueret: totiens enim in heredem damus de eo quod ad eum pervenit, quotiens ex dolo defuncti convenitur, non quotiens ex suo.

10. *PAULUS libro trigensimo ad edictum. De peculio actione etiam cum emptore servi agi potest, tributoria non potest.*

9. ULPIANO *en el libro vigésimo noveno de los comentarios al edicto.* Lo dicho respecto al heredero también aplica a los demás sucesores.
§1. El acreedor debe elegir la acción que prefiera: la de peculio o la tributoria, sabiendo que no podrá ejercerlas al mismo tiempo. Pero si alguien quiso ejercer la tributoria por una causa y la de peculio por otra, deberá ser oído.
§2. Si al esclavo manumitido por testamento se le legó un peculio, dice Labeón que el heredero no quedará obligado por la acción tributoria, ya que no llegó a su poder nada del peculio ni obró con dolo. Pero Pomponio escribió en el libro sexagésimo de los comentarios al edicto que si el heredero no vio para que el esclavo le otorgase caución o dedujo del peculio aquello que debía repartirse, se obliga por la acción tributoria. Opinión que es razonable, porque quien actuó para no repartir lo hizo con dolo. Se otorga acción contra el heredero por lo que llegó a su poder, siempre que sea demandado por el dolo del difunto, no por el dolo propio.

10. PAULO *en el libro trigésimo de los comentarios al edicto.* Puede ejercerse la acción de peculio incluso contra el comprador del esclavo, pero no puede ejercerse la tributoria.

11. *GAIUS libro nono ad edictum provinciale. Aliquando etiam agentibus expedit potius de peculio agere quam tributoria: nam in hac actione de qua loquimur hoc solum in divisionem venit, quod in mercibus est quibus negotiator quodque eo nomine receptum est: at in actione de peculio totius peculii quantitas spectator, in quo et merces continentur. Et fieri potest, ut dimidia forte parte peculii aut tertia vel etiam minore negotietur: fieri praeterea potest, ut patri dominove nihil debeat.*

11. GAYO *en el libro noveno de los comentarios al edicto provincial.* En ocasiones conviene más a los actores ejercer la acción de peculio que la tributoria, porque con ésta se incluye en el reparto las las mercancías restantes con las que se negocia, y lo que se percibió en virtud de ellas. Pero en la acción de peculio se considera la cuantía de todo éste, incluyendo las mercancías, y puede suceder que se negocio con la mitad del peculio, con la tercera parte o incluso con otra menor, pudiendo también pasar que el deudor no deba nada al padre o al dueño.

12. *IULIANUS libro duodecimo digestorum. Alius dumtaxat de peculio, alius tributoria servi nomine cum domino agit: quaesitum est, an deducere dominus de peculio debeat, quod tributoria agenti praestaturus sit. Respondit: tributoria actione tunc demum agi potest, cum dominus in distrbuendo pretio mercis edito praetoris non satisfecit, id est cum maiorem partem debiti sui deduxit quam creditoribus tribuit, veluti si, cum in merce triginta fuissent, in quam ipse quidem quindecim crediderat, duo autem extranei triginta, tota quindecim deduxerit, et creditoribus reliqua quindecim dederit, cum deberet sola decem deducere, extraneis dena tribuere. cum igitur hoc fecit, nec intellegendus est servum a se liberasse eo, quod quinque adhuc*

12. JULIANO *en el libro décimo segundo del digesto.* Un acreedor demanda al dueño por la deuda del esclavo solo con la acción de peculio y otro con la tributoria. Se pregunta: ¿deberá el dueño deducir del peculio lo que deberá darse a quien ejerce la acción tributoria? Se respondió que solo puede ejercerse ésta si el señor no cumplió con el edicto pretorio al repartir el valor de las mercancías, es decir, cuando dedujo de su deuda una parte mayor a la que repartió a los acreedores restantes, por ejemplo, si el valor de las mercancías era de treinta mil sestercios y en realidad aportó quince mil para la negociación, y otros dos acreedores extraños treinta mil, luego dedujo íntegros los quince mil y dio a los acreedores

nomine eius tributoria actione praestaturus sit: quare si agi de peculio coeperit, cum forte extra mercem peculium esset, quinque tamquam adhuc creditor servi deducere debebit.

restantes los otros quince, debiendo deducir solo diez y dar los otros diez a cada acreedor extraño. Así, no se entiende que cuando hizo esto liberó al esclavo de lo que le debía, porque todavía debía reintegrar cinco mil que había cobrado de más se se le demandaba con la acción tributoria. Por tanto, si comenzó a ejercerse en su contra la acción de peculio cuando existiese algún peculio además de la mercancía, aún así deberá deducir como acreedor del esclavo los cinco mil que había reintegrado.

TITULUS V
QUOD CUM EO, QUI IN ALIENA POTESTATE EST, NEGOTIUM GESTUM ESSE DICETUR

TÍTULO V
DEL NEGOCIO QUE SE DIJESE HECHO CON QUIEN ESTÁ SOMETIDO A POTESTAD AJENA

1. GAIUS libro nono ad edictum provinciale. Omnia proconsul agit,ut qui contraxit cum eo, qui in aliena potestate sit, etiamsi deficient superiores actiones, id est exercitoria institoria tributoriave, nihilo minus tamen in quantum ex bono et aequo, res patitur suum consequatur. Sive enim iussu eius, cuius in potestate sit, negotium gestum fuerit, in solidum eo nomine indicium pollicetur: sive non iussu, sed tamen in rem eius versum fuerit, eatenus introducit actionem, quatenus in rem eius versum fuerit:

1. GAYO *en el libro noveno de los comentarios al edicto provincial.* El procónsul hace todo lo necesario para que quien contrató con alguien sometido a potestad ajena consiga lo suyo según lo que el negocio permita buena y justamente, aunque le falten las acciones anteriormente estudiadas, es decir, la ejercitoria, la institoria o la tributoria. Si el negocio se gestionó con autorización de aquel bajo cuya potestad se halla el gestor, el procónsul anuncia con base en ello

sive neutrum eorum sit, de peculio actionem constituit.

acción por el total; si no fue así, pero obtuvo un beneficio, introduce la acción solo por la utilidad que ingresó a su patrimonio; y si no sucede nada de esto, concede la acción de peculio.

2. *ULPIANUS libro vicensimo nono ad edictum. Ait praetor: 'In eum, qui emancipates aut exheredatus testate cum moritur fuerit, eius rei nomine, quae cum eo contracta erit, cumis in potestate esset, sive sua voluntate sive iussu eius in cuius potestate erit contraxerit, sive in peculium ipsius sive in patrimonium eius cuius in poestate fuerit ea res redacta fuerit, actionem causa cognita dabo in quod facere potest'.*

2. ULPIANO *en el libro vigésimo noveno de los comentarios al edicto.* Dice el pretor: 'Concederé acción por cognición de causa contra quien fue emancipado o desheredado, o que rechazó la herencia del padre o del cueño bajo cuya potestad se hallaba al morir el testador, por razón de lo que con aquél se contrató cuando estuvo bajo potestad, ya sea que contratase con su voluntad o con autorización, ya si la cosa ingresó al peculio del mismo o al patrimonio de éste del padre o del dueño'.

§1. Sed et si citra emancipationem sui iusi factus sit vel in adoptionem datus, deinde pater naturalis decesserit, item si quis ex minima parte sit institutus, aequissimum est causa cognita etiam in hunc dari actionem in id quod facere potest.

§1. Si por acto diverso a la emancipación el simetido quedó liberado o fue dado en adopción, y luego fallece su padre natural, y si alguien fue nombrado heredero en una parte mínima, es muy justo que con conocimiento de causa se otorgue acción contra éstos por cuanto puedan pagar.

3. *IDEM libro tertio disputationum. Sed an hic detrahi debeat quod aliis debetur, tractari potest. Et si quidem sint creditors, qui, cum esset alienae potestatis, cum eo contraxerunt, recte dicetur occupantis meliorem esse condicionem, nisi si quis privilegiarius veniat: huius enim non sine ratione*

3. EL MISMO *en el libro tercero de las disputas.* Pero puede preguntarse si en este supuesto hay que deducir lo que se debe a otros acreedores. Si hubo acreedores que contrataron con él cuando estuvo bajo potestad ajena, se dirá justamente que es mejor la condición del ocupante,

prioris ratio habebitur. Quod si qui sint, sui posteaquam sui iuris factus est, cum eo contraxerunt, puto horum rationem habendam

salvo que se presente algún acreedor privilegiado, porque con razón se tendrá en cuenta primero a éste. Pero si hubo otros acreedores que contrataron con él luego de ser liberado de la potestad, opino que deben considerarse a aquéllos.

4. IDEM libro vicensimo nono ad edictum. Sed si ex parte non modica sit heres scriptus filius in arbitrio est creditoris, utrum pro portione hereditaria an in solidum cum conveniat. Sed et hic iudex aestimare debeat, ne forte in id quod facere potest debeat conveniri.

4. EL MISMO *en el libro vigésimo noveno de los comentarios al edicto.* Si el hijo fue instituido heredero de una parte considerable de la herencia, queda al arbitrio del acreedor demandarle según la porción hereditaria o por el total. También aquí debe sopesar el juez si deberá reclamársele por cuanto pueda pagar.

§1. Interdum autem et si exheredatus fiulius vel emancipates sit, in solidum actio adversus eum dabitur, ut puta si patrem familias se mentitus est, cum contraheretur cum eo: nam libro secundo digestorum Marcellus scripsit, etiamsi facere non possit, conveniendum propter mendacium.

§1. En ocasiones se dará contra el hijo desheredado o emancipado la acción por el total; por ejemplo, si se fingió jurídicamente autónomo cuando se contrató con él, porque Marcelo escribió en el libro segundo del Digesto que, aunque no pueda pagar, se le demandará por haber mentido.

§2. Quamquam autem ex contractu in id quod faecere potest actio in eum datur, tamen ex delictis in solidum convenietur.

§2. Aunque se otorgue contra el sometido a potestad acción por cuanto pueda pagar en razón del contrato, será demandado por el total en caso de un delito.

§3. Soli autem filio succurritur, non etiam heredi eius; nam et Papinianus libro nono quaestionum scribit in heredem filii in solidum dandan actionem.

§3. Pero con esta reducción se favorece solo al hijo, no a su heredero, porque también escribió Papiniano en el libro noveno de las cuestiones que contra el segundo se otorga acción por el total.

§4. Sed an etiam temporis haberi

§4. ¿Deberá tenerse en cuenta

debeat ratio, ut, si quidem ex continenti cum filio agatur, detur actio in id quod facere potest, sin vero post multos annos, non debeat indulgeri? Et mihi videtur rationem habendam esse: in hoc enim causae cognition vertitur.

§5. Is qui de peculio egit, cum posset quod iussu, in ea causa est, ne possit quod iussu postea agere, et ita Proculus existimat: sed si deceptus de peculio egit, putat Celsum succurrendum ei: quae sentential habet rationem.

5. PAULUS libro trigensimo ad edictum. Si filius familias vivo patre conventus et condemnatus sit, in emancipatum vel exheredatum postea iudicati actio in id quod facere potest danda est.

§1. Si filio exheredato ex senatus consulto Trebelliano hereditas patris restitute sit, non debebit in quantum facere potest, sed in solidum condemnari, quia effectu quodammodo heres est.

§2. Sed si coactus immiscuerit se, ut restituat hereditatem, perinde observandum, ac si se abstinuessit.

también el tiempo transcurrido para que, si se demanda al hijo luego de haberse hecho el negocio, se otorguecontra él la acción por cuanto pueda pagar, y no se tenga esta consideración si se demanda pasados muchos años? Opino que sí, porque el conocimiento de la causa se refiere a ello.

§5. Quien ejerció la acción de peculio pudiendo ejercer la de "lo que se autorizó", después no podrá ejercer la segunda, y así opina Próculo. Pero Celso opina que si se ejerció la de peculio por error debe auxiliársele, opinión que es fundada.

5. PAULO *en el libro trigésimo de los comentarios al edicto.* Si un hijo de familia fue demandado y condenado en vida del padre, se otorgará contra el emancipado o el desheredado la acción de lo juzgado por lo que pueda pagar.

§1. Si a un hijo desheredado se le dio en fideicomiso la herencia del padre en virtud del senadoconsulto Trebeliano, no se le condenará por cuanto pueda pagar, sino por el total, porque en cierto modo es heredero por el resultado.

§2. Pero si un hijo aceptó forzadamente en la herencia debido al senadoconsulto Pegasiano para cumplir un fideicomiso en favor de otro, deberá considerarse que se abstuvo de aquélla.

6. *ULPIANUS libro secundo disputationum.* Eum, qui se patrem familias simulavit et mandante aliquot stipulates est, mandate teneri Marcellus scripsit, quamvis rem praestare non possit: et sane verum est teneri cum debere, quia dolo fecit. Hoc et omnibus bonae fidei iudiciis dicendum erit.

6. ULPIANO *en el libro segundo de las disputas.* Marcelo escribió que quien simuló ser jurídicamente autónomo y estipuló por mandato de otro, se obliga por la acción de mandato aunque no pueda cumplir éste, siendo verdad que debe obligarse, pues obró con dolo. Lo mismo será respecto de todos los juicios de buena fe.

7. *SCAEVOLA libro primo responsorum.* Pater filio permisit mutuam pecuniam accipere et per epistulam creditori mandavit, ut ei crederet: filius ex minima parte patri heres exstitit respondi esse in potestate creditoris, utrum filium, cui credidisset, in solidum, an heredes, pro qua parte quisque successisset, mallet convenire: sed filius condemnatur in quantum facere potest.

7. ESCÉVOLA *en el libro primero de las respuestas.* Un padre autorizó a su hijo que recibiese dinero en calidad de mutuo y mandó por carta que el acreedor se lo prestase; luego, el hijo fue instituido heredero del padre en una mínima parte. Respondí que quedaba al arbitrio del acreedor demandar por el todo al hijo al que prestó, o a los herederos según su parte respectiva. En cuanto al hijo, será condenado por cuanto pueda pagar.

8. *PAULUS libro primo decretorum.* Titianus Primus praeposuerat servum mutuis pecuniis dandis et pignoribus accipiendis: is servus etiam negotiatoribus hordei solebat pro emptore suscipere debitum et solvere. Cum fugisset servus et is, cui delegatus fuerat dare pretium hordei, conveniret dominum nomine institoris, negabat eo nomine se convener posse, quia non in eam rem praepositus fuisset. Cum autem et alia quaedam gessisse et horrea conduxisse et multis solvisse idem servus probaretur, praefectus

8. PAULO *en el libro primero de los decretos.* Ticiano Primo encargó a un esclavo dar dinero en mutuo y recibir prendas en garantía; el segundo solía asumir las deudas de negociantes de cebada y pagar a los vendedores. Tras huir el esclavo, quien debía cobrar el precio de la cebada en razón de la delegación, demandó al dueño por causa de su encargado, pero el dueño alegaba que no podía ser demandado porque no lo había destinado para tal negocio. Al probarse que ese

annonae contra dominum dederat sententiam. Dicebamus quasi fideiussorem esse videri, cum pro alio solveret debitum, non pro aliis suscipit debitum: non solera autem ex ea causa in dominum dari actionem nec videtur hoc dominum mandasse. Sed quia videbatur in omnibus eum suo nomine substituisse, sententiam conservavit imperator.

esclavo había gestionado otros negocios, arrendado graneros y pagado a muchos acreedores, el prefecto de provisiones sentenció al dueño. Decimos que podía considerársele fiador al pagar una deuda por otro, pues asume una deuda ajena, aunque por esta causa no suele otorgarse acción contra el dueño. Tampoco se entiende que éste mandó tal cosa al esclavo, pero como parecía que en todos los negocios el esclavo había representdo al dueño, el emperador confirmó la sentencia.

TITULUS VI DE SENATUS CONSULTO MACEDONIANO

TÍTULO VI SOBRE EL SENADOCONSULTO MACEDONIANO

1. ULPIANUS libro vicensimo nono ad edictum. Verba senatus consulti Macedoniani haec sunt: 'Cum inter ceteras sceleris causas Macedo, quas illi natura administabat, etiam aes alienum adhibuisset, et saepe materiam peccandi malis moribus praestaret, qui pecuniam, ne quid amplius diceretur incertis nominibus crederet: placere, ne cui, qui filio familias mutuam pecuniam dedisset, etiam post mortem parentis eius, cuius in potestate fuisset, actio petitioque daretur, ut scirent, qui pessimo exemplo faenerarent, nullius posse filii familias bonum nomen exspectata

1. ULPIANO *en el libro vigésimo noveno de los comentarios al edicto.* Las palabras del senadoconsulto Macedoniano son las siguientes: 'Entre las varias causas de delito a las que su forma de ser le impulsaba, Macedo tenía también la de contraer deudas, dando muchas veces a las malas costumbres motivos para delinquir al pedir créditos a personas de dudosa solvencia, por no hablar de otras cosas. En virtud de ello, se decidió no conceder acción ni petición a quien diese dinero a un hijo de familia, ni siquiera tras la muerte del

patris norte fieri'.

padre bajo cuya potestad se hallase, para que quienes con tan mal ejemplo prestan dinero al interés, sepan que no puede hacerse válido el crédito contra ningún hijo de familia tras la anhelada muerte del padre'.

§1. Si pendeat, an sit in potestate filius, ut puta quoniam patrem apud hostes habet, in pendent est, an in senatus consultum sit commissum: nam si recciderit in potestatem, senatus consulto locus est, si minus, cessat: interim igitur deneganda est actio.

§1. Si debe comprobarse la situación del hijo que está bajo potestad, por ejemplo, porque su padre es prisionero de los enemigos, entonces está pendiente la aplicación del senadoconsulto, porque si vuelve a la potestad por derecho de postliminio, el senadoconsulto procede, y si no, no se aplica. Por ende, entre tanto debe negarse la acción.

§2. Certe si adrogatas mutuam pecuniam acceperit, deinde sit restitutus, ut emanciparetur, senatus consultus locum habebit: fuit enim filius familias.

§2. Si el arrogado recibió dinero en calidad de mutuo y luego lo devolvió de nuevo a su padre para ser emancipado, procederá el senadoconsulto, ya que en ese entonces era hijo de familia.

§3. In filio familias nihil dignitas facit, quo minus senatus consultum Macedonianum locum habeat: nam etiamsi consul sit vel cuiusvis dignitatis, senatus consulto locus est: nisi forte castrense peculium habeat: tunc enim senatus consultum cessabit...

§3. Sea cual sea la dignidad que ostente del hijo de familia, no es motivo para que no se aplique el senadoconsulto Macedoniano, porque aunque sea cónsul o posea cualquier otra dignidad, aquél procede, salvo que posea un peculio castrense, porque entonces no se aplicará el senadoconsulto...

2. IDEM libro sexagensimo quarto ad edictum. ... usque ad quantitatem castrensis peculii, cum filii familias in castrensi peculio vice patrum familiarum fungantur.

2. EL MISMO *en el libro sexagésimo cuarto de los comentarios al edicto.* ... hasta la cuantía del peculio castrense, ya qe los hijos de familia fungen como cabezas de familia

respecto de este peculio.

3. IDEM *libro vicensimo nono ad edictum. Si quis patrem familias esse credidit non vana simplicitate deceptus nec iuris ignorantia, sed quia publice pater familias plerisque videbatur, sic agebat, sic contrahebat, sic muneribus fungebatur, cessabit senatus consultum.*

§1. Unde Iulianius libro duodecimo in eo, qui vectigalia conducta habebat, scribit (et est saepe constitutum) cessare senatus consultum.

§2. Proinde et in eo, qui scire non potuit, an filius familias sit, Iulianus libro duodecimo cessare senatus consultum ait, ut puta in pupillo vel minore viginti quinque annis. Sed in minore causa cognita et a praetore succurrendum: in pupillo autem etiam alia ratione debuit dicere cessare senatus consultum, quod mutua pecunia non fit, quam sine tutoris auctoritate pupillus dat: quemadmodum ipse dicit Iulianus libro duodécimo, si filius familias crediderit, cessare senatus consultum, quod mutua pecunia non fit, quamvis liberam peculii administrationem habuit: non enim perderé ei peculium pater concedit, cum peculii administrationem permittit: et ideo vindicationem nummorum patri

3. EL MISMO *en el libro vigésimo noveno de los comentarios al edicto.* Si alguien creyó que el hijo era cabeza de familia, engañado no por su vana simpleza ni por ignorancia de la ley, sino porque en público todos lo consideraban cabeza de familia, y actuando como tal así contrataba y cumplía con sus encargos, deja de aplicarse el senadoconsulto.

§1. Por ello, Juliano escribe en el libro décimo segundo de su digesto que, respecto de los concesionarios para recaudar tributos, muchas veces se ha decidido por respuesta imperial que deje de aplicarse el senadoconsulto.

§2. Por lo tanto, en dicho libro Juliano dice que también deja de aplicarse el senadoconsulto si quien prestaba el dinero no podía saber si se lo daba a un hijo de familia, por ejemplo, a un pupilo o a un menor de veinticinco años. Sin embargo, a éste último el pretor le brinda auxilio previo conocimiento de causa, pero sobre el primero hay otra razón para dejar de aplicar el senadoconsulto: no se considera como mutuado el dinero que entrega el pupilo sin la autorización de su tutor; como dice Juliano en el mismo libro, si un hijo de familia prestó dinero, no procede el senadoconsulto, porque no se considera dado el dinero en calidad de mutuo, aunque el hijo tuviese la

superesse ait.

libre administración del peculio, pues el padre no le permite disminuir el peculio al autorizarle su administración; por ello, dice que el padre puede reivindicar el dinero.

§3. Is autem solus senatus consultum offendit, qui mutuam pecuniam filio familias dedit, non qui alias contraxit, puta vendidit locavit vel alio modo contraxit: nam pecuniae datio perniciosa parentibus eorum visa est. et ideo etsi in creditum abii filio familias vel ex causa emptionis vel ex alio contractu, in quo pecuniam non numeravi, etsi stipulates sim: licet coeperit esse mutual pecunia, tamen quia pecuniae numeration non concurrit, cessat senatus consultum. Quod ita demum erit dicendum, si non fraus senatus consulto sit cogitata, ut qui credere non potuit magis ei venderet, ut ille rei pretium haberet in mutui vicem.

§3. Actúa contra el senadoconsulto solamente quien dio dinero en calidad de mutuo a un hijo de familia, no quien contrató de otra forma, por ejemplo, al vender, arrendar o contratar de alguna manera, toda vez que la entrega de dinero al no pareció resultar peligrosa para sus padres; así, aunque se haya dado un crédito al hijo de familia en virtud de una compra o por otro contrato en el que no entregué ningún dinero, y si yo estipulé de él, aunque el dinero quedase en calidad de mutuo, no se aplicará el senadoconsulto al no mediar la entrega del dinero. Esto solo se dirá si no se intentó defraudar esta disposición al vender a quien no podía prestarse, para que así se tuviese en calidad de mutuo el precio de la cosa.

§4. Si a filio familias stipulates sim et patri familias facto crediderim, sive capite deminutus sit sive morte patris vel alias sui iuris sine capitis deminutione fuerit effectus, debet dici cessare senatus consultum, quia mutual iam patri familias data est:

§4. Si yo estipulé de un hijo y le presté dinero ya siendo cabeza de familia, bien porque disminuyó su calidad jurídica, bien sin ella, porque se volvió independiente jurídicamente tras la muerte del padre, se dirá que no procede el senadoconsulto, porque el mutuo se entregó a quien ya era cabeza de familia,

4. *SCAEVOLA libro secundo quaestionum. ... quia quod vulgo dicitur filio familias credi non licere, non ad verba referendum est, sed ad numerationem.*

4. ESCÉVOLA *en el libro segundo de las cuestiones.* ... porque lo que se dice corrientemente, que es ilícito prestar dinero a un hijo de familia, no debe referirse a la promesa de devolver, sino a la entrega efectiva del dinero.

5. *PAULUS libro tertio quaestionum. Ergo hic et in solidum damnabitur, non in id quod facere potest.*

5. PAULO *en el libro tercero de las cuestiones.* Por lo tanto, en este caso de prestarle dinero cuando ya era independiente, se le condenará por el total, no por lo que pueda pagar, como era el caso del edicto anterior.

6. *SCAEVOLA libro secundo quaestionum. Contra etiam recte dicitur, si a patre familias stipulatus sis, credas postea filio familias facto, senatus potestatem exercendam, quia expleta est numeratione substantia obligationis.*

6. ESCÉVOLA *en el libro segundo de las cuestiones.* En cambio, se dice con razón que procede el senadoconsulto si estipulaste de un cabeza de familia y luego le prestaste tras volverse hijo de familia, porque en la entrega del dinero está la esencia de la obligación.

7. *ULPIANUS libro vicensimo nono ad edictum. Item si filius familias fideiusserit, Neratius libro primo et secundo responsorum cessare senatus consultum ait. Idem Celsus libro quarto, sed Iulianus adicit, si color quaesitus sit, ut filius familias, qui mutuam accepturus erat, fideiuberet alio reo dato, fraudem senatus consulto factam quam reo, quoniam et fideiussori filii subvenitur.*

7. ULPIANO *en el libro vigésimo noveno de los comentarios al edicto.* Dice Neracio en los libros primero y segundo de las respuestas que si un hijo de familia salió fidador no procede el senadoconsulto. Lo mismo dice Celso en el libro cuarto (en realidad sexto) de su digesto. Sin embargo, Juliano añade que si alguien buscó un subterfugio para que el hijo de familia saliese como fiador de otro deudor y así poder recibir el mutuo, le perjudica el fraude hecho contra el

§1. Idem ait, si duos reos accepero filium familias et Titium, cum ad filium familias esset perventura pecunia, ideo autem reum Titium acceperim, ne quasi fideiussor auxilio senatus consulti uteretur, utilem esse exceptionem adversus fraudem dandam.

§2. Sed et si filius familias patre suo relegato vel longo tempore absente dotem pro filia promiserit et rem patris pignori dederit, senatus consultum cessabit. Patris tamen res non tenebitur: plane si patri heres exstiterit filius et pignus persequatur, exceptione doli summovebitur.

§3. Mutui dationem non solum numeratae pecuniae, verum omnium, quae mutual dari possunt, an accipere debeamus, videndum. Sed verba videntur mihi ad numeratam pecuniam referri: ait enim senatus mutuam pecuniam dedisset. Sed si fraus sit senatus consulto adhibita, puta frumento vel vino vel oleo mutuo dato, ut his distractis fructibus uteretur pecunia, subveniendum est filio familias.

§4. Si filius in alterius era potestate,

senadoconsulto, por lo que se concederá la excepción al hijo de familia y al otro deudor, porque también se favorece al fiador del hijo.

§1. También dice Juliano que si yo acepté por deudores a un hijo de familia y a Ticio para que el dinero terminase con el hijo de familia, pero para ello yo debí aceptar a Ticio como deudor para que no usase como fiador el beneficio del senadoconsulto, se concederá la excepción útil contra el fraude.

§2. Si un padre de familia desterrado o ausente durante largo tiempo prometió dote por su hija, y el hijo de familia dio en prenda una cosa de su padre, no procederá el senadoconsulto, no quedando la cosa del padre en prenda. Pero si el hijo fue instituido heredero del padre y reclama la prenda, será rechazado con la excepción de dolo.

§3. Analicemos si debemos entender por daión en calidad de mutuo no solo la entreaga del dinero, sino de todas las cosas que puedan darse en mutuo. En mi opinión, las palabras se refieren al dinero, porque el senadoconsulto dice: "quien diese dinero"; pero si se cometió fraude contra el senadoconsulto, por ejemplo, dando trigo, vino o aceite en mutuo para que, tras ser vendidos, utilizase el hijo el dinero, deberá auxiliarse al hijo de familia con la excepción.

§4. Si un hijo se hallaba bajo la

cum mutual daretur, nunc in alterius, mens senatus consulti non cessat: dabitur itaque exception.

potestad de alguien cuando se le dio dinero en calidad de mutuo, y ahora está bajo la potestad de otro, sigue aplicándose la intención del senadoconsulto, por lo que se otorgará la excepción.

§5. Sed et si patri eius non moris, sed alia causa inciderit quo minus sit in civitate, dicendum senatus consulto locum esse.

§5. Aunque el padre no hubiese fallecido, pero le hubiese acaecido algún otro suceso para ausentarse de la ciudad, debe decirse que procede el senadoconsulto.

§6. Non solum ei, qui mutuam dedisset, sed et succesoribus eius deneganda est actio.

§6. La acción se negará no solo a quien dio dinero en calidad de mutuo al hijo de familia, sino también a sus sucesores.

§7. Proinde et si alius mutuam dedit, alius stipulates est, dabitur adversus eum exception, licet hic non dederit. Sed et si alteruter eorum ignoravit in patris esse potestate, severius dicendum est utrique nocere. Idem est et in duobus reis stipulandi.

§7. Por tanto, también si alguien dio dinero en calidad de mutuo al hijo y otro estipuló de él, se dará contra éste la excepción, aunque no se le diese el dinero. Y si uno de ellos ignoró que el hijo estaba bajo la potestad del padre, con más razón se dirá que perjudica a los dos. Lo mismo se dirá respecto de dos reos por estipulación solidaria.

§8. Item si duos filios familias accepero reos, sed alterum putavi patrem familias, intererit, ad quem pecunia pervenit, ut, si cum scivi filium familias ad quem pervenit pecunia, exceptione summovear, si ad eum quem ignorem, non summovear.

§8. Igualmente, si yo admitó como deudores a dos hijos de familia, pero creí que uno de ellos era cabeza de familia, deberemos saber a quién llegará el dinero, para que, si yo sabía que era hijo de familia aquel que recibió el dinero, sea yo rechazado con una excepción, pero si lo recibió aquel del que ignoraba su condición, no sea rechazado.

§9. Sive autem sub usuris mutual data sunt sive sine usuris, ad senatus consultum spectat.

§9. El senadoconsulto se aplica tanto si se dio un mutuo con intereses, como si fue sin intereses.

§10. Quamquam autem non declaret

§10. Aunque el senadoconsulto no

174

senatus, cui exceptionem det, tamen sciendum est et heredem filii, si pater familias decesserit, et patrem eius, si filius familias decesserit, exceptione uti posse.

§11. Interdum tamen etsi senatus consulto locus sit, tamen in alium datur action, ut puta filius familias institor mutuam pecuniam accepit: scribit enim Iulianus libro duodecimo ipsum quidem institorem exceptione seantus consulti usurum, si conveniatur, sed institoriam actionem adversus eum qui praeposuit competere. Quamquam, inquit, si ipse pater eum praeposuisset merci suae vel peculiarem exercere passus esset, cessaret senatus consultum, quoniam patris voluntate contractum videretur: nam si scit eum negotiari, etiam hoc permisisse videtur, si non nominatim prohibuit merces accipere.

§12. Proinde si acceperit pecuniam et in rem patris vertit, cessat senatus consultum: patri enim, non sibi accepit. Sed et si ab initio non sic accepit, verum postea in rem patris vertir, cessare senatus consultum libro duodecimo digestorum Iulianus ait intellegendumque ab initio sic accepisse, ut in rem verteret. Non tamen vertisse videbitur, si mutuam

señale a quién concede la excepción, debe decirse que pueden usarla el heredero del hijo, si el padre de familia falleció, o bien el padre, si falleció el hijo.

§11. A veces, aunque proceda el senadoconsulto, se concede la acción contra otra persona, por ejemplo, cuando un hijo de familia encargado de un negocio recibió dinero en calidad de mutuo, porque en el libro décimo segundo de su digesto Juliano escribe que el propio encargado usaría la excepción del senadoconsulto si fuese demandado, mientras que procede la acción institoria contra quien lo nombró encargado; sin embargo, si el mismo padre lo puso de encargado de las mercancías o autorizó a comerciar con las del peculio, dice que no se aplicará el senadoconsulto, porque se entendería que el hijo contrató con la voluntad del padre, pues si éste abe que aquél negocia, también se entiende que se lo permitió si no le prohibió expresamente aceptar mercancías.

§12. Por ende, si el hijo recibió dinero en calidad de mutuo y lo invirtió en bienes del padre, no aplica el senadoconsulto, porque lo recibe para el padre, no para él mismo. Pero si desde un inicio no lo recibió con esa finalidad, sino que luego lo invirtió en provecho del padre, dice Juliano en el libro décimo segundo de su digesto que

pecuniam acceptam patri in proprium debitum solvit et ideo, si pater ignoravit, adhuc senatus consulto locus erit.

tampoco procede el senadoconsulto, debiendo entenderse que desde un principio lo recibió para invertirlo en negocios del padre. No se entenderá que lo invirtió en tal asunto si dio al padre el dinero recibido para pagar su deuda. Por ello, si el padre lo ignoró, procede el senadoconsulto.

§13. Quod dicitur in eo, qui studiorum causa absens mutuum acceperat, cessare senatus consultum, ita locum habet, si probabilem modum in mutual non excessit, certe eam quantitatem, quam pater solebat subministrare.

§13. Cuando se dice que no procede el senadoconsulto en el caso de quien, por causa de estudios, recibió dinero en calidad de mutuo y está ausente, es verdad si el mutuo no excedió la cantidad que el padría solía darle.

§14. Si filius accepit mutuam pecuniam, ut eum liberaret, qui, si petered, exceptione non summoveretur, senatus consulti cessabit exception.

§14. Dejará de aplicarse la excepción del senadoconsulto si el hijo recibió dinero en calidad de mutuo para pagar a quien podía demandarle sin ser rechazado por la citada excepción.

§15. Hoc amplius cessabit senatus consultum, si pater solver coepit quod filius familias mutuum sumpserit, quasi ratum habuerit.

§15. También dejará de aplicarse el senadoconsulto si el padre empezó a pagar lo que el hijo recibió en calidad de mutuo, como si con ello lo hubiese ratificado.

§16. Si pater familias factus solverit partem debiti, cessabit senatus consultum nec solutum repetere potest.

§16. Si el hijo se hizo jurídicamente independiente y pagó parte de la deuda, dejará de aplicarse el senadoconsulto y no podrá repetir lo pagado

8. *PAULUS libro trigensimo ad edictum. Cum tamen a curatore per ignorantiam solutum sit. Repeti debet.*

8. PAULO *en el libro trigésimo de los comentarios al edicto.* Podrá repetirse cuando el curador del hijo pagó por error.

9. ULPIANUS libro vicensimo nono ad edictum. Sed si pater familias factus rem pignori dederit, dicendum erit senatus consulti exceptionem ei denegandum usque ad pignoris quantitatem.

§1. Si ab alio donatam sibi pecuniam filius creditori solverit, an pater vindicare vel repetere possit? Et ais Iulianus, si quidem hac condicione ei donate sit pecunia, ut creditori solvat, videri a donator profectam protinus ad crediotrem et fieri nummos accipientis: si vero simpliciter ei donavit, alienationem eorum filium non habuisse et ideo, si solverit, condictionem patri ex omni eventu competere.

§2. Hoc senatus consultum et ad filias quoque familiarum pertinent nec ad rem pertinent, si adfirmetur ornamenta ex ea pecunia comparasse: naet et si quoque qui filio familias credidit decreto amplissimi ordinis actio denegatur nec interest, consumpti sint nummi an exstent in peculio. Multo igitur magis severitate senatus consulti eius contractus improbabitur, qui filiae familias mutuum dedit.

§3. Non solum filio familias et patri eius succurritur, verum fideiussori quoque et mandatory eius, qui et ipsi mandate habent regressum, nisi forte donandi animo intecesserunt: tunc enim, cum nullum regressum habeant,

9. ULPIANO *en el libro vigésimo noveno de los comentarios al edicto.* si el hijo se volvió jurídicamente independiente y dio una cosa en prenda, se le negará la excepción del senadoconsulto hasta la cuantía de la misma.

§1. Si el hijo pagó a un acreedor con el dinero un tercero le había donado, ¿podrá el padre reivindicarlo o repetirlo? Juliano dice que si se le donó el dinero al hijo a condición de pagar al acreedor, se entiende que el dinero pasó del donante al acreedor y que el dinero se hace de quien lo recibe; pero si se lo donó simplemente, el hijo podía disponer del dinero y, por tanto, si lo dio en pago, al padre le compete la acción ejecutiva.

§2. Este senadoconsulto también aplica a las hijas de familia, y no importa si se dice que con aquel dinero compraron adornos de adorno, porque por decreto del senado se niega la acción a quien prestó a un hijo de familia, sin importar que se haya gastado el dinero o que todavía esté en el peculio. Por tanto, con mayor razón reprobará la severidad del senadoconsulto el contrato de quien dio en mutuo a una hija de familia.

§3. No solo se auxilia al hijo de familia y a su padre, sino también al fiador y a su mandante, quienes también pueden repetir en virtud del mandato, salvo que interviniesen en el negocio con ánimo de donar,

senatus consultum locum non habebit. Sed et si non donandi animo, patris tamen voluntate intercesserunt, totus contractus a patre videbitur comprobatus.

porque entonces, al no tener derecho a la repetición, no procederá el senadoconsulto. También se entenderá aceptado por el padre too el contrato si no intervinieron con ánimo de donar, pero con la voluntad de aquél.

§4. Et hi tamen, qui pro filio familias sine voluntate patris eius intercesserunt, solvendo non repetent: hoc enim et divus Hadrianus constituit et potest dici non repetituros. Atquin perpetua exceptione tuti sunt: sed et ipse filius, et tamen non repetit, quia hi demum solutum non repetunt, qui ob poenam creditorum actione liberantur, non quoniam exonerare eos lex voluit.

§4. Sin embargo, tampoco repetirán lo pagado quienes intervinieron por el hijo de familia sin la autorización de su padre, (esto lo decretó también el divino Adriano, y puede decirse que no podrán repetir), pero están protegidos con una excepción perpetua. Igualmente lo está el hijo, pero no puede repetir, porque quienes se liberan de la acción por razón de la pena de los acreedores, no porque la ley quiso exentarlos, no repiten lo pagado.

§5. Quamquam autem solvendo non repetant,
10. PAULUS libro trigensimo ad edictum. … quia naturalis obligation manet,

§5. Aunque no repiten pagando…

10. PAULO *en el libro trigésimo de los comentarios al edicto.* … porque sigue vigente la obligación natural,

11. ULPIANUS libro vicensimo nono ad edictum. … tamen, si non opposita exceptione condemnati sunt, utentur senatus consulti exceptione: et ita Iulianus scribit in ipso filio familias exemplo mulieris intercedentis.

11. ULPIANO *en el libro vigésimo noveno de los comentarios al edicto.* … sin embargo, si por no haber opuesto la excepción fueron condenados, usarán la excepción del senadoconsulto. Y así lo escribe Juliano respecto del hijo de familia, como en el caso de la mujer que sale fiadora de alguien.

12. PAULUS libro trigensimo ad edictum. Si tantum sciente patre creditum sit filio, dicendum est cessare

12. PAULO *en el libro trigésimo de los comentarios al edicto.* Si se le prestó al hijo de familia sabiéndolo tan solo

senatus consultum. Sed si iusserit pater filio credi, deinde ignorante creditore mutaverit voluntatem, locus senatus consulto non erit, quoniam initium contractus spectandum est.

el padre, se dirá que no procede el senadoconsulto. Pero si el padre autorizó que se le prestase al hijo, y después, sin saberlo el acreedor, cambió de voluntad, tampoco procede el senadoconsulto, porque deberá estarse al principio del contrato.

13. *GAIUS libro nono ad edictum provinciale. Si quod alii mutuum dedimus a filio familiae novandi causa stipulentur, non esse impedimento senatus consultum Iulianus scribit.*

13. GAYO *en el libro noveno de los comentarios al edicto provincial.* Juliano escribió que el senadoconsulto no es obstáculo si lo que dimos a un hijo en calidad de mutuo lo estipulamos también del hijo de familia para novar la obligación.

14. *IULIANUS libro duodécimo digestorum. Filium habeo et ex eo nepotem: nepoti meo creditum est iussu patris eius: quaesitum est, an contra senatus consultum fieret. Dixi, etiamsi verbis senatus consulti filii continerentur, tamen et in persona nepotis idemservari debere: iussum autem huius patris non efficere, quo minus contra senatus consultum creditum existimaretur, cum ipse in ea causa esset, ut pecuniam mutuam invito patre suo accipere non possit.*

14. JULIANO *en el libro décimo segundo del digesto.* Tengo un hijo y un nieto, y con autorización de su padre se le prestó al segundo. Se preguntó: ¿se actúa en contra del senadoconsulto? Respondí que, aunque las palabras del senadoconsulto se refieren a los hijos, debe observarse lo mismo respecto del nieto; sin embargo, la autorización del padre de éste no impide considerar que se prestó contra la voluntad del senadoconsulto, porque el propio padre estaría en la situación de no poder recibir dinero en mutuo contra la voluntad de su ascendiente.

15. *MARCIANUS libro quarto decimo institutionum. Nihil interest, quis filio familias crediderit, utrum*

15. MARCIANO *en el libro décimo cuarto de las instituciones.* No importa si quien prestó al hijo de familia es

privatus an civitas: nam in civitate quoque senatus consultum locum habere divi Severus et Antoninus rescripserunt.

un particular o una ciudad, porque los divinos Severo y Antonino respondieron por escrito que el senadoconsulto aplica incluso respecto de una ciudad.

16. *PAULUS libro quarto responsorum. Si filius familias absente patre, quasi ex mandato eius pecuniam acceperit, cavisset et ad patrem litteras emisit, ut eam pecuniam in provincia solveret, debet pater, si actum filii sui improbat, continuo testationem interponere contrariae voluntatis.*

16. PAULO *en el libro cuarto de las respuestas.* Si estando ausente su padre un hijo de familia otorgó caución, diciendo que había recibido el dinero por autorización suya, y luego escribió a su padre para que pagase ese dinero en la provincia donde éste se hallaba, en caso de que desapruebe el acto de su hijo informar de inmediato su voluntad contraria.

17. *IDEM libro secundo sententiarum. Filius familias si in id acceperit mutuam pecuniam, ut eam prosorore sua in dotem daret, pater eius de in rem verso actione tenebitur: ipsi enim mortua in matrimonio puella repetitio dotis datur.*

17. EL MISMO *en el libro segundo de las respuestas.* Si un hijo de familia recibió en mutuo dinero para darlo como dote a su hermana, su padre se obligará por la acción del provecho obtenido, porque la repetición de la dote se le concederá a él si la joven muere durante el matrimonio.

18. *VENULEIUS libro secundo stipulationum. Creditorem filii familias mortuo eo fideiussorem accipere non posse Iulianus scribit, quia nulla obligatio aut civilis aut naturalis supersit, cui fideiussor accedat: plane a patre eius actionis nomine, quae de peculio adversus eum competat, fideiussorem recte accipi.*

18. VENULEYO *en el libro segundo de las estipulaciones.* Juliano escribe que si un hijo de familia muere, su acreedor no puede recibir fiador por dicho motivo, pues no subsiste ya obligación civil o natural a la pueda acceder un fiador. Sin embargo, puede aceptar justamente fiador de su padre en virtud de la acción de peculio que tiene contra él.

19. *POMPONIUS libro séptimo ex variis lectionibus. Iulianus scribit exceptionem senatus consulti Macedoniani nulli obstare, nisi qui sciret aut scire potuisset filium familias esse ecum cui credebat.*

19. POMPONIO *en el libro séptimo de la doctrina de diversos autores.* Juliano escribe que la excepción del senadoconsulto Macedoniano se opone a quien sepa o pudiese saber que era hijo de familia aquel a quien se le prestaba.

20. *IDEM libro quinto senatus consultorum. Si is, cui, dum in potestate patris esset, mutua pecunia data fuerat, pater familias factus per ignorantiam facti novatione facta eam pecuniam expromisit, si petatur ex ea stipulatione, in factum excipiendum erit.*

20. EL MISMO *en el libro quinto de los senadoconsultos.* Si se dio dinero en calidad de mutuo a alguien que estuvo sometido a potestad, y al volverse jurídicamente independiente prometió ese dinero con efectos de novación por ignorar el hecho, si se le demanda en virtud de dicha estipulación, se podrá oponer la excepción por razón de la conducta.

LIBER XV

LIBRO XV

TITULUS I
DE PECULIO

TÍTULO I
DEL PECULIO

1. *ULPIANUS libro vicensimo nono ad edictum. Ordinarium praetor arbitratus est prius eos contractus exponere eorum qui alienae potestati subiecti sunt, qui in solidum tribuunt actionem, sic deinde ad hunc pervenire, ubi de peculio datur actio.*

1. ULPIANO *en el libro vigésimo noveno de los comentarios al edicto*. El pretor consideró más ordenado exponer primero los contratos de los sometidos a potestad ajena que generan acción por el valor total, y así llegar al edicto en el que otorga la acción de peculio.

§1. Est autem triplex hoc edictum: aut enim de peculio aut de in rem verso aut qoud iussu oritur actio.

§1. Este edicto es triple, porque de el se origina la acción de peculio, la de ganancia obtenida o la de lo que se hizo con autorización del cabeza de familia.

§2. Verba autem edicta talia sunt: 'Quod cum eo, qui in alterius potestate esset, negotium gestum erit'.

§2. Estas son las palabras del edicto: 'El negocio realizado con quien estuvo bajo potestad ajena'.

§3. De eo loquitur, non de ea: sed tamen et ob eam quae est feminini sexus dabitur ex hoc edicto actio.

§3. Habla implícitamente de "él", no de "ella"; sin embargo, también se otorgará acción en virtud de este edicto en favor de personas del sexo femenino.

§4. Si cum impubere filio familias vel servo contractum sit, ita dabitur in dominum vel patrem de peculio, si locupletius eorum peculium factum est.

§4. Si se contrató con un hijo de familia impúber o con un esclavo, se otorgará la acción de peculio contra el dueño o el padre si dicho peculio aumentó.

§5. Potestatis verbum communiter accipiendum est tam in filio quam in servo.

§5. La palabra "potestad" debe entenderse genéricamente, ya sea sobre un hijo o un esclavo.

§6. Nec magis dominium servorum esse spectandum quam facultatem habendi eos: non enim solum servorum

§6. No debe considerarse tanto la propiedad sobre un esclavo como el tenerlo a disposición, porque no

propriorum nomine conveniemur, item communium, verum eorum quoque qui bona fide nobis serviunt, sive liberi sint sive servi alieni.

seremos demandados con esta acción solo por los esclavos propios, sino también por los tenemos en copropiedad y hasta por quienes nos sirven de buena fe, ya sean personas libers o esclavos ajenos.

2. POMPONIUS libro quinto ad Sabinum. Ex ea causa, ex qua solerete servus fructuarius vel usurius adquirere, in eum, cuius usus fructus vel usus sit, actio dumtaxat de peculio ceteraeque honorariae dantur, ex reliquis in dominum proprietatis.

2. POMPONIO *en el libro quinto de los comentarios a Sabino.* La acción de peculio y las demás acciones honorarias se otorgan contra el usufructuario o el usuario de un esclavo tan solo en aquellos negocios donde el segundo suele adquirir en favor del primero. Para todos las demás negocios se otorgan contra el propietario.

3. ULPIANUS libro vicensimo nono ad edictum. Licet tamen praetor, si cune o qui in potestate sit gestum sit polliceatur actionem, tamen sciendum est et si in nullius sit potestate, dari de peculio actionem, ut puta si cum servo hereditario contractum sit ante aditam hereditatem.

3. ULPIANO *en el libro vigésimo noveno de los comentarios al edicto.* Aunque el pretor prometa conceder acción, si se contrató con quien está bajo potestad, debe saberse que la acción de peculio también procede aunque no se esté bajo ninguna potestad, por ejemplo, si se contrató con el esclavo de la herencia antes de aceptarse la herencia.

§1. Unde Labeo scribit et si secundo tertiove gradu substitutus sit servus et deliberantibus primis heredibus cum eo contractum sit, mos repudiantibus eis ipse liber heresque exstiterit, posse dici de peculio eum conveniri et de in rem verso.

§1. Por ello escribe Labeón que, si un esclavo fuese sustituto hereditario en segundo o tercer grado, y mientras deliberaban los herederos preferentes se contrató con él, y tras repudiar aquéllos la herencia el esclavo se volvió libre y heredero, puede decirse que se le demandará con la acción de peculio y la de ganancia obtenida.

§2. Parvi autem refert, servus quis masculi an mulieris fuerit: nam de peculio et mulier convenietur.

§2. Y poco importa que el dueño del esclavo fuese hombre o mujer, porque también ésta será demandada con la acción de peculio.

§3. Pedius etiam impúberes dominis de peculio obligari ait: non enim cum ipsis impuberibus contrahitur, ut tutoris auctoritatem spectes. Idem adicit pupillum non posse servo peculium constituere nec tutoris auctoritate.

§3. Dice Pedio que también los dueños impúberes se obligan por la acción de peculio, pues no se contrata con ellos esperando la autorización del tutor. Y añade que el pupilo no puede entregar un peculio al esclavo, ni siquiera con la autorización del tutor.

§4. In furiosi quoque curatorem dicimus dandam de peculio actionem: nam et nuius servus peculium habere potest, non si fuerit concessum, ut habeat, sed si non fuerit prohibitum, ne habeat.

§4. Decimos que también procede la acción de peculio contra el curador del demente, porque el esclavo de éste puede tener un peculio, no por habérsele autorizado a tenerlo, sino también al no prohibírsele que lo tenga.

§5. Si filius familias vel servus pro aliquo fideiusseritn vel alias intervenerint vel mandaverint, tractatum est, an sit de peculio actio. Et est verius in servo causam fideiubendi vel mandandi spectandum, quam sententiam et Celsus libro sexton probat in servo fideiussore. Si igitur quasi intercessor servus intervenerit, non rem peculiarem agens, non obligabitur dominus de peculio.

§5. Se debatió la procedencia de la acción de peculio si un hijo de familia o un esclavo salió fiador de alguien, o intervino u ordenó hacerlo de algún modo. Es más acertado decir que, respecto del esclavo, deberá observarse la causa de otorgar fianza o mandar hacer, opinión que también aprueba Celso en el libro sexto de su digesto respecto del esclavo fiador. Por tanto, si el esclavo intervino como fiador sin administrar los bienes del peculio, su dueño no se obligará por esta acción.

§6. Iulianus quoque libro duodecimo digestorum scribit, si servus mandaverit, ut creditori meo solveretur, referre sit,

§6. También Juliano escribe en el libro décimo segundo de su digesto que si un esclavo mandó

quam causam mandandi habuerit: si pro creditore suo solvi mandavit, esse obligatum dominum de peculio: quod si intercessoris officio functus sit, non obligari dominum de peculio.

que se pagase a mi acreedor, debe conocerse la causa que tuvo para hacerlo, porque si se mando pagar en favor de un acreedor suyo, el dueño se obliga por la acción de peculio, pero si actuó como fiador de otra persona, el dueño no se obliga.

§7. Cui congruit, quod idem Iulianus scribit, si a filio meo fideiussorem accepero, quidquid a fideiussore accepero, id me non de in rem verso, sed de peculio actione mandate praestaturum. Idem accipias et in servi fideiussore, idemque si alius mihi pro filio meo debitre solvisset. Quod si filius meus debitor non fuisset, exceptione doli fideiussorem usurum et, si solvisset, condicturum scribit.

§7. Esto es coherente con lo escrito también por Juliano: si yo acepté un fiador de mi hijo, todo lo que yo reciba de aquél lo devolveré en virtud del mandato por la acción de peculio, no por la de ganancia obtenida. Lo mismo se dirá respecto del fiador de un esclavo y también si otro me pagó por mi hijo, que era deudor mío. Pero si mi hijo no fue mi deudor, Juliano escribe que el fiador usará la excepción de dolo, y si pagó, la acción ejecutiva.

§8. Si servus, cum se pro libero gereret, compromiserit, quaeritur, an de peculio actio ex ponea compromissi quasi ex negotio gesto danda sit, sicuti traiecticiae pecuniae datur. Sed hoc et Nervae filio et mihi videtur verius ex compromisso servi non dandam de peculio actionem, quia nec si iudicio condemnetur servus, datur in eum actio.

§8. Se pregunta lo siguiente: si un esclavo hizo compromiso arbitral actuando como libre, ¿se concederá la acción de peculio por la pena estipulada en el compromiso, como existiendo gestión de un negocios, así como se concede sobre un préstamo para comercio marítimo? Tanto Nerva hijo como yo opinamos como más cierto que no se concederá la citada acción por el compromiso arbitral del esclavo, pues ni siquiera se otorga acción contra él aunque fuese condenado en juicio.

§9. Sed si filius fideiussor vel quasi interventor acceptus sit, an de peculio

§9. Si un hijo fue aceptado como fiador o garante de otro modo, se

patrem obligat, quaeritur. Et est vera Sabini et Cassii sententia existimantium Semper obligari patrem de peculio et distare in hoc a servo.

pregunta si obliga al padre por la acción de peculio. Sabino y Casio opinan correctamente que el padre sí se obliga, diferenciándose en esto del esclavo.

§10. Quare ex compromisso pater tenebitur. Et ita Papinianus quoque libro nono quaestionum scribit nec interesse ait. Ex qua potuit cum patre de peculio agere, an vero ex ea qua non potuit, cum ex stipulatu pater conveniatur.

§10. Por tanto, también se obliga el padre en virtud de un compromiso arbitral. Así opina Papiniano en el libro noveno de las cuestiones, diciendo que no importa si la causa por la que se realizó el compromiso fue para poder ejercer o no la acción de peculio contra el padre, pues se demanda a éste por la acción de lo estipulado.

§11. Idem scribit iudicati quoque patrem de peculio actione teneri, quod et Marcellus putat, etiam eius actionis nomine, ex qua non potuit pater de peculio actionem pati: nam sicut in stipulatione contrahitur cum filio, ita iudicio contrahi: proinde non originem iudicii spectandam, sed ipsam iudicati velut obligationem. Quare et si quasi defensor condemnatus sit, idem putat.

§11. Papiniano también escribe que el padre se obliga por la acción de peculio respecto de la cosa juzgada. En el mismo sentido opina Marcelo, incluso ante la acción por la cual el padre no pudo ser demandado con la de peculio, pues así como en una estipulación se contrata con el hijo, así también el juicio se contrae con él; por tanto, no debe observarse el origen de la instancia, sino como obligación misma de cosa juzgada. Y opina lo mismo si se le condenó como representante.

§12. Ex furtuva causa filio quidem familias condici posse constat. An vero in patrem vel in dominium de peculio danda est, quaeritur: et est verius, in quantum locupletior dominus factus essset ex furto facto, actionem de peculio dandam: idem Labeo probat, quia iniquissimum est ex furto servi dominum locupletari impune, nam et

§12. Por causa de robo consta que puede ejercerse la acción ejecutiva contra un hijo de familia; sin embargo, se pregunta si se otorgará como acción de peculio contra el padre o contra el dueño. Es más cierto que se otorgará la acción de peculio por cuanto el robo hubiese enriquecido al dueño. Lo mismo

circa rerum amotarum actionem filiae familias nomine in id quod ad patrem pervenit competit actio de peculio.

§13. *Si filius familias duumvir pupillo rem salvam fore caveri non curavit, Papinianus libro nono quaestionum de peculio actionem competere ait. Nec quicquam mutare arbitror, an voluntate patris decurio factus sit, quoniam rem publicam salvam fore pater obstrictus est.*

4. POMPONIUS *libro septimo ad Sabinum. Peculii est non id, cuius servus seorsum a domino rationem habuerit, sed quod dominus ipse separaverit suam a servi rationem discernens: nam cum servi peculium totum adimere vel augere vel minuere dominus possit, animadvertendum est non quid servus, sed quid dominus constituendi servilis peculii gratia fecerit.*

§1. *Sed hoc ita verum puto, si debito servum liberare voluit dominus, ut, etiamsi nuda voluntate remiserit dominus quod debuerit, desinat servus debitor esse: si vero nomina ita fecerit dominus, ut quasi debitorem se servo feceret, cum re vera debitor non esset,*

opina Labeón, porque es muy injusto que el dueño se enriquezca impunemente debido al robo del esclavo. Pues también respecto a la acción de cosas amovidas por la hija de familia procede la acción de peculio por lo que ingresó al patrimonio del padre.

§13. En el libro noveno de las cuestionse dice Papiniano que procede la acción de peculio si un hijo de familia duunviro no cuidó de otorgar fianza para salvar el patrimonio del pupilo. Yo opino que lo mismo sucede si se hizo decurión con la autorización del padre, porque éste responde de la integridad del patrimonio de la república.

4. POMPONIO *en el libro séptimo de los comentarios a Sabino.* Pertenece al peculio no lo que el esclavo administra separadamente del dueño, sino lo que éste separó, distinguiendo su administración de la del esclavo, porque como el dueño puede quitar al esclavo todo el peculio, o bien aumentarlo o disminuirlo, deberá observarse lo que hizo el dueño para constituir dicho peculio, no el esclavo.

§1. Opino que esto es verdad si el dueño quiso liberar al esclavo de la deuda para que éste deje de ser deudor, aunque por simple voluntad le perdonase lo debido, pero si el dueño hizo los préstamos para volverse deudor

contra puto: re enim, non verbis peculium augendum est.

§2. Ex his apparet non quid servus ignorante domino habuerit peculii esse, sed quid volente: alioquin et quod subripuit servus domino, fiet peculii, quod non est verum.

§3. Sed saepe fit, ut ignorante domino incipiat minui servi peculium, veluti com damnum domino dat servus aut furtum facit.

§4. Si open ferente servo meo furtum mihi feceris, id ex peculio deducendum est, quo minus ob rem subreptam consequi possim.

§5. Si aere alieno dominico exhauriatur peculium servi, res tamen in causa peculiaria manent: nam si aut servo donasset debitum dominus, aut nomine servi alius domino intulisset, peculium suppletur nec est nova concessione domini opus.

§6. Non solum idin peculio vicariorum ponendum est, cuius rei a domino, sed etiam id cuius ab eo cuius in peculio sint seorsum rationem habeant.

del esclavo no siéndolo en realidad, opino lo contrario, porque el peculio debe aumentar materialmente, no nominalmente.

§2. De ello resulta que no pertenece al peculio lo que el esclavo tiene sin saberlo su dueño, sino lo que éste consintió tener; de lo contrario, también se volverá del peculio lo que el esclavo sustrajo al señor, lo cual no es cierto.

§3. A menudo ocurre que, sin saberlo el dueño, el peculio del esclavo disminuye, como cuando éste provoca un daño a su dueño o comete un robo.

§4. Si me robaste con el apoyo de mi esclavo, deberá deducirse del peculio lo que no pude obtener por razón de lo robado.

§5. Si se agota el peculio del esclavo por las deudas que tiene con su dueño, pese a ello los bienes siguen siendo del peculio, porque si el dueño condonó al esclavo la deuda u otro pagó al primero dicha deuda en nombre del segundo, se completa el peculio y no se requiere nueva concesión del dueño.

§6. En el peculio de los esclavo que dependen de otros esclavos (vicarios) se incluye no solo lo que administran por separado del dueño, sino también lo que administran por separado de aquel en cuyo peculio están.

5. ULPIANUS libro vicensimo nono ad edictum. Depositi nomine pater vel dominus dumtaxat de peculio conveniuntur et si quid dolo malo eorum captus sum.

§1. Sed et si precario res filio familias vel servo data sit, dumtaxat de peculio pater dominusve obligantur.

§2. Si filius familias iusiurandum detulerit et iuratum sit, de peculio danda est actio, quasi contractum sit: sed in servo diversum est.

§3. Peculium dictum est quasi pusilla pecunia sive patrimonium pusillum.

§4. Peculium autem Tubero quidem sic definit, ut Celsus libro sexto digestorum refert, quod servus domini permissu separatum a rationibus dominicis habet, deducto inde si quid domino debetur.

6. CELSUS libro sexto digestorum. Definitio peculii quam Tubero exposuit, ut Labeo ait, ad vicariorum peculia non pertinet, quod falsum est: nam eo ipso, quod dominus servo peculium constituit, etiam vicario constituisse existimandus est.

5. ULPIANO *en el libro vigésimo noveno de los comentarios al edicto.* Por razón de depósito el padre o el dueño solo serán demandados con la acción de peculio y si en algo me perjudicó su dolo malo.

§1. Aunque se haya dado una cosa al hijo de familia o al esclavo en calidad de precario, el padre o el dueño se obligan tan solo en cuanto al peculio.

§2. Si un hijo de familia defirió el juramento y se juró, se concede la acción de peculio como si se hubiese contraído obligación, pero la solución será diferente si se trata de un esclavo.

§3. Con el vocablo "peculio" se dio a entender una pequeña cantidad de dinero o un pequeño patrimonio.

§4. Según refiere Celso en el libro sexto de su digsto, Tuberón define al peculio como lo que tiene el esclavo con autorización del dueño y en cuenta separada, previa deducción de lo que el esclavo le debe al dueño.

6. CELSO *en el libro sexto del digesto.* Dice Labeón que la definición de peculio dada por Tuberón no se refiere a los peculios de los esclavos dependientes de otros esclavos (vicarios). Ello no es verdad, ya que así como el señor concedio un peculio a un esclavo, así debe pensarse que pudo concederlo al vicario.

7. ULPIANUS *libro vicensimo nono ad edictum. Quam Tuberonis sententiam et ipse Celsus probat.*

§1. Et adicit pupillum vel furiosum constituere quidem peculium servo non posse: verum ante constitutum, id est ante furorem vel a patre pupilli, non adimetur ex his causis. Quae sential vera est et congruit cum eo, quod Marcellus apud Iulianum notans adicit posse fieri, ut apud alterum ex dominis servus peculium habeat, apud alterum non, ut puta si alter ex dominis furiosus sit vel pupillus, si (ut quidam, inquit, putant) peculium servus habere non potest nisi concedente domino. Ego autem puto non esse opus concede domino. Ego autem puto non esse opus concedi peculium a domino servum habere, sed non adimi, ut habeat. Alia causa est peculii liberae administrationis: nam haec specialiter concedenda est.

§2. Scire autem non utique singulas res debet, sed magis in universum, et in hanc sententiam Pomponius inclinat.

§3. Pupillum autem tam filium quam servum peculium habere posse Pedius libro quinto decimo scrbit, cum in hoc, inquit, totum ex domini constitutione pendeat. Ergo et si furere coeperit servus

7. ULPIANO *en el libro vigésimo noveno de los comentarios al edicto.* Celso también aprueba la opinión de Tuberón.

§1. Y añade que el pupilo o el demente no pueden conceder peculio a un esclavo, pero el concedido antes de la demencia, o bien por el padre del pupilo, no podrá ser retirado. Esta opinión es cierta, y coincide con lo que agrega Marcelo en sus comentarios a Juliano en el libro décimo segundo del digesto: puede suceder que el esclavo de dos dueños tenga un peculio de uno, pero no del otro; por ejemplo, si uno de los dueños está demente o es pupilo, ya que (como algunos opinan, dice Marcelo) el esclavo solo puede tener peculio i se le concede su dueño. Pero yo opino que para que esto proceda no se requiere que el dueño otorgue al esclavo un peculio, sino que no se lo retire. Diferente es la libre administración del peculio, porque está debe concederse de forma especial.

§2. Pero el dueño no está obligado a conocer cada cosa del peculio, sino el conjunto en sus partes principales, opinión que privilegia Pomponio.

§3. En el libro décimo quinto de sus comentarios al edicto Pedio escribe que el pupilo, sea hijo o esclavo, puede tener un peculio, porque dice que ello depende de la

vel filius, retinebunt peculium.

§4. *In peculio autem res esse possunt omnes et mobiles et soli: vicarios quoque in peculium potest habere et vicariorum peculium: hoc amplius et nomina debitorum.*

§5. *Sed et si quid furti actione servo deberetur vel alia actione, in peculium computabitur: hereditas quoque et legatum, ut Labeo ait.*

§6. *Sed et id quod dominus sibi debet in peculium habebit, si forte in domini rationem impendit et dominus ei debitor manere voluit aut si debitorem eius dominus convenit. Quare si forte ex servi emptione evictionis nomine duplum dominus exegit, in peculium servi erit conversum, nisi forte dominus eo proposito fuit, ut nollet hoc esse in peculium servi.*

§7. *Sed et si quid ei conservus debet, erit peculii, si modo ille habeat peculium vel prout habebit.*

8. *PAULUS libro quarto ad Sabinum. Non statim quod dominus voluit ex re sua peculii esse, peculium fecit, sed si tradidit aut, cum apud eum esset, pro tradito habuit: desiderat enim res naturalem dationem. Contra autem simul atque noluit, peculium servi desinit peculium esse.*

concesión del dueño; y aunque el esclavo o el hijo enloqueciesen retendrán el peculio.

§4. En el peculio puede haber bienes muebles e inmuebles; también puede haber esclavos dependientes de otros esclavos, con sus peculios, así como créditos contra deudores.

§5. Según Labeón, también se incluirá en el peculio del esclavo deudas por la acción de robo u otra acción, así como herencias y legados.

§6. También entrará al peculio lo que el dueño le debe al esclavo si lo gastó por cuenta de éste, y quiso quedar como deudor suyo o si el dueño demandó al deudor del esclavo. Por tanto, si el dueño exigió por la compra hecha por el esclavo el duplo del valor por causa de evicción, pasará a aumentar el peculio del esclavo, salvo que el dueño no desee que esto no vaya al peculio del esclavo.

§7. Si algo le debe un consiervo, será del peculio, si lo tiene y mientras lo tenga.

8. PAULO *en el libro cuarto de los comentarios a Sabino.* Lo que el dueño quiso que de su patrimonio pasase a formar parte del peculio, no se hizo inmediatamente de éste sino hasta que lo entregó o, estando en poder del esclavo, el dueño lo consideró entregado, porque se requiere la transmisión

natural. Por el contrario, en cuanto no quiso que el esclavo tuviese el peculio, éste deja de existir.

9. *ULPIANUS libro vicensimo nono ad edictum. Sed si damnum servo dominus dederit, in peculium hoc nos imputabitur, non magis quam si subripuerit.*

§1. Plane si conservus dedit damnum vel subripuit, in peculium videtur haberi, et ita Pomponius libro undecimo scribit: nat et si quid dominus ab eo qui rem peculiarem subripuit vel consecutus est vel consequi potest, in peculium esse ei imputandum Neratius libro secundo responsorum scribit.

§2. Peculium autem deducto quod domino debetur computandum esse, quia praevenisse dominus et cum servo suo egisse creditur.

§3. Huic definitioni Servius adiecit et si quid his debeatur qui sunt in eius potestate, quoniam hoc quoque domini deberi nemi ambigit.

§4. Praeterea id etiam deducetur, quod his personis debetur, quae sunt in tutela vel cura domini vel patris vel quorum negotia administrant, dummodo dolo careant, quoniam et si per dolum peculium vel ademerint vel minuerint, tenentur: nam si Semper praevenire dominus et agere videtur, cur non dicatur etiam hoc nomine eum secun

9. ULPIANO *en el libro vigésimo noveno de los comentarios al edicto*. Si el dueño le provocó un daño al esclavo, no se imputará al peculio, igual que si le hubiese robado algo.

§1. Pero si el daño o el robo lo provocó un consiervo, deberá computarse en el peculio. Así opina Pomponio en el libro décimo (en realidad sexagésimo) primero de su digesto, porque Neracio escribe en el libro segundo de las respuestas que si el señor recuperó o pudo recuperar algo de aquel que robó del peculio, se computará en el mismo.

§2. La cuantía del peculio se determina una vez deducido lo que se debe al dueño, porque se considera que el dueño se anticipó en demandar a su esclavo.

§3. A esta opinión Servio añadió que debe deducirse lo que se debe a quienes están bajo su potestad, porque nadie duda de que esto también se le debe al dueño.

§4. Además, se deducirá lo que se debe a quienes están bajo tutela o curatela del dueño, del padre o aquéllos cuyos negocios administran siempre que no actúen con dolo, porque son responsables si dolosamente retiraron o disminuyeron el peculio. Si se entiende que el dueño siempre se

egisse, quo nomine vel tutelae vel negotiorum gestorum vel utili actione tenebitur? Nam ut eleganter Pedius ait, ideo hoc minus in peculio est, quod domino vel patri debetur, quoniam non est verisimile dominum id concederé servo in peculium habere, quod sibi debetur. Sane cum ex ceteris causis ipsum a semet ipso exegisse dicimus qui negotia vel tutelam geret, cur non etiam in specie peculiari exegerit, quod exigi debuit? Defendendum igitur erit quasi sibi eum solvere, cum quis agere de peculio conabitur.

§5. Sed et creditor servi, qui heres exstitit domino eius, deducit de peculio quod sibi debetur, si conveniatur, sive libertatem servus acceperit sive non, idemque et si legatus sit pure servus: nam quasi praevenerit et ipse secum egerit, sic deducet quod sibi debetur, licet nullo momento dominium in manumisso vel legato pure habuerit, et ita Iulianus libro duodecimo scriti. Certe si sub condicione servus libertatem acceperit, minus dubitanter Iulianus eodem loco scribit heredem deducere: dominus enim factus est, ad defensionem sententiae suae Iulianus estiam illud adfert, quod, si ei, qui post mortem servi vel filii intra annum potuit conveniri de peculio, heres exstitero, procul dubio deducam quod

anticipa a ejercer la acción, ¿por qué no decir que también demandó aquello de lo que responde por razón de la acción de tutela, la de gestión de negocios o la útil? Porque, como opina elegantemente Pedio, el peculio decrece por lo que se debe al dueño o al padre, pues es inverosímil que éste conceda al esclavo retener en el peculio lo que le debe. A decir verdad, dado que decimos que en otros casos quien administra los negocios o la tutela es como si cobrase de sí mismo, ¿por qué no exigir también lo que se le debía si se reclama con la acción de peculio? Así, diremos que se paga a sí mismo cuando alguien intenta ejercer en su contra la acción de peculio.

§5. Si el acreedor del esclavo se volvió heredero del dueño de éste, al demandársele con la acción de peculio también deduce él del peculio lo que el esclavo le debe, tanto si el esclavo recibió o no la libertad. Lo mismo sucede si el esclavo fue legado de pura y simplemente, porque deducirá lo que se le debe como si se anticipase a demandase, aunque en ningún momento tuviese la propiedad sobre esclavo el manumitido o legado pura y simplemente, y así opina Juliano en el libro décimo segundo de su digesto. A decir verdad, si el esclavo obtuvo la libertad bajo

mihi debetur.

§6. *Sive autem ex contractu quid domino debeat sive ex rationum reliquis, deducet dominus. Sed et si ex delicto ei debeat, ut puta ob furtum quod fecit, aeque deducetur. Sed est quaestionis, utrum ipsa furti aestimatio, id est id solum quod domino abest, an vero tantum, quantum, si alienus servus commisisset, id est cum furti poenis? Sed prior sentential verior est, ut ipsa furti aestimatio sola deducatur.*

§7. *Si ipse servus sese vulneravit, non debet hoc damnum deducere, non magis quam si se occiderit vel praecipitaverit: licet enim etiam servis naturaliter in suum corpus saevire, sumptuum nomine debitorem eum domino puto effectum, quamquam si aegrum eum curasset, rem suam potius egisset.*

§8. *Ítem deducetur de peculio, si quid dominus servi nomine obligatus esta ut*

condición, con mayor certeza escribe Juliano que el heredero hará la deducción al volverse dueño. Para sustentar su opinión, Juliano añade que si yo me vuelvo heredero de quien, tras morir el esclavo o el hijo, pudo ser demandado en el plazo de un año con la acción de peculio, sin duda alguna deduciré lo que se me debe.

§6. Si un esclavo debía algo a su dueño a causa de un contrato o por una cuenta restante, el dueño lo deducirá. Igualmente se deducirá si se le adeuda por razón de delito, como un robo cometido. Pero se pregunta si se deducirá la misma estimación del robo, es decir, solo lo que le falta al dueño o lo que pagaría un esclavo ajeno que hubiese robado, es decir, aumentando las penas del robo. Es más acertada la primera opinión: que se deduzca tan solo la estimación del robo.

§7. Si el esclavo se provocó una lesión, no debe deducirse este perjuicio, tal como si se hubiese matado o arrojado a un precipicio, porque es natural que los esclavos, no solo los dueños, maltraten su cuerpo. Pero si el señor cuidó al esclavo que se provocó la lesión, opino que el esclavo se volvió deudor del dueño en razón de los gastos, aunque si le cuidó más bien veló por su negocio.

§8. Puede deducirse del peculio aquello a lo que el dueño se obligó

praestitit obligatus: ita si quid ei creditum est iussu domini: nam hoc deducendum Iulianus libro duodecimo digestorum scribit. sed hoc ita demum verum puto, si non in rem domini vel patris quod acceptum est pervenit: alioquin secum ebebit compensare. Sed et si pro servo fideiusserit, deducendum Iulianus libro duodecimo digestorum scribit Marcellus autem in utroque, si nondum quicquam domino absit, melius esse ait praestare creditori, ut caveat ille refusurum se, si quid praestiterit dominus hoc nomine conventus, quam ab initio deduci, ut medii temporis interusurium magis creditor consequatur. Sed si de peculio conventus dominus condemnatus est, debebit de sequenti actione de peculio deduci: coepit enim dominus vel pater iudicati teneri: coepit enim dominus vel pater iudicati teneri: nam et si quid servi nomine con condemnatus praestitisset creditori, etiam hoc deduceret.

en nombre de su esclavo, o lo que pagó por estar obligado; y si al esclavo se le prestó por mandato de su dueño, Juliano escribe en el libro décimo segundo de su digesto que también esto debe deducirse del peculio. Sin embargo, esto lo considero acertado solo si lo que recibió no ingresó al patrimonio del dueño o del padre, porque, de lo contrario, deberá considerarlo deuda propia. También escribe Juliano en el mismo libro que si otorgó fianza por el esclavo, el dueño deberá deducirlo del peculio. Pero Marcelo dice que, en ambos casos, si el dueño no perdió nada es mejor que pague al acreedor y que éste garantice la devolución si, al demandar al dueño éste pagase algo por dicha causa, y no a deducir desde el principio del peculio, para que así el acreedor perciba el interés del periodo intermedio. Pero si el dueño demandado con la acción de peculio fuese condenado, deberá deducir del peculio al ser demandado por la siguiente acción de peculio, ya que el dueño o el padre se obligó por la sentencia anterior, y aunque uno u otro pagase algo al acreedor en nombre del esclavo sin habérsele condenado, también lo deducirá del peculio.

10. *GAIUS libro nono ad edictum provinciale. Si vero adhuc in suspenso est prius iudicium de peculio et ex posteriore iudicio res iudicaretur, nullo modo debet prioris iudicii ratio haberi in posteriore condemnatione, quia in actione de peculio occupantis melior est condijo, occupare autem videtur non qui prior litem contestatus est, sed qui prior ad sententiam iudicis pervenit.*

10. GAYO *en el libro noveno de los comentarios al edicto provicnial.* Si el primer juicio de peculio está pendiente, y el objeto del litigio fue sentenciado en juicio posterior, no se considerará el primer juicio en la condena posterior, ya que en la acción de peculio es mejor la condición del ocupante. Se entiende que ocupa el primero que contestó la demanda, sino el primero que obtuvo la sentencia.

11. *ULPIANUS libro vicensimo nono ad edictum. Si noxali iudicio conventus dominus litis aestimationem obtulerit, de peculio deducendum est: quod si noxae dederit, nihil est deducendum.*

11. ULPIANO *en el libro vigésimo noveno de los comentarios al edicto.* Si al demandarse al dueño con la acción noxal éste ofreció la estimación del objeto del litigio, se deducirá del peculio. Pero si por causa del delito entregó a quien cometió el delito, no se deducirá nada.

§1. Sed et si quid dominus soluturum se servi nomine, repromisit, deduci oportebit, quemadmodum si quid domino servus pro debitore expromiserat. Idem est et si pro libertate quid domino expromisit, quasi debitor domino sit effectus, sed ita demum, si manumisso eo agatur.

§1. Si el dueño prometió pagar algo en nombre del esclavo, también deberá deducirse, lo mismo que si el hizo novación al dueño en nombre de un deudor de éste. Lo mismo procede si el esclavo hizo novación al dueño por su libertad, como volviéndose deudor del dueño de esa obligación natural, mientras que solo procede si se intenta la acción de peculio contra el dueño tras haberse manumitido al esclavo.

§2. Sed si a debitore dominico servus exegerit, an domini debitorem se fecerit, quaeritur: et Iulianus libro duodecimo digestorum non aliter dominum deducturum ait, quam si ratum

§2. Se pregunta si el esclavo se vuelve deudor de su dueño si el primero cobró de un deudor del segundo. Juliano dice en el libro décimo segundo del Digesto que el

habuisset quod exactum est: eadem et in filio familias dicenda erunt. Et puto veram Iuliani sententiam: naturalia enim debita spectatmus in peculii deductione: est autem natura aequum liberari filium vel servum obligatione eo quod indebitum videtur exegisse.

dueño no deberá deducirlo si ratificó lo cobrado. Lo mismo procede respecto del hijo de familia. Y estimo acertada la opinión de Juliano, porque para deducir del peculio debemos considerar las deudas naturales, y es justo que se libere al hijo o al esclavo de la obligación que parece haberse contraído al cobrar indebidamente.

§3. Est autem quaestionis, an id, quod dominus semel deduxit cum conveniretur, rursus si conveniatur, de peculio eximere debeat, an vero veluti solutum ei videatur semel facta deductione. Et Neratius et Nerva putant, ítem Iulianus libro duodecimo scribit, si quidem abstulit hoc de peculio, non debere deduci, si vero eandem positionem peculii reliquit, debere eum deducere.

§3. Se pregunta si lo deducido del peculio por el señor cuando fue demandado por primera vez deberá deducirlo otra vez si se le demandase de nuevo, o si una vez hecha la deducción se entenderá que ya se le pagó y no puede deducirlo de nuevo. Neracio y Nerva opinan, junto con Juliano en su libro décimo segundo del Digesto, que si el dueño separó esto realmente del peculio, no se deducirá otra vez, pero si dejó en peculio en el mismo estado, sí se deducirá.

§4. Denique scribit, si servus vicarium quinque valentem in peculium habuit et domino quinque deberet, pro quibus vicarium dominus deduxisset, et mortuo postea vicario alium eiusdem pretii servus comparaverit, non desinere domini esse debitorem, quasi vicarius ille domino decesserit: nisi forte, cum eum servo ademisset et sibi solvisset, tunc decesserit.

§4. También escribe Juliano que si un esclavo tuvo en el peculio otro esclavo que valía cinco mil sestercios, y el primero debía al dueño esa misma cantidad, por la cual se dedujo del peculio al segundo esclavo, y al morir éste el primer esclavo compró otro del mismo precio, no por ello deja de ser deudor del dueño, como si aquel esclavo hubiese muerto solo para el dueño, a no ser que hubiese fallecido luego de quitárselp al

§5. *Idem recte ait, si, cum vicarius valeret decem, dominus conventus de peculio quinque pro servo praestitisset, quoniam quinque ipsi debebantur, mox vicarius decessisset, adversus alium agentem de peculio decem dominum deducturum, quia et in eo, quod iam pro eo solvit, debitorem servum sibi fecerit. Quae sententia vera est, nisi servo ademit vicarium, ut sibi solveret.*

§6. *Quod autem deduci debere diximus id quod debetur ei qui de peculio convenitur, ita accipiendum est, si non hoc aliunde consequi potuit.*

§7. *Denique Iulianus scribit venditorem, qui servum cum peculio vendidit, si de peculio conveniatur, non debere deducere quod sibi debetur: potuit enim hoc ex ratione peculii detrahere et nunc condicere quasi indebitum (quoniam non est in peculio quod domino debetur). Potest, inquit, etiam ex vendito agere. Quod ita erit probandum, si tantum fuit in peculio cum venderet, ut satifacere debito dominus possit: ceterum si postea quid accessit condicionibus debiti existentibus, quod dominus non*

esclavo y cobrarse con él.

§5. Con razón dice Juliano que si un esclavo dependiente del que tiene el peculio valiese diez mil sestercios y, tras demandarse al dueño con la acción de peculio, pagó cinco mil en nombre del esclavo, debiéndole el esclavo al dueño otros cinco mil, y luego fallece el esclavo dependiente, el dueño deberá deducir diez mil contra quien ejerza la acción de peculio, porque habrá vuelto deudor suyo al esclavo por lo que pagó por él. Opinión esta que es verdadera si el dueño no le quitó el esclavo dependiente al esclavo que tiene el peculio para cobrarse lo que se le debía.

§6. Cuando decimos que debe deducirse del peculio lo que se debe a quien es demandado con la acción de peculio, debe entenderse así si no puede cobrarse de otra manera.

§7. Juliano escribe igualmente que si se demanda con la acción de peculio a quien vendió al esclavo junto con el peculio, no debe deducir de éste último lo que se le debe, porque pudo deducirlo de la cuenta del peculio y ejercer ahora la acción ejecutiva como quien paga algo indebido (pues lo que se debe al dueño no está en el peculio), por lo que también procede la acción de venta, según Juliano. Esto se aprobará si, al momento de vender, hubo en el

distraxerat, contra erit dicendum.

peculio lo suficiente para que el dueño pudiese satisfacer la deuda, pero se dirá lo contrario si, tras cumplirse las condiciones de la deuda, se agregó al peculio algo que el señor no había vendido.

§8. Idem scribit, si quis servum, cuius nomine de peculio habebat actionem, comparasset, an possit deducere quod sibi debetur, quoniam adversus venditorem habeat actionem de peculio? Et recete ait posse: nam et quivis alius potesta eligere, utrum cum emptore an cum venditore ageret: hunc igitur eligere pro actione deductionem. Nec video, quid habeant creditore quod querantur, cum possint ipsi venditorem convenire, si quid forte putant esse in peculio.

§8. También pregunta: si alguien compró el esclavo en cuyo nombre tenía la acción de peculio contra el dueño vendedor, ¿podrá deducir lo que se le debe por tener en contra del vendedor la acción de peculio? Dice con razón que sí, porque también cualquier otro puede elegir entre ejercer la acción de peculio contra el comprador o contra el vendedor del esclavo, por lo que éste puede elegir la deducción en lugar de la acción. Y no veo razón para que los acreedorse se quejen, pudiendo éstos demandar al vendedor si creen que resta algo en el peculio.

§9. Non solum autem quod ei debetur qui convenitur deducendum est, verum etiam si quid socio eius debetur, et ita Iulianus libro duodecimo digestorum scribit: nam qua ratione in solidum alteruter convenitur, pari ratione deducere eum oportet quod alteri debetur: quae sententia recepta est:

§9. No solo deberá deducirse al demandado lo que se debe, sino también si se le debe algo a su socio. Y esto lo escribe Juliano en su libro décimo segundo del digesto, porque por la misma razón que cada uno de los dos es demandado por el total, conviene que deduzca lo que se le debe al otro, opinión que es aceptada,

12. *IULIANUS libro duodecimo digestorum. ... qui an hoc casu etiam cum eo agi potest, penes quem peculium non est.*

12. JULIANO *en el libro décimo segundo del digesto.* ... porque en tal caso también puede ejercerse la acción contra aquel socio en cuyo poder no se halla el peculio.

13. ULPIANUS *libro vicensimo nono ad edictum. Sed in emptore et venditore vera non est, ítem in fructuario et propietario et ceteris qui non sunt socii, et in domino et bonae fidei emptore: nam et Iulianus libro duodecimo scribit neutrum horum deducere id quod alteri debetur.*

13. ULPIANO *en el libro vigésimo noveno de los comentarios al edicto.* Pero esta opinión no vale respecto a comprador y vendedor, usufructuario y nudo propietario, y a los demás que no son socios, ni entre dueño y comprador de buena fe, porque también escribe Juliano en su libro décimo segundo del digesto que ninguno de ellos deduce lo que se debe al otro.

14. IULIANUS *libro duodecimo digestorum. Ítem cum testamento praesenti die servus liber esse iussus est, cum omnibusheredibus de peculio agendum est nec quisquam eorum amplius deducet quam quod ipsi debeatur.*

14. JULIANO *en el libro décimo segundo del digesto.* Igualmente, si en el testamento se dispuso que en determinada fecha se liberase al esclavo, deberá ejercerse la acción de peculio contra los herederos, y ningúno de ellos deducirá más que lo que se le debe.

§1. Ítem cum servus vivo domino mortuus est, deinde dominus intra annum plures heredes reliquit, et de peculio actio et deductionis ius scinditur.

§1. Si el esclavo murió mientras el dueño vivía, y luego éste dejó varios herederos dentro del mismo año, también se divide la acción de peculio y el derecho de deducción.

15. ULPIANUS *libro vicensimo nono ad edictum. Sed si duo sint bonae fidei possessores, adhuc dicendum erit neutrum plus deducturum quam quod sibi debetur. Idemque et si duo sunt fructuarii, quia nullam inter se habent societatem. Idem dicetur interdum et in sociis, si forte separata apud se peculia habeant, ut alter alterius peculii monie non conveniatur: ceterum si commune sit peculium, et in solidum convenientur et deducetur quod utrique debetur.*

15. ULPIANO *en el libro vigésimo noveno de los comentarios al edicto.* Si hay dos poseedores de buena fe, se dirá que ninguno deberá deducir más de lo que se le debe. Lo mismo se dirá si hay dos usufructuarios, porque entre ellos no existe sociedad. También se dirá de los socios, si tienen en su poder los peculios separados, que uno no sea demandado en razón del peculio del otro, pero si el peculio es común, serán demandados por el total, y se deducirá lo que se debe a uno y a otro.

16. IULIANUS libro duodecimo digestorum. Quis ergo casus est, quo peculium servi communis ad alterum ex dominis solum pertineat? In primis si quis servi partem dimidiam vendiderit nec peculium ei concesserit: deinde si quis servo communi pecuniam vel res aliquas ea mente dederit, ut proprietatem earum retineret, administrationem autem servo concederet. MARCELLUS notat: est etiam ille casus, si alter edemerit: vel si omni quidem modo concesserit dominus, sed in nominibus erit concessio.

16. JULIANO *en el libro décimo segundo del digesto.* ¿Cuándo se da el caso que el peculio de un esclavo común pertenezca a uno solo de los dueños? En primer lugar, cuando alguien vende la mitad del esclavo, y no le concedió peculio. En segundo lugar, cuando alguien dio a un esclavo común dinero u otras cosas con intención de retener la propiedad de ellas, pero concediendo al esclavo la administración. Marcelo señala: lo mismo pas si alguien se lo quitó, o si el dueño se lo concedió en su totalidad, pero hubo concesión en cuanto a los créditos.

17. ULPIANUS libro vicensimo nono ad edictum. Si servus meus ordinarius vicarios habeat, id quod vicarii mihi deben tan deducam ex peculio servi ordinarii? Et prima illa quaestio est, an haec peculia in peculio servi ordinarii computentur. Et Proculus et Atilicinus existimant, sicut ipsi vicarii sunt in peculio, ita etiam peculia eorum: et id quidem, quod mihi dominus eorum, id est ordinarius servus debet, etiam ex peculio eorum detrahetur: id vero quod ipsi vicarii debent, dumtaxat ex ipsorum peculio: sed et si quid non mihi, sed ordinario servo debent, deducetur de peculio eorum quasi

17. ULPIANO *en el libro vigésimo noveno de los comentarios al edicto.* Si mi esclavo principal tiene esclavos dependientes de él, ¿deduciré del peculio del esclavo principal lo que me deben los dependientes? La primera cuestión es esta: ¿se computarán dichos peculios en el del esclavo principal? Próculo y Atilicno consideran que, así como los dependientes se hallan incluidos en el peculio, así también lo están sus respectivos peculios; y lo que su adminstrador me debe, es decir, el esclavo principal, se deducirá del peculio de ellos, pero

conservo debitum: id vero, quod ipsis debet ordinarius servus, non deducetur de peculio ordinarii servi, quia peculium eorum in peculio ipsius est (et ita Servius respondit), sed peculium eorum augebitur, ut opinor, quemadmodum si dominus servo suo debeat.

lo que me deben los dependientes se deducirá solo del peculio de los mismos. Igualmente, si deben algo al esclavo principal, y no a mí, se deducirá del peculio de ellos como si lo debieran a un consiervo, mientras que lo que el principal les debe a ellos no se deducirá del peculio del primero, porque el peculio de los dependientes está en el mismo peculio de aquél, y así respondió Servio. Pero en mi opinión el peculio de aquéllos aumentará si el dueño le deba a su esclavo.

18. *PAULUS libro quarto quaestionum. Cui consequens est, ut, si Sticho peculium suum legatum sit isque ex testamento agit, non aliter cogetur id, quod vicarius eius testatori debet, relinquere, nisi is, id est vicarius, peculium habeat.*

18. PAULO *en el libro cuarto de las cuestiones.* De ello se deduce que si se legó a Estico su peculio, y éste demandó con la acción de incumplimiento de legado, no se le obligará a deducir lo que su esclavo dependiente debe al testador salvo si el dependiente tuvo un peculio.

19. *ULPIANUS libro vicensimo nono ad edictum. Hinc quaeritur, si ordinarii servi nomine actum sit de peculio, an agi possit et vicariorum: et puto non posse. Sed si actum sit de peculio vicarii, agi poterit et de peculio ordinarii.*

19. ULPIANO *en el libro vigésimo noveno de los comentarios al edicto.* Por ello se pregunta: si se ejerció en nombre del esclavo principal la acción de peculio, ¿podrá ejercerse la misma acción en el caso de los dependientes de aquél? Opino que no. Pero si se ejerce la acción sobre el peculio del esclavo dependiente, podrá ejercerse después sobre el peculio del principal.

§1. Potest esse apud me duplicis iuris peculium: ut puta servus est dotalis, potest habere peculium quod ad me

§1. Puede estar en mi poder un peculio de doble pertenencia, por ejemplo, el esclavo de la dote

respiciat, potest et quod ad mulierem, nam quod ex re mariti quaesiit vel ex operis suis, id ad maritum pertinet: et ideo, si respectu mariti heres sit institutus vel ei legatum datum, id eum non debere restituere Pomponius scribit. Si igitur mecum agatur ex eo contractu qui ad me respicit, utrum omne deducam quodquod debetur mihi, sive ex mea causa sive ex ea quae ad uxorem respicit? Ut, si quidem ex eo peculio agatur, quod ad mulierem spectat, id deducam, quod ex eo contraactu debeatur, si ex eo contractu, qui ad me respicit, meum deducam? Quae quaestio dilucidius est in fructuario tractate, utrum ex eo demum contractu potest de peculio conveniri, quod ad se pertinent, an ex omni. Et Marcellus etiam fructuarium teneri scrit et ex omni contractu: eum enim qui contrahit totum servi peculium velut patrimonium intuitum. Certe illus admittendum omnimodo dicit, ut priore convent, ad quem res respicit, in superfluum is, cui quaesitum non est, conveniatur: quae sentential probabilior est et a Pomponio probatur. Quod et in duobus bonae fidei emptoribus erit dicendum. Sed in marito melius est dicere simpliciter eum de peculio teneri. Sin autem maritus huiusmodi servi nomine aliquid praestiterit, an adversus mulierem agentem dotis nomine deducere id possit? Et ait, si id quod creditori praestitum est ad utriusque generis peculium pertinebit, pro rata utrique peculio decedere debere. Ex quo intellegi potest, si ad alterum peculium

puede tener un peculio que me corresponda como marido, y puede tener otro que corresponda a mi esposa, pues lo adquirido con bienes del marido o con su propio trabajo pertenece al marido. Por tanto, si en consideración al marido el esclavo fue instituido heredero o se le entregó un legado, Pomponio escribe que esto no debe restituirlo el marido. Y si se me demanda por un contrato que me afecta, ¿deduciré todo lo que se me debe por mi causa o por la de mi esposa o, por el contrario, separamos las causas, como si fueran dos peculios, para que también se considere la causa de la deuda que se exige, y si se demanda por el peculio que corresponde a mi esposa, yo deduzca lo que se me debe por aquel contrato, y si se demanda por un contrato que me afecta, yo deduzca lo mío? Esta cuestión se plantea más claramente en el caso del usufructuario: ¿puede demandársele con la acción de peculio solo por el contrato que á el se refiere o por cualquier otro? Marcelo dice que el usufructuario también se obliga por cualquier contrato, porque quien contrata consideró todo el peculio del esclavo como un solo patrimonio. Dice que debe admitirse que, si se demanda primero a aquél a quien afecta el negocio, se le demande por el resto a aquel para quien no

contractus pertinebit, modo soli uxori detrahi, modo non detrahi, si ad id peculium pertinuit contractus, quod apud maritum resedit.

se adquirió, opinión más aceptable y aprobada por Papiniano. Lo mismo se dirá respecto de dos compradores de buena fe. Respecto del marido es mejor decir que se obliga simplemente por la acción de peculio. Pero si el marido pagó algo por razón de un esclavo dotal, ¿podrá deducirlo contra la mujer que le exige la restitución de la dote? Dice Marcelo que si lo pagado al acreedor pertenece a un peculio común, debe deducirse a prorrata de uno y otro peculio especial. De ello se entiende que si el contrato pertenece a un peculio especial, se deduce solo para la mujer, o no se deduce si el contrato pertenece al peculio que está en poder del marido.

§2. Interdum et ipsi fructuario adversus dominum datur actio de peculio, ut puta si apud eum habeat peculium, apud ipsum vero aut nihil aut minus, quam fructuario debetur. Idem etiam contra eveniet, quamvis in duobus dominis sufficiat pro socio vel communi dividundo:

§2. A veces la acción de peculio contra el dueño se concede al usufructuario, por ejemplo, si tiene en poder del dueño un peclio y en su poder no hay nada o hay menos de lo que se debe al usufructuario. Lo mismo sucede al contrario, cuando el peculio está en poder del usufructuario, a favor del dueño, aunque respecto de dos dueños basta la acción de sociedad o la de división de cosa común,

20. *PAULUS libro trigensimo ad edictum. ... nam inter se agere socii de peculio non possunt.*

20. PAULO *en el libro trigésimo de los comentarios al edicto*. ... porque los socios no puede demandarse entre ellos con la acción de peculio.

21. ULPIANUS *libro vicensimo nono ad edictum. Summa cum ratione etiam hoc peculio praetor imputavit, quod dolo malo domini factum est, quo minus in peculio esset. Sed dolum malum accipere debemus, si ei ademit peculium: sed eet si eum intricare peculium in necem creditorum passus est, Mela seribit dolo malo eius factum. Sed et si quis, cum suspicaretur alium secum aeturum, alio peculium avertat, dolo non caret. Sed si alii solvit, non dubito de hoc quin non teneatur, quoniam creditori solvitur et licet creditori vigilare ad suum consequendum.*

§1. Si dolo tutoris vel curatoris furiosi vel procuratoris factum sit, an pupillus vel furiosus vel dominus de peculio conveniatur, videndum. Et puto, si solvendo tutor sit, praestare pupillum ex dolo eius, maxime si quid ad eum pervenit, et ita Pomponius libro octavo epistularum scribit. Idem et in curatore et procuratore erit dicendum.

§2. Emptor autem ex dolo venditoris non tenebitur nec heres vel alius successor, nisi in id quod ad se pervenit. Sive autem post iudicium acceptum sive ante dolo factum sit, continetur officio iudicis.

21. ULPIANO *en el libro vigésimo noveno de los comentarios al edicto.* Con razón contó el pretor en este peculio lo que el dueño dolosamente sacó de aquél. Debemos entender por dolo malo si le quitó el peculio al esclavo. Pero Mela también escribe que si el dueño autorizó a confundir las cuentas del peculio para perjudicar a los acreedores, lo hizo con dolo malo. Pero si el dueño sospecha que alguien le demandará y transmite el peculio a otro, actúa con dolo; en cambio, si pagó a otro opino que no se obliga, porque se paga a un acreedor, y es lícito que éste vea para obtener lo suyo.

§1. Si el tutor o el curador del demente, o el procurador, actuaron con dolo, veamos si se les demandará con la acción de peculio al pupilo, al demente o al dueño del negocio. Opino que si el tutor es solvente y el pupilo puede resarcirse, éste responde por el dolo del primero, especialmente si algo llegó a su poder, y así opina Pomponio en el libro octavo de sus epístolas. Lo mismo se dirá sobre el curador y el procurador.

§2. El comprador no se obliga por el dolo del vendedor, ni tampoco el heredero u otro sucesor por el dolo del causante de la herencia, salvo por lo que llegó a su poder. Corresponde al ministerio del juez decidir si se actuó con dolo antes o después de contestar la demanda.

§3. *Si dominus vel pater recuset de peculio actionem, non est audiendus, sed cogendus est quasi aliam quamvis personalem actionem suscipere.*

22. *POMPONIUS libro septimo ad Sabinum. Si damni infecti aedium peculiarium nomine promiserit dominus, ratio eius haberi debet et ideo ab eo qui de peculio agit domino cavendum est.*

23. *IDEM libro nono ad Sabinum. Aedium autem peculiarium nomine in solidum damni infecti promitti debet, sicut vicarii nomine noxale iudicium in solidum pati, quia pro pignore ea, si non defendantur, actor abducit vel possidet.*

24. *ULPIANUS libro vicensimo sexto ad Sabinum. Curator furiosi administrationem peculii et dare et denegare potest tam servo furiosi quam filio.*

25. *POMPONIUS libro vicensimo tertio ad Sabinum. Id vestimentum peculii esse íncipit, quo dita dederit dominus, ut eo vestitu servum perpetuo uti vellet eoque nomine ei traderet, ne*

§3. Si el dueño o el padre rechazan la acción de peculio, no será oído en juicio, sino que se le obligará a aceptarla como si fuese cualquier otra acción personal.

22. POMPONIO *en el libro séptimo de los comentarios a Sabino.* Deberá considerarse si el dueño del peculio otorgó caución de daño temido por razón de una casa del mismo; y así, quien ejerce la acción de peculio deberá otorgar caución al dueño de indemnizarle por lo que éste tenga que pagar.

23. EL MISMO *en el libro noveno de los comentarios a Sabino.* El dueño debe otorgar caución de daño temido por el total que amenaza a una casa del peculio, así como soportar el juicio noxal en nombre del esclavo dependiente de otro principal, porque si no defiende la casa, el actor la retiene en prenda o toma posesión de la misma.

24. ULPIANO *en el libro vigésimo sexto de los comentarios al edicto.* El curador de un demente puede conceder o negar la administración del peculio a un esclavo o a un hijo del demente.

25. POMPONIO *en el libro vigésimo tercero de los comentarios a Sabino.* Pasa a ser del peculio la prenda que el dueño dio para que el esclavo la use permanentemente, para que

quis alius eo uteretur idque ab eo eius usus gratia custodiretur. Sed quod vestimentum servo dominus ita dedit utendum, ut non Semper, sed ad certum usum certis temporibus eo uteretur, veluti cum sequeretur eum sive cenanti ministravit, id vestimentum non esse peculii.

26. *PAULUS libro trigensimo ad edictum. Si semel ex ea causa, id est quod dolo fecerit, dominus praestiterit de peculio conventus, ceteris ex eadem causa nihil praestabit. Sed et si tantundem servus ei debeat quantum dolo minuit, non erit condemnatus. His consequens erit, ut manumisso quoque vel alienato servo ex causa etiam doli intra annum teneatur.*

27. *GAIUS libro nono ad edictum provinciale. Et ancillarum nomine et filiarum familias in peculio actio datur: maxime si qua sacinatrix aut textrix erita ut aliquod artificium vulgare exerceat, datur propter eam actio. Depositi quoque et commodati actionem dandam earum nomine Iulianus ait: sed et tributoriam actionem, si peculiari merce sciente patre dominove negotietur, dandam esse. Longe magis non dubitatur, et si in rem versum est, quod iussu patris dominive contractum sit.*

§1. Constat heredem domini id quoque

nadie más lo use y lo conserve para su uso exclusivo. Pero no será del peculio la prenda que el dueño dio al esclavo, no para usarla siempre, sino en determinadas ocasiones, como cuando lo acompaña o le sirve la cena.

26. PAULO *en el libro trigésimo de los comentarios al edicto.* Si tras ser demandado con la acción de peculio el dueño pagó porque obró con dolo, no pagará nada a los demás por la misma causa. Pero si el esclavo le debe lo que por su dolo disminuyó el peculio, no será condenado. Por lo cual, al manumitirse o enajenarse el esclavo, el dueño queda obligado dentro del año también por causa del dolo.

27. GAYO *en el libro noveno de los comentarios al edicto provincial.* Se otorga la acción de peculio en nombre de las esclavas y de las hijas de familia, sobre todo si es costurera o tejedora, o ejerce algún oficio vulgar. Juliano dice que también se otorgará en nombre de ellas la acción de depósito y la de comodato; también se otorgará la tributoria si negocian con mercancías del peculio y el padre o el dueño están enterados. Con mayor razón se otorga si hubo ganancia de lo que se contrató con autorización del padre o del dueño.

§1. Consta que el heredero del

deducere debere, quod servus, cuius nomine cum eo de peculio ageretur, ante aditam hereditatem ex bonis hereditariis amovisset consumpsisset currupisset.

§2. Si servus alieantus sit, quamvis in eum, aui alienaverit, intra annum praetor de peculio actionem polliceatur, tamen nihilo minus et in novum dominum actio datur, et nihil interest, aliud apud eum adquisierit peculium an quod pariter cum eo emerit vel ex donatione acceperit eidem concesserit.

§3. Illus quoque placuit, quod et Iulianus probat, omnimodo permittendum creditoribus vel in parte cum singulis agere vel cum uno in solidum.

§4. Sed ipsi, qui vendiderit servum, non putat Iulianus de eo, quod ante venditionem crediderit, eum emptore de peculio agere permittendum.

§5. Sed et si alieno credidero eumque redemero, deinde alienavero, aeque non putat mihi in emptorem dari debere iudicium.

§6. In venditorem autem dumtaxat intra annum post redemptionem numerandum de eo, quod adhuc alieno crediderim, dandam esse mihi actionem existimat deducto eo, quod apud me peculii servus habebit.

dueño debe deducir lo que el esclavo, a quien se le demanda con la acción de peculio, amovió, consumió o estropeó de los bienes hereditarios antes de aceptar la herencia.

§2. También se otorga la acción contra el nuevo dueño si se enajenó un esclavo, aunque el pretor prometa la acción de peculio dentro del año contra aquél, sin importar que el esclavo adquiera otro peculio del nuevo dueño o que éste le conceda el que compró junto con el esclavo, o que éste recibió como donación.

§3. También es válido lo que aprueba Juliano: debe permitirse a los acreedores ejercer la acción contra cada uno de los herederso del vendedor por sus partes o contra uno de ellos por el total.

§4. Juliano considera que no debe permitírsele ejercer a la acción de peculio al mismo que vendió el esclavo contra el comprador por aquello que prestase al esclavo antes de la venta.

§5. Si yo presté a un esclavo ajeno y luego lo compré y lo enajené, tampoco opina Juliano que debe otorgárseme acción contra el comprador.

§6. Sin embargo, Juliano opina que debe otorgárseme acción contra el vendedor dentro del plazo de un año contado a partir de la compra por cuanto presté al esclavo que todavía era de otro dueño, previa

§7. *Sicut autem de eo, quod ipse crediderit servo meo, non putat Iulianus in emptorem alienato eo actionem mihi dari debere, ita et de eo, quod servus meus servo meo crediderit, si is, cui dreditum fuerit, alienatus sit, negat permitti mihi debere cum emptore experiri.*

§8. *Si quis cum servo duorum pluriumve contraxerit, permittendum est ei cum quo velit dominorum in solidum experiri: est enim iniquum in plures adversarios distringi cum, qui cum uno contraxerit: nec huius dumtaxat peculii ratio haberi debet, quod apud eum cum quo agitur is servus haberet, sed et eius quod apud alterum. Nec tamen res damnosa futura este i qui condemnatur, cum possit rursus ipse iudicio societatis vel communi dividendo quod amplius sua portione solverit a socio sociisve suis consequi. Quod Iulianus ita locum habere ait, si apud alterum quoque fuit peculium quia eo casu solvendo quisque etiam socium aere alieno liberare videtur: at si nullum sit apud alterum peculium, contra esse, quia nec liberare ullo modo aere alieno eum intellegitur.*

deducción del peculio que el esclavo adquier estando en mi poder.

§7. Así como Juliano opina que no debe otorgárseme acción contra el comprador por lo que yo presté a un esclavo mío, así también niega que deba permitírseme ejercer la acción contra el comprador por lo que un esclavo mío prestó a otro esclavo que aún era mío, si luego fuese enajenado éste último.

§8. Si alguien contrató con el esclavo de dos o más dueños, deberá permitçirsele ejercer por el total la acción contra cualquiera de los dueños, porque es injusto que se enfrente a varios adversarios quien contrató con uno solo; y no debe considerarse solo el peculio que el esclavo tuvo en poder propiedad de aquel contra quien se ejerce la acción, sino también el peculio que tenga en poder de otro. Tampoco deberá ser perjudicial para el condenado, ya que a su vez puede conseguir de su socio o socios lo que pagó de más de su porción en el juicio de sociedad o de división de cosa común. Juliano dice que esto procede si otro tiene un peculio, porque en tal caso se entiende que al pagar cualquiera libra a su socio de una deuda, pero si no hubo peculio en poder de otra persona sucede lo contrario, porque se entiende que libera de la deuda al otro que no tiene peculio.

28. *IULIANUS libro duodecimo digestorum. Quare et si socio neque heres neque bonorum possessor exstitisset, eatenus damnari debet is cum quo actum fuerit, quatenus peculium apud eum erit et quantum ex bonis consequi potest.*

28. JULIANO *en el libro décimo primero del digesto.* Por tanto, si el socio no tuvo ni heredero ni poseedor de bienes, aquél contra quien se ejerció la acción de peculio deberá ser condenado en la medida del peculio que tenga en su poder y por lo que pueda obtenerse de la herencia.

29. *GAIUS libro nono ad edictum provinciale. Si quis servum testamento liberum esse iusserit relictis heredibus his, qui cum servo contraxerunt, possunt inter se coheredes vel de peculio agere, quia de eo quisque peculii, quod apud eum esset, quolibet alio agente teneatur.*

29. GAYO *en el libro noveno de los comentarios al edicto provincial.* Si alguien dispuso por testamento que se libere a un esclavo, dejando como herederos a quienes contrataron con el esclavo, los coherederos pueden demandarse recíprocamente con la acción de peculio, porque al ejercer alguno de ellos la acción los demás están obligados por el peculio que tienen en su poder.

§1. Etiamsi prohibuerit contrahi cum servo dominus, erit in eum de peculio actio.

§1. Aunque el dueño prohiba contratar con el esclavo, procederá contra él la acción de peculio.

30. *ULPIANUS libro vicensimo nono ad edictum. Quaesitum est, an teneat actio de peculio, etiamsi nihil sit in peculio cum ageretur, si modo sit rei iudicatae tempore. Proculus et Pegasus nihilo minus teneri aiunt; intenditur enim recte, etiamsi nihil sit in peculio. Idem et circa ad exhibendum et in rem actionem placuit, quae sentential et a nobis probanda est.*

30. ULPIANO *en el libro vigésimo noveno de los comentarios al edicto.* Se pregunta: ¿obliga la acción de peculio aunque no haya nada en éste cuando se ejerce la acción y ya hubiese al momento de la sentencia? Próculo y Pegaso dicen que pese a ello el demandado se obliga, porque la pretensión del actor es correcta, aunque nada haya en el peculio. Lo mismo pasa con la acción de exhibición y la real, opinión que también aprobamos.

§1. Si cum ex parte herede domini vel patris agatur, dumtaxat de peculio condemnandum, quod apud cum heredem sit qui convenitur: idem et in rem verso pro parte, nisi si quid in ipsius heredis rem vertit: nec quasi unum ex sociis esse hunc heredem conveniendum, sed pro parte dumtaxat.

§1. Si se ejerce la acción contra el heredero parcial del dueño o del padre, debe condenarse solo en la medida del peculio que se halla en poder del heredero demandado. Lo mismo sucede respecto de la ganancia parcial obtenida: solo puede demandarse en la medida que benefició al propio heredero, pues éste no será demandado como un socio, sino solo respecto de su parte.

§2. Sed si ipse servus sit heres ex parte institutus, aeque cum eo agendum erit.

§2. Si el esclavo fue instituido heredero en una parte, también se ejercerá acción contra él.

§3. Sin vero filius sit quamvis ex parte institutus, nihilo minus in solidum actionem patietur. Sed si velit pro parte nomen coheredis redimere, audiendus est; quid enim si in rem patris versum sit? Cur non consequatur filius a coherede, quod in patris re est? Idem et si peculium locuples sit.

§3. Si se instituyó heredero al hijo, pero solo en parte, deberá soportar la acción por el total; pero si quiso compensar parcialmente con el coheredero, deberá ser oído en juicio. Porque, ¿qué diremos si el padre obtuvo ganancia? ¿Por qué el hijo no conseguirá del coheredero lo que se halla en el patrimonio del padre? Lo mismo decimos si el peculio es solvente.

§4. Is, qui semel de peculio egit, rursus aucto peculio de residuo debiti agere potest.

§4. Quien una vez ejerció la acción de peculio, al aumentar éste puede intentarla de nuevo por el resto de la deuda.

§5. Si annua exceptione sit repulsus a venditore creditor, subveniri ei adversus emptorem debet: sed si alia exceptione,, hactenus subveniri, ut deducta ea quantitate, quam a venditore consequi potuisset, ab emptore residuum consequatur.

§5. Si el acreedor fue rechazado por el vendedor con la excepción del año transcurrido, debe auxiliársele contra el comprador; pero si se le rechazó con otra excepción, solo se le auxiliara para que, tras deducir la cantidad que

§6. In dolo obiciendo temporis ratio habetur: fortassis enim post tempus de dolo actionis non patietur dolum malum obici praetor, quoniam nec de dolo actio post statutum tempus datur.

§6. Al oponer la excepción de dolo se debe tener en cuenta el plazo, porque quizá el pretor no autorice oponerla después de transcurrido el plazo de la acción de dolo, dado que tampoco se otorga esta acción luego del plazo establecido.

§7. In heredem autem doli clausula in id quod ad eum pervenit fieri debet, ultra non.

§7. La cláusula relativa al dolo debe dirigirse contra el heredero por lo que obtuvo, no por más.

31. *PAULUS libro trigensimo ad edictum. Sed si pise heres dolo fecit, solidum praestat.*

31. PAULO *en el libro trigésimo de los comentarios al edicto.* Pero si el mismo heredero actuó con dolo, responde por el total.

32. *ULPIANUS libro secundo disputationum. Si ex duobus vel pluribus heredibus eius, qui manumisso servo vel libero esse iusso vel alienato vel mortuo intra annum conveniri poterat, unus fuerit conventus, omnes heredes liberabuntur, quamvis non in maiorem quantitatem eius peculii, quod penes se habet qui convenitur. Condemnetur, idque ita Iulianus scripsit. Idemque est et si in alterius rem fuerit versum. Sed et si plures sint fructuarii vel bonae fidei possessores, unus conventus ceteros liberat, quamvis non maioris peculii, quam penes se est, condemnari debeat. Sed licet hoc iure contingat, tamen aequitas dictat iudicium in eos dari, qui occasione iuris liberantur, ut magis eos perceptio quam intentio liberet: nam qui cum servo contrahit, universum peculium eius quod ubicumque est veluti*

32. ULPIANO *en el libro segundo de las disputas.* Si se demandó solo a uno de entre dos o más herederos de quien podía ser demandado dentro del plazo de un año tras haber manumitido al esclavo o autorizado que se liberase, o lo hubiese enajenado, o el esclavo hubiese muerto, los demás herederos quedarán libres aunque no se le condene por una cantidad mayor a la del peculio que tiene en su poder el demandado, y así lo escribe Juliano; lo mismo sucede si hubo provecho de otro. También si los usufructuarios o los poseedore de buena fe fueron varios, al demandarse a uno, los demás se liberan, aunque no se condene en más del peculio que está en su poder. Y aunque esto

patrimonium intuetur.

suceda por derecho, la equidad reclama que se conceda acción contra quienes quedan libres por motivos jurídicos, para que los libere más bien su contribución efeciva que la contestación a la demanda, porque quien contrata con un esclavo considera como patrimonio único todo su peculio, donde quiera que esté.

§1. In hoc autem iudicio licet restauretur praecedens, tamen et augmenti et decessionis rationem haberi oportet, et ideo sive hodie nihil sit in peculio sive accesserit aliquid, praesens status peculii spectandus est. quare circa venditorem quoque et emptorem hoc nobis videtur verius, quod accessit peculio posse nos ab emptore consequi, nec retrorsus velut in uno iudicio ad id tempus conventionem reducere emptoris, quo venditor conventus sit.

§1. En este juicio entre usufructuarios, aunque se repita el anterior, debe considerarse el aumento y la disminución del peculio; por tanto, tanto si nada queda hoy en el peculio como si algo se le agregó, deberá considerarse el estado actual del mismo. En consecuencia, respecto de la acción de peculio primero contra el vendedor y luego contra el comprador, nos parece más acertado decir que podremos conseguir del comprador lo que se agregó posteriormente al peculio, y que no debemos hacer retroactiva la demanda contra el comprador al momento en que éste fue demandado, como si fuera un único juicio.

§2. Venditor servi si cum peculio servum vendidit et tradiderit peculium, ne intra annum quidem de peculio convenietur: neque enim hoc pretium servi peculium est, ut Neratius scripsit.

§2. Neracio escribió que si un vendedor vendió el esclavo junto con el peculio y entregó éste último, no será demandado dentro del plazo de un año con la acción de peculio, porque el precio obtenido no es peculio del esclavo.

33. IAVOLENUS libro duodecimo ex Cassio. Sed si quis servum ita vendidit, ut pretium pro peculio acciperet, penes eum videtur esse peculium, ad quem pretium peculii pervenit,

34. POMPONIUS libro duodecimo ex variis lectionibus. ... non penes quem res peculiaris sit.

35. IAVOLENUS libro duodecimo ex Cassio. At cum heres iussus est peculium dare acepta certa summa, non videtur penes heredem esse peculium.

36. ULPIANUS libro secundo disputationum. In bonae fidei contractibus quaestionis est, an de peculio an in solidum pater vel dominus tenerentur: ut est in actione de dote agitatum, si filio dos data sit, an pater dumtaxat de peculio conveniretur. Ego autem arbitror non solum de peculio, sed et si quid praeterea dolo malo patris capta fraudataque est mulier, competere actionem: nam si habeat res nec restituere sit paratus, aequum est eum quanti ea res est condemnari. Nam quod in servo, cui res pignori data est, expressum est, hoc et in ceteris bonae fidei iudiciis accipiendum esse Pomponius scripsit. Namque si servo res pignori data sit, non solum de peculio et in rem verso competit action,

33. JAVOLENO *en el libro décimo segundo de la doctrina de Casio*. Si alguien vendió el esclavo y recibió un precio por el peculio, se entiende que éste se halla en poder del que cobró el precio del peculio,

34. POMPONIO *en el libro décimo segundo de la doctrina de autores varios.* ... no en poder de quien tiene los bienes del peculio.

35. JAVOLENO *en el libro décimo segundo de la doctrina de Casio*. Por el contrario, cuando se dispuso que el heredero diese el peculio tras recibir cierta cantidad, no se entiende que el peculio se halla en poder del heredero.

36. ULPIANO *en el libro Segundo de las disputas*. Sobre los contratos de buena fe se pregunta si el padre o el dueño se obligan por el peculio o por el total, como cuando se descutió sobre la acción de dote al entregarse ésta al hijo, si su padre podía ser demandado solo por la acción de peculio. Yo opino que no solo procede la acción de peculio, sino también la acción por el total si la mujer fue engañada y defraudada por el dolo malo del padre del marido, porque si el padre retiene la cosa y no está dispuesto a restituirla, es justo condenársele por el valor de aquella cosa. Porque Pomponio escribe que lo expresado respecto

verum hanc quoque habet adiectionem et si quid dolo malo domini patus fraudatusque actor est. videtur autem dolo facere dominus, qui, cum haberet restituendi facultatem, non vult restituere.

del esclavo a quien se le dio en prenda una cosa, también debe admitirse en los demás juicios de buena fe, ya que si la cosa se entregó en calidad de prenda al esclavo, no solo competen la acción de peculio y la de ganancia obtenida, sino que también se agrega esto: 'y si en algo fue engañado y defraudado el actor por el dolo malo del dueño'. Se entiende que éste actúa con dolo si no desea restituir teniendo la posibilidad de hacerlo.

37. *IULIANUS libro duodecimo digestorum. Si creditor filii tui heredem te instituerit et tu hereditatem eius vendideris, illa parte stipulationis quanta pecunia ex hereditate ad te pervenerit teneberis de peculio.*

37. JULIANO *en el libro décimo segundo del digesto.* Si el acreedor de tu hijo te nombró heredero y tú vendiste su herencia, te obligas por la acción de peculio con aquella cláusula de la estipulación que dice 'por cuanto dinero obtuvieses de la herencia'.

§1. *Si servo tuo premiseris vicarium emere aureis octo, ille decem emerit et tibi scripserit se octo emisse tuque ei permiseris eos octo ex tua pecunia solvere et is decem solverit, hoc nomine duos áureos tantum vindicabis, sed hi venditori praestabuntur dumtaxat de peculio servi.*

§1. Autorizaste a un esclavo tuyo a comprar un esclavo dependiente (vicario) por ocho áureos; él lo compra por diez y te escribe diciendo que lo compró por ocho; tú le autorizas a pagar esa cantidad con dinero tuyo y él paga los diez; por lo anterior solo reivindicarás dos áureos, pero éstos se pagarán al vendedor del peculio del esclavo.

§2. *Servum communem, quem cum Titio habebam, vendidi Sempronio: quaesitum est, si de peculio cum Titio aut cum Sempronio ageretur, an eius peculii, quod apud me esset, ratio haberi deberet. Dixi, si cum Sempronio*

§2. El esclavo común que yo tenia en propiedad con Ticio se lo vendí a Sempronio. Se pregunta: si se ejerce contra Ticio o Sempronio la acción de peculio, ¿deberá considerarse el peculio que está en

ageretur, numquam rationem eius peculii, quod apud me esset, haberi debere, quia is nullam adversus me actionem haberet, per quam id quod praestitisset consequi posset. Sed et si cum Titio post annum quam vendidissem ageretur, similier non esse computandum peculium quod apud me est, quia iam mecum agi de peculio non posset. Sin autem intra annum ageretur, tunc quoque habendam huius peculii rationem, postquam placuit alienato homine permittendum creditori et cum venditore et cum emptore agere.

§3. Si actum sit de pecuio cum eo qui usum fructum in servo habet et minus consecutus sit creditor, non est iniquum, ut ex universo eius peculio, sive apud fructuarium sive apud proprietarium erit, rem consequatur. Nihil interest, operas suas conduxerit servus a fructuario an pecuniam mutuam ab eo acceperit. Dari itaque debebit action ei adversus dominum proprietatis deduct eo, quod servus peculii nomine apud fructuarium habet.

38. *AFRICANUS libro octavo quaestionum. Deposui apud filium familias decem et ago depositi de peculio.*

mi poder? Respondí que, si se demanda a Sempronio, no debe considerarse el peculio que está en mi poder, porque Sempronio no tendría contra mí ninguna acción con la cual obtener lo que dio. Pero si se ejerce la acción contra Ticio después del año en que yo vendí el esclavo, tampoco se contará el peculio que está en mi poder, porque ya no se podría ejercer la acción respectiva contra mí. Pero si se intentó la acción contra Ticio en el plazo de un año, entonces sí debe considerarse el peculio, pues se ha establecido que, tras enajenar el esclavo, se permita al acreedor ejercer la acción contra el vendedor y contra el comprador.

§3. Si se ejerció la acción de peculio contra el usufructuario de un esclavo, y el acreedor obtuvo menos de lo que se le debía, es justo que obtenga el resto del total del peculio, ya sea que esté en poder del usufructuario o del nudo propietario. No importa si el esclavo debe al usufructuario por arrendarle sus servicios o por haber obtenido de éste dinero en mutuo: deberá dársele acción contra el nudo propietario, una vez deducido lo que el esclavo tiene a título de peculio en poder del usufructuario.

38. AFRICANO *en el libro octavo de las cuestiones.* Deposité diez mil sestercios en poder de un hijo de

Quamvis nihil patri filius debeat et haec decem teneat, nihilo magis tamen patrem damnandum existimavit, si nullum praeterea peculium sit: hanc enim pecuniam, cum mea maneat, non esse peculii. Denique quilibert alio agente de peculio minime dubitandum ait computari non oportere. Itaque ad exhubendum agere me et exhibitam vindicare debere.

familia y ejercí la acción de peculio por razón del depósito; aunque el hijo no deba nada a su padre y tenga en su poder los diez mil, opino que debe condenarse al padre si no hay ningún otro peculio, porque este dinero, al seguir siendo mío, no es del peculio. Por último, si cualquier otro ejerce la acción de peculio, dice Juliano que sin duda deba computarse; por tanto, debo ejercer la acción exhibitoria y luego reivindicar la cosa exhibida.

§1. Si nuptura filio familias dotis nomine certam pecuniam promiserit et divortio facto agat de dote cum patre, utrumne tota promissione and educto eo, quod patri filius debeat, libeerari eam oporteret? Respondit tota promissione eam liberandam esse, cum certe et si ex promissione cum ea ageretur, exceptione doli mali tueri se posset.

§1. Si la mujer que iba a casarse prometió a un hijo de familia cierta cantidad en calidad de dote, y tras divorciarse ejerció contra el padre la acción de dote, ¿quedará ella libre de la promesa o se deducirá lo que el hijo debe al padre? Se respondió lo primero, porque, aunque se le demande en virtud de la promesa, podrá defenderse con la excepción de dolo malo.

§2. Stichus habet in peculio Pamphilum qui est decem, idem Pamphilus debet domino quinque. Si agatur de peculio Stichi nomine, placebat aestimari debere pretium Pamphili et quidem totum non deducto eo, quod domino Pamphilus debet: neminem enim posse intellegi ipsum in suo peculio esse: hoc ergo casu damnum dominum passurum, ut pateretur, si cuilibet alii servorum suorum peculium non habenti credidisset. Idque ita se habere evidentius appariturum ait, si Sticho peculium legatum esse

§2. El esclavo Estico tiene en su peculio a Pánfilo, cuyo valor es de diez mil sestercios, y el segundo debe cinco mil a su dueño. Si se ejerce la acción de peculio en nombre de Estico, se ha establecido que debe considerarse el valor íntegro de Pánfilo, sin deducir lo que éste debe al dueño, porque debe entenderse que ningún puede formar parte de su propio peculio. Por tanto, el dueño deberá padecer el quebranto, como lo sufriría si prestase uno de sus

proponatur: qui certe si ex testamento agat, cogendus non est eius, quod vicarius suus debet, aliter quam ex peculio ipsius deductionem pati: aliioquin futurum, ut, si tantundem vicarius domino debeeat, ipse nihil in peculio habere intellegatur, quod certe est absurdum.

esclavos que no tuviese peculio; y dice Juliano que con mayor razón esto es así si se le legó el peculio a Estico, el cual no se obligará a consentir la deducción de lo que su esclavo dependiente (vicario) le debe más que respecto del peculio de dicho esclavo, si demanda con la acción de cumplimiento de legado; de lo contrario sucedería que, si el vicario debe otro tanto a su dueño, se entenderá que éste no tenía nada en su peculio, lo cual es absurdo.

§3. Servo quem tibi vendideram pecuniam credidi: quaesitum est, an ita mihi in te actio de peculio dari debeat, ut deducatur id, quod apud me ex eo remanserit. Quod quidem minime verum est, nec intererit, intra annum quam vendiderim an postea experiar: nam nec ceteris quidem, qui tunc cum eo contraxerint, in me actio datur. In contrarium quoque agentibus mecum his, qui antea cum eo servo contraxissent, non decudam id, quod postea mihi debere coeperit. Ex quo apparet onus eius peculii, quod appud me remanserit, ad posterioris temporis contractus pertinere non debere.

§3. Presté dinero al esclavo que yo te vendí; se pregunta si deberá concedérseme la acción de peculio contra ti para deducir lo que del mismo quedó en mi poder. Esto es totalmente falso, pues no importa que yo ejerza la acción dentro del año de haber vendido o después, porque tampoco se concederá acción contra mí a quienes contrataron con él después de la venta. Por el contrario, si ejercen contra mí la acción de peculio quienes antes contrataron con el esclavo, tampoco deduciré lo que el esclavo comenzó a deberme posteriormente. De ello se deduce que las deudas del peculio que sigue en mi poder no afectan a los contratos hechos por el esclavo después de la venta.

39. *FLORENTINUS* libro *undecimo institutionum. Peculium et ex eo consistit, quod parsimonia sua quis*

39. FLORENTINO *en el libro décimo primero de las instituciones.* El peculio también consiste en lo que

paravit vel officio meruerit a quolibet sibi donari idque velut proprium patrimonium servum suum haber equis voluerit.

alguien se procuró con su economía, o en lo que por sus atenciones mereció que se lo regalasen, y el dueño quiso que dicho esclavo lo conservase como patrimonio propio.

40. *MARCIANUS libro quinto regularum. Peculium nascitur crescit decrescit moritur, et ideo eleganter Papirius Fronto dicebat peculium simile esse homini.*

40. MARCIANO *en el libro quinto de las reglas.* El peculio nace, crece, disminuye y muere; por ello Papirio Frontón dijo elegantemente que el peculio se asemeja al ser humano.

§1. Quomodo autem peculium nascitur, quaesitum est. Et ita veteres distinguunt, si id adquisiit servus quod dominus necesse non habet praestare, id esse peculium, si vero túnicas aut aliquid simile quod ei dominus necesse habet praestare, non esse peculium. Ita igitur nascitur peculium: crescit, cum auctum fuerit: decrescit, cum servi vicarii moriuntur, res intercidunt: moritur, cum ademptum sit.

§1. Se preguntó cómo nace el peculio. Los antiguos distinguen esto: es peculio si el esclavo adquiere lo que el dueño no debe darle; pero no lo es si aquél adquiere túnicas o alguna cosa semejante que el dueño debe darle; así nace el peculio. Crece cuando éste aumenta; decrece cuando mueren los esclavos dependientes (vicarios) o cuando perecen las cosas; y muere cuando se retira el peculio al esclavo.

41. *ULPIANUS libro quadragesimo tertio ad Sabinum. Nec servus quicquam debere potest nec servo potest deberi, sed cum eo verbo abutimur, factum magis demonstramus quam ad ius civile referimus obligationem. Itaque quod servo debetur, ab extraneis dominus recte petet, quod servus ipse debet, eo nomine in peculium et, si quid inde in rem domini versum est, in dominum actio datur.*

41. ULPIANO *en el libro cuadragésimo tercero de los comentarios al edicto.* El esclavo no puede deber nada ni puede debérsele nada. Pero cuando hablamos abusivamente de "deber" damos a entender una obligación de derecho civil. Y así, el dueño reclamará con razón lo que los terceros deben al esclavo; y se concede acción contra el peculio por lo que éste debe, y si el dueño obtuvo ganancia, contra él.

42. IDEM *libro duodecimo ad edictum.* In adrogatorem de peculio actionem dandadm quídam recte putant, quamvis Sabinus et Cassius ex ante gesto de peculio actionem non esse dandam existimant.

42. EL MISMO *en el libro décimo segundo de los comentarios al edicto.* Algunos opinan con razón que debe concederse la acción del peculio contra el arrogante, aunque Sabino y Casio opinan que no debe concederse por las deudas que el deudor contrajo antes de ser arrogado.

43. PAULUS *libro trigensimo ad edictum.* Si posteaquam tecum de peculio egi, ante rem iudicatam servum vendideris, Labeo ait etiam eius peculii nomine, quod apud emptorem quaesierit, damnari te debere nec sucurrendum tibi: culpa enim tua ad accidisse, qui servum vendidisses.

43. PAULO *en el libro trigésimo de los comentarios al edicto.* Si se ejerce contra ti la acción de peculio, y antes de la sentencia vendiste un esclavo, dice Labeón que debe condenársete por razón del peculio que el esclavo adquirió estando en poder del comprador, y que no debe auxiliársete porque fue culpa tuya vender el esclavo.

44. ULPIANUS *libro sexagensimo tertio ad edictum.* Si quis cum filio familias contraxerit, duos habet debitores, filium in solidum et patrem dumtaxat de peculio.

44. ULPIANO *en el libro sexagésimo tercero de los comentarios al edicto.* Si alguien contrató con un hijo de familia tiene dos deudores: el citado hijo con todos sus bienes y el padre solo hasta el límite del peculio.

45. PAULUS *libro sexagensimo primo ad edictum.* Ideoque si pater filio peculium ademisset, nihilo minus creditores cum filio agere possunt.

45. PAULO *en el libro sexagésimo primero de los comentarios al edicto.* Por tanto, si el padre retira el peculio al hijo, los acreedores pueden ejercer de todos modos acción contra el segundo.

46. IDEM *libro sexagensimo ad edictum.* Qui peculii administrationem

46. EL MISMO *en el libro sexagésimo de los comentarios al edicto.* Quien

concedit, videtur permittere generaliter, quod et specialiter permissurus est.

otorga la administración del peculio parece permitir en general lo que también permite en lo especial.

47. IDEM *libro quarto ad Plautium. Quotiens in taberna ita scriptum fuisset cum Ianuario servo meo geri negotium veto, hoc colum consecutum esse dominum constat, ne institoria teneatur, non etiam de peculio*

47. EL MISMO *en el libro cuarto de los comentarios a Plaucio.* Si en una tienda había un cartel que decía: 'prohibo hacer negocios con mi esclavo Januario', consta que el dueño consigue tan solo no obligarse por la acción institoria, no por la de peculio.

§1. Sabinus respondit non alias dandam de peculio actionem in dominum, cum servus fideiussisset, nisi in rem domini auto b rem peculiarem fideiussisset.

§1. Sabino respondió que no debe concederse la acción de peculio contra el dueño cuando el esclavo saliese fiador, salvo si éste lo hizo por un asunto del dueño o del peculio.

§2. Si semel actum sit de peculio, quamvis minus inveniatur rei iudicandae tempore in peculio quam debet, tamen cautionibus locum esse non placuit de futuro incremento peculii: hoc enim in pro socio actione locum habet, quia socius universum debet.

§2. Si ya se ejerció una vez la acción de peculio, aunque al momento de la sentencia resulte que en el peculio haya menos de lo que se debe, no se consideran procedentes las cauciones de incremento futuro del peculio; esto procede en la acción de sociedad, ya que los consocios responden sin limitación.

§3. Si creditor servi ab emptore esset partem consecutus, competere in reliquum in venditorem utile iudicium Proculus ait, sed re integra non esse permittendum actori dividere actionem, ut simul eum emptore et cum venditore experiatur: satis enim esse hoc solum ei tribni, ut rescisso superiore iudicio in alterum detur ei actiio, cum electo reo minus esset consecutus: et hoc iure

§3. Dice Próculo que si el acreedor del esclavo obtuvo del comprador alguna parte de su crédito, por el resto compete la acción útil contra el vendedor. Pero si aún no demanda, no se le permitirá al actor dividir la acción para ejercerla simultáneamente contra el comprador y contra el vendedor, porque ya es bastante concederle

utimur.

acción contra el otro tras rescindir el juicio anterior en el que, al haber elegido deudor, obtuvo menos de lo que se le debía. Y este derecho es el que usamos.

§4. Non tantum autem quivis creditor cum venditore ex ante gesto agere potest, sed et ipse emptor, idque et Iuliano videtur, quamvis et deducere ipse potest adversus alium agentem, dum tamen id, quod apud se habet, computet.

§4. No solo puede cualquier acreedor ejercer la acción contra el vendedor por los negocios hechos por el escavo antes de la venta, sino que también puede demandar el propio comprador; y esto lo aprueba Juliano, aunque él mismo también puede deducir lo que se l debe si otro lo demanda con la acción de peculio, a condición de que compute el peculio que tiene en su poder.

§5. Si servus deducto peculio venditus sit, procedit, ut venditor et deductione uti possit, et, si post venditionem coeperit aliquid venditori servus debere, non minuit peculia, quia non domino debet.

§5. Si se vendió el esclavo sin el peculio, procede que el vendedor pueda valerse también de la deducción de lo que antes le debía aquel esclavo, y si tras la venta el esclavo empezó a deberle algo al vendedor, el peculio no disminuye, porque ya no le debe al dueño.

§6. Quae diximus in emptore et venditore, eadem sunt et si alio quovis genere dominium mutatum sit, ut legato, dotis datione, quia quasi patrimonium liberi hominis peculium servi intellegitur, ubicumque esset.

§6. Lo mismo que dijimos sobre el comprador y el vendedor aplica también si se transfirió la propiedad por legado, o dación de la dote, porque el peculio del esclavo se considera patrimonio de un hombre libre donde quiera que se halle el peculio.

48. IDEM libro septimo decimo ad Plautium. Libera peculii administratio non permanet neque in fugitivo neque in subrepto aeque in eo, de quo nesciat quis, vivat an mortuus sit.

48. EL MISMO *en el libro décimo séptimo de los comentarios a Plaucio.* La libre administración del peculio no subsiste en el caso del esclavo fugitivo, ni del robado, ni del que

§1. *Cui peculii administratio data est, delegare debitorem suum potest.*

§1. Quien recibió la administración del peculio puede delegar un deudor suyo en favor de un tercero.

49. *POMPONIUS libro quarto ad Quintum Mucium. Non solum id peculium est, quod dominus servo concessit, verum id quoque, quod ignorante quidem eo adquisitum sit, tamen, si rescisset, passurus erat esse in peculio.*

49. POMPONIO *en el libro cuarto de los comentarios a Quinto Mucio.* Peculio no solo es lo que el dueño entregó a un esclavo, sino también lo que se adquirió ignorándolo el primero, pero que, de haberlo sabido, permitiría que estuviese en el peculio.

§1. *Si ignorante me servus meus negotia mea administraverit, tantidem debitor mihi intellegetur, quanti tenebatur, si liber negotia mea administrasset.*

§1. Si un esclavo mío administró mis negocios sin yo saberlo, se le considera deudor mío en la medida en que se obliga un hombre libre que administrase mis negocios.

§2. *Ut debitor vel servus domino vel dominus servo intellegatur, ex causa civil computandum est: ideoque si dominus in rationes suas referat se debere servo suo, cum omnino neque mutuum acceperit neque ulla causa praecesserat debendi, nuda ratio non facit cum debitorem.*

§2. Para decir que el esclavo es deudor de su dueño o éste deudor del primero, debe seguirse lo que ocurre en las obligaciones civiles; por ello, si el dueño hizo constar en sus cuentas que le debe a un esclavo, cuando en realidad no recibió nada en calidad de mutuo ni precedió alguna causa de deuda, la simple anotación no le convierte en deudor.

50. *PAPINIANUS libro nono quaestionum. Eo tempore, quo in peculio nihil est, pater latitat: in bonorum possessionem eius rei servandae causa mitti non possum, qui de peculio cum eo acturus sum, quia non fraudationis causa latitat qui, si iudiium acciperet, absolvi deberet. Nec*

no se sabe si está vivo o muerto.

50. PAPINIANO *en el libro noveno de las cuestiones.* Un padre se oculta cuando no hay nada en el peculio; yo, quieriendo ejercer contra él la acción de peculio, no puedo adquirir la posesión de los bienes hereditarios para conservar su hacienda, porque no se oculta

ad rem pertinet, quod fieri potest, ut damnatio sequatur: nam et si in diem vel sub condicione debeatur, fraudationis causa non videtur latitare, tametsi potest iudicis iniuria condemnari. Sed fideiussorem datum eo tempore, quo nihil in peculio est, teneri putat Iulianus, quoniam fideiussor future quoque actionis accipi possit, si tamben sic acceptus est.

fraudulentamente quien debería ser absuelto si aceptase el juicio. Y no importa que resulte condenado, porque aunque se deba a plazo o bajo condición, no se entiende que se oculta fraudulentamente, aunque puede ser condenado por injusticia del juez. Pero Juliano opina que el fiador otorgado cuando no hay nada en el peculio se obliga, porque también alguien puede salir fiador de una acción futura, siempre que se le acepte de este modo.

§1. Si creditor patrem, qui de peculio tenebatur, heredem instituerit, quia mortis tempus in Falcidiae ratione spectatur, illius temporis peculium considerabitur.

§1. Si un acreedor del hijo instituyó heredero al padre que podía ser demandado con la acción de peculio, ya que el cálculo de la ley Falcidia se refiere el momento de la muerte, se considerará el peculio de ese tiempo para calcular cuánto benefició al padre la extinción de la deuda.

§2. Etiam postquam dominus de peculio conventus est, fideiussor pro servo accipi potest et ideo, qua ratione, si post actionem dictatur servus pecuniam exsolverit, non magis repetere potest quam si iucidium dictatum non fuisset, eadem ratione fideiussor quoque utiliter acceptus videbitur, quia naturalis obligatio, quam etiam servus suscipere videtur, in litem translata non est.

§2. También puede aceptarse fiador del esclavo luego de que el dueño fuese demandado con la acción de peculio. Así, por la misma razón que, si el esclavo pagó el dinero que debía no puede repetirlo como indebidamente pagado, tanto si ya se había intentado la acción contra su dueño como si no se, así también se entenderá válido el fiador, porque la obligación natural, que el esclavo puede contraer, no se convierte en objeto de juicio.

§3. Servus alienus, cum bonae fidei serviret mihi, nummos a Titio mutuatos

§3. Un esclavo ajeno que me servía de buena fe me dio el dinero

mihi dedit, ut eum manumitterem, et manumisi: creditor querebat, quem de peculio conveniret. Dixi, quamquam creditor electionem alias haberet, tamen in proposito dominum esse conveniendum et eum ad exhibendum mecum acturum pecuniae nomine, quae ipsi esset adquisita nec in eam causam alienata, quae pro capite servi facta proponeretur: neque enim admittendum esse distinctionem exisitamantium, si non manumittam, domini pecuniam esse, manumissione vero secuta videri pecuniam ex re mea quaesitam mihi, quoniam magis propter rem meam, quam ex re mea pecunia mihi daretur.

tomado de Ticio en calidad de mutuo para que yo lo manumitiese, y así lo hcie. Preguntaba el acreedor: ¿a quién demandará con la acción de peculio? Dije que, aunque en otros casos el acreedor podría elegir entre demandarme a mí y al dueño del esclavo, en el caso planteado debía demandarse al dueño, y que él debía ejercer contra mí la acción exhibitoria en virtud del dinero que el esclavo adquirió para su libertad, y que no se enajenó por la causa aparente de la manumisión del esclavo; porque no debía admitirse la distinción de quienes opinan que, si yo no lo manumito, el dinero es del dueño, pero que una vez manumitido se considera que adquirí el dinero en virtud de un negocio mío, dado que el dinero se me dio por causa de negocio mío.

51. *SCAEVOLA libro secundo quaestionum. Quod debetur servo ab extraneis, agenti de peculio non omnimodo dominus ad quantitatem debiti condemnandus est, cum et sumptus in petendo et eventos exsecutionis possit esse incertus et cogitanda sit mora temporis quod datur iudicatis, aut venditionis bonorum, si id magis faciendum erit. Ergo si paratus sit actiones mandare, absolvetur. Quod enim dicitur, si cum uno ex sociis agatur, universum peculium computandum, quia sit cum socio actio, is eodem redibit, si actiones paratus sit*

51. ESCÉVOLA *en el libro segundo de las cuestiones.* En cuanto a lo que personas ajenas deban a un esclavo, el dueño no debe ser condenado al monto total de la deuda en favor de quien ejerce la acción de peculio, porque los gastos de la reclamación y el éxito de la ejecución pueden ser inciertos, debiendo considerarse el retraso del tiempo dado a los condenados por sentencia judicial o el de la venta de bienes, en caso de que debiese hacerse tal cosa; por tanto, será absuelto si está

praestare, et in ómnibus, quos idcirco teneri dicimus, quia habent actionem, delegatio pro iusta praestatione est.

dispuesto a ceder las acciones. Porque cuando se dice que si se ejerce la acción contra uno de los socios debe computarse todo el peculio porque compete la acción contra el socio, volverá a tener lugar cuando dicho socio está dispuesto a ceder las acciones, y en general vale la regla que dice que la delegación equivaldrá a justo pago para todos los que consideramos obligados, precisamente porque tienen acción.

52. *PAULUS libro quarto quaestionum. Ex facto quaeritur: qui tutelam quasi liber administrabat, servus pronuntiatus est. An si conveniatur eius dominus a pupillo, cuius quidem potiorem causam quam creditorem ceterorum servi habendam rescriptum est, an vel id deducatur ex peculio, quod domino debetur? Et su putaveris posse deduci, an intersit, utrum, cum adhuc in libertate ageret, domini debitor factus est, an postea? Et an de peculio impubieri competat? Respondi nullum privigelium praeponi patri vel domino potest, cum ex persona filii vel servi de peculio conveniuntur. Plane in ceteris creditoribus habenda est ratio privilegiorum: quid enim si filius dotem accepit, tutelam administravit? Merito igitur et in servo, qui pro tutore egit, id rescritptum est, et quia occupantis melior solet esse condijo, quam ceterorum inhibebitur actio. Plane si ex re pupilli nomina fecit vel pecuniam in área deposuit, datur ei*

52. **PAULO** *en el libro cuarto de las cuestiones.* Se plantea el siguiente caso: un hombre que administra una tutela como si fuera libre es reducido a la esclavitud: ¿el pupilo demandará al dueño de aquel esclavo, siendo que se dispuso por respuesta imperial que el pupilo tiene crédito preferente respecto de los demás acreedores del esclavo, o se deducirá del peculio lo que el esclavo le debe al dueño? Y si juzgas que puede deducirse, ¿importará distinguir si se hizo deudor del dueño cuando todavía era libre o después, teniendo el impúber la acción de peculio? Respondí que no puede anteponerse ningún privilegio al padre o al dueño si se les demanda con la acción de peculio por causa del hijo o del esclavo; pero tratándose de los demás acreedores, deben considerarse los privilegios. Porque, ¿qué pasa si el

vindicatio nummorum et adversus debitores utilis actio, scilicet si numos consumpserunt: hic enim alienare eos non potuit: quod et sin quovis tutore dicendum est. Nec tamen interesse puto, quando domino debere coepit, utrum eum in libertatis possessione esset an postea: nam et si Titii servo credidero eiusque dominus esse coepero, deducam quod prius credidi, si conveniri de peculio coepero. Quid ergo est? Quia de peculio actio déficit, utilis actio in dominum quasi tutelae danda erit, ut quo dille pro patrimonio habuit, peculium esse intellegatur.

§1. Si dos filius familias sit data vel tutelam administraverit, habenda erit ratio privilegiorum in actione de peculio dilata interim ceterorum creditorum actione vel interposita cautione, si

hijo recibe una dote o administra una tutela? Con razón también se dipuso esto por respuesta imperial en relación al esclavo que administra como tutor; y como la condición del ocupante suele ser mejor que la de los demás, se negará la acción de quiene carecen de privilegio. Pero si el esclavo hizo préstamos con bienes del pupilo o se realizaron depósitos en una caja, se le concede al segundo la reivindicación del dinero y contra los deudores la acción útil si éstos consumieron el dinero, porque el esclavo tutor no puede enajenarlo, lo que también se dirá respecto de cualquier tutor. Pero no creo que haya diferencia sobre cuándo comenzó el esclavo a deber al dueño: si estuvo en posesión de la libertad o ya no, porque si yo presté a un esclavo de Ticio y comencé a ser su dueño, deduciré lo que le presté anteriormente si fuese demandado con la acción de peculio. ¿Qué decir entonces? Que como falta la acción de peculio, procederá contra el dueño la acción útil similar a la de tutela, para que se entienda que es peculio lo que el esclavo tuvo en calidad de patrimonio.

§1. Si dio dote a un hijo de familia o administró una tutela, deberán considerarse los privilegios en la acción de peculio, y retrasar entre tanto la acción de los demás

priores agant qui privilegium non habent, restitutum iri quod acceperunt, si inferatur postea cum patre actio privilegii.

acreedores o interponiendo caución de que, si demandan primero quienes no tienen privilegio, deberá restituirse lo que recibieron si después se ejerce contra el padre una acción con privilegio.

53. *IDEM libro undecimo quaestionum. Si Sticho peculium cum manumittetur ademptum non est, videtur concessum: debitores autem convenire nisi mandatis sibi actionibus non potest.*

53. EL MISMO *en el libro décimo primero de las cuestiones.* Si no se le quitó a Estico el peculio al ser manumitido, se entiende que se le concedió; pero el manumitido no puede demandar a los deudores si no se le ceden las acciones.

54. *SCAEVOLA libro primo responsorum. Filio familias uni ex heredibus praedia praelegavit ut instructa erant cum servis: hi servi domini debitores fuerunt: quaesitum est, an ceteris heredibus adversus eum actio de peculio competat. Respondit non competere.*

54. ESCÉVOLA *en el libro primero de las respuestas.* Un testador prelegó unos predios junto con los esclavos adscritos a ellos a uno de los herederos hijo de familia; dichos esclavos eran deudores del testador, su dueño. Se pregunta: ¿competerá a los demás herederos la acción de peculio contra el prelegatario? Se respondió que no.

55. *NERATIUS libro primo responsorum. Is cum quo de peculio agebam a te vi exemptus est: quod tunc cum vi eximeres in peculio fuerit, spectari.*

55. NERACIO *en el libro primero de las respuestas.* Violentaste para que alguien a quien demandé con la acción de peculio no comparecese. Debe considerarse lo que había en el peculio al momento de la violencia.

56. *PAULUS libro secundo ad Neratium. Quod servus meus pro debitore meo mihi expromisit, ex peculio deduci debet et a debitore nihilo*

56. PAULO *en el libro segundo de los comentarios a Neracio.* Debe deducirse del peculio lo que me prometió mi esclavo para liberar a

minus debetur. Sed videamus, ne credendum sit peculiare fieri nomen eius, pro quo expromissum est. PAULUS: utique si de peculio agente aliquo deducere velit, illud nomen peculiare facit.

un deudor mío, y no obstante ello, éste sigue debiéndolo. Ahora veamos si debe creerse que se hace del peculio la deuda del promitente. Paulo dice que si el dueño quiere deducirla, al ejercer alguien la acción de peculio, la deuda se hace de éste.

57. *TRYPHONINUS libro octavo disputationum. Si filius vel servus, cuius nomine dumtaxat de peculio actum est, ante finitum iudicium decesserit, id peculium respicietur, quod aliquis eorum cum moriebatur habuit.*

57. TRIFONINO *en el libro octavo de las disputas.* Si un hijo o un esclavo, en cuyo nombre se ejerció la acción de peculio, falleció antes de finalizar el juicio, se tendrá en cuenta el peculio que cualquierea de ellos tuvo al momento de la muerte.

§1. Sed eum, qui servum testamento liberum esse iubet et ei peculium legat, eius temporis peculium legare intellegi Iulianus scribit, quo libertas competit: ideoque omnia incrementa peculii quoquo modo ante aditam hereditatem adquisita ad manumissum pertinere.

§1. Juliano escribe que quien dispone por testamento la libertad de un esclavo y le lega el peculio, se entiende que lega a partir del momento de la libertad; por tanto, todo aumento del peculio ocurrido por cualquier causa antes de aceptar la herencia pertenece al esclavo manumitido.

§2. At si quis extraneo peculium servi legaverit, in coniectura voluntatis testatoris quaestionem esse, et verosimilius esse id legatum quod mortis tempore in peculio fuerit ita, ut quae ex rebus peculiaribus ante aditam hereditatem accesserint debeantur, veluti partus ancillarum et fetus pecudum, quae autem servo donata fuerint sive quid ex operis suis adquisierit, ad legatarium non pertinere.

§2. Si alguien legó a un tercero el peculio de un esclavo, la cuestión depende de interpretar la voluntad del testador, siendo más verosímil que se haya legado lo que había en el peculio al momento de la muerte, por lo que se deben las cosas que produzca el peculio antes de aceptarse la herencia, como los partos de las esclavas o las crías del ganado; pero lo que se donó al esclavo o lo que adquirió con su trabajo no pertenece al legatario.

58. *SCAEVOLA libro quinto digestorum. Uni ex heredibus praedia legavit ut instructa eran cum servis et ceteris rebus et quidquid ibi esset: hi servi domino debitores fuerunt tam ex aliis causis heredibus adversus eum pecuniae ab his debitae actio de peculio competit. Respondit non competere.*

58. ESCÉVOLA *en el libro quinto del digesto.* Un testador prelegó a uno de los herederos unos predios junto con los esclavos adscritos a ellos y las demás cosas que en ellos hubiese; dichos esclavos eran deudores del testador, su dueño, por diversos negocios y por la contabilidad que llevaban. Se pregunta: ¿compete a los demás herederos la acción de peculio contra el prelegatario por el dinero que deben los esclavos? Se respondió que no.

TITULUS II
QUANDO DE PECULIO ACTIO ANNALIS EST

TÍTULO II
DE CUANDO LA ACCIÓN DE PECULIO ES ANUAL

1. *ULPIANUS libro vicensimo nono ad edictum. Praetor ait: 'Post mortem eius qui in alterius potestate fuerit, posteave qua mis emancipatus manumissus alienatusve fuerit, dumtaxat de peculio et si quid dolo malo eius in cuius potestate est factum erit, quo minus peculii esset, in anno, quo primum de ea re experiundi potestas erit, iudicium dabo'.*

1. ULPIANO *en el libro vigésimo noveno de los comentarios al edicto.* Dice el pretor: 'Tras la muerte de quien estuvo bajo la potestad de otro, o luego de haber sido emancipado, manumitido o enajenado, concederé la acción de peculio y por lo que dejó de estar en el peculio con dolo malo de aquel bajo cuya potestad se hallaba, solo dentro del año desde que hubiese podido reclamar por dicha causa'.

§1. *Quamdiu servus vel filius in potestate est, de peculio actio perpetua est: post mortem autem eius vel postquam emancipatus manumissus alienatusve fuerit, temporaria esse*

§1. La acción de peculio es perpetua mientras el esclavo o el hijo están bajo potestad, pero después de morir alguno de ellos o de que fuese emancipado,

íncipit, id est annalis.

§2. Annus autem utilis computabitur: et ideo et si condicionalis sit obligatio, Iulianus scripsit ex eo computandum annum, non ex quo emancipatus est, sed ex quo peti potuit condicione existente.

§3. Merito autem temporariam in hoc casu fecit praetor actionem: nam cum norte vel alienatione extinguitur peculium, sufficiebat usque ad annum produci obligationem.

§4. Alienatio autem et manumissio ad servos pertinet, non ad filios, mors autem tam ad servos quam ad filios refertur, emancipatio vero ad solum filium. Sed et si alio modo sine emancipation desierit esse in potestate, annalis erit action. Sed et si morte patris vel deportation sui iuris fuerit effectus filius, de peculio intra annum heres patris vel fiscus tenebuntur.

§5. In alienatione accipitur utique venditor, qui actione de peculio intra annum tenetur:

§6. Sed et si donavit servum vel permutavit vel in dotem dedit, in eadem causa est:

§7. Ítem heres eius, qui servum legavit

manumitido o enajenado, comienza a ser temporal, es decir, tiene plazo de un año.

§2. El año útil se computará, y Juliano escribe que si la obligación es condicional, no se computará desde el momento en que fue emancipado, sino desde que pudo demandarse al momento de cumplirse la condición.

§3. Con razón el pretor volvió temporal esta acción, porque como el peculio se extingue por muerte o enajenación, basta que la obligación se prolongue hasta un año.

§4. La enajenación y la manumisión se aplican a los esclavos, no a los hijos; la muerte se refiere tanto a unos como a otros, mientras que la emancipación solo al hijo. La acción también será de un año si el hijo de cualquier otra manera dejó de estar bajo potestad sin haber sido emancipado. El heredero del padre o el fisco también se obligarán por la acción de peculio dentro del ñao si el hijo se volvió jurídicamente autónomo por muerte o deportación del padre.

§5. En la enajenación se incluye al vendedor que se obliga por la acción de peculio dentro del año.

§6. También se halla en el mismo supuesto si se donó un esclavo, se le permutó o se le dio en calidad de dote.

§7. Igualmente procede en el caso

non cum peculio. Nam si cum peculio vel legavit vel liberum esse iussit, quaestionis fuit: et mihi verius videtur non dandam neque in manumissum neque in eum, cui legatum sit peculium, de peculio actionem. An ergo teneatur heres? Et aic Caecilius teneri, quia peculium penes eum sit, qui tradendo id legatario se liberavit. Pegasus autem caveri heredi debere ait ab eo, cui peculium legatum sit, quia ad eum veniunt creditores: ergo si tradiderit sine cautione, erit conveniendus.

del heredero de quien legó el esclavo sin el peculio, porque se preguntó si lo legó u ordenó que fuese libre junto con el peculio. Considero más acertado que no debe concederse la acción de peculio contra el manumitido ni contra le legatario del peculio. ¿Entonces quedará obligado el heredero? Cecilio [en realidad Celio] dice que sí, porque el peculio se halla en poder de quien quedó libre de su obligación entregándolo el legatario. Sin embargo, Pegaso dice que el legatario del peculio debe otorgar caución al heredero, porque los acreedores recurrirán a él; por tanto, si entregó el peculio sin caución, deberá ser demandado.

§8. Si praecepto servo et peculio rogatus sit heres restituere hereditatem, si de peculio conveniatur, Trebelliani exceptione non utetur, ut Marcellus tractans admittit: is autem cui restituta est hereditas non tenetur, ut Scaevola ait, cum peculium non habeat nec dolo fecerit quo minus haberet.

§8. Si se rogó al heredero que devuelva la herencia habiéndose reservado el esclavo y el peculio, y fue demandado con la acción de peculio, no usará la excepción del senadoconsulto Trebeliano, como señala Marcelo al tratar esta cuestión. Pero, según opina Escévola, aquel a quien se devolvió la herencia no se obliga al no tener peculio y no haber actuado con dolo para no tenerlo.

§9. Usu fructu quoque exstincto intra annum actionem dandam in usufructuarium Pomponius libro sexagensimo primo scripsit.

§9. Pomponio escribe en el libro sexagésimo primero de sus comentarios al edicto que también se concede dentro del año la acción de peculio contra el usufructuario al extinguirse el usufructo.

§10. *Quaesitum est apud Labeonem, si, cum filius viveret, tu credens eum mortuum anuali actione egeris et, quia annus praeterierat, exceptione sis repulsus, an rursus experiri tibi comperto errore permittendum est. Et ait permitti debere dumtaxat de peculio, non etiam de in rem verso: nam priore iudicio de in rem verso recte actum est, quia annua exceptio ad peculium, non ad in rem versum pertinet.*

§10. Labeón preguntó si, viviendo el hijo, tu creíste que había muerto y ejerciste acción dentro del año contra el padre; como el año había pasado, fuiste rechazado con la excepción. ¿Se te permitirá intentarla de nuevo tras descubrirse el error? Dice que debe permitirse solo la acción de peculio, no así la de ganancia obtenida, porque en el primer juicio se ejerció bien la segunda acción, ya que la excepción de un año pertenece a la de peculio, no a la de ganancia obtenida.

2. *PAULUS libro trigensimo ad edictum. Cum post mortem filii familias annua adversus patrem actio est, qudmadmodum adversus eum esset perpetua vivo filio, ideo si ex causa redhibitionis erat de peculio actio, sex mensum erit post mortem filii: idemque dicendum in omnibustemporalibus actionibus.*

2. PAULO *en el libro trigésimo de los comentarios al edicto.* Como la acción contra el padre tiene plazo de un año tras la muerte del hijo de familia, del mismo modo que sería perpetua si éste viviera, si la acción de peculio fue por causa de redhibición, tendrá un plazo de seis meses tras la muerte del hijo. Lo mismo procede respecto a todas las acciones temporales.

§1. *Si servus cui creditum est apud hostes sit, de peculio actio in dominum non anno finienda est, quamdiu postliminio reverti potest.*

§1. Si el esclavo a quien se le hizo un préstamo cae en poder de los enemigos, la acción de peculio contra su dueño no se extinguirá dentro del año, ya que puede regresar por derecho de postliminio.

3. *POMPONIUS libro quarto ad Quintum Mucium. Definitione peculii interdum utendum est etiam, si servus in rerum natura esse desiit et actionem*

3. POMPONIO *en el libro cuarto de los comentarios a Quinto Mucio.* En ocasiones debe tenerse en cuenta el peculio aunque el esclavo haya

praetor de peculio intra annum dat: nam et tunc at accessionem et decessionem quasi peculii recipiendam (quamquam iam desiit morte servi vel manumission esse peculium), ut possit ei accederé ut peculio fructibus vel pecorum fetu ancillarumque partubus et decedere, veluti si mortuum sit animal vela lio quolibet modo perierit.

muerto, y el pretor concede la acción de peculio dentro del año, porque también entonces deben admitirse como parte del peculio el aumento y la disminución (aunque por la muerte o la manumisión del esclavo se extinga el peculio), de modo que pueda darse la accesión al peculio, como en el caso de los frutos, los productos de las reses o los partos de las esclavas, o la disminución, como cuando muere un animal o se pierde de cualquier manera.

TITULUS III
DE IN REM VERSO

TÍTULO III
DE LA ACCIÓN DE GANANCIA OBTENIDA

1. ULPIANUS libro vicensimo nono ad edictum. Si hi qui in potestate aliena sunt nihil in peculio habent, vel habeant, non in solidum tamen, tenentur qui eos habent in potestate, si in rem eorum quod acceptum est conversum sit, quasi cum ipsis potius contractum videatur.

§1. Nec videtur frustra de in rem verso actio promissa, quasi sufficeret de peculio: rectissime enim Labeo dicit fieri posse, ut et in rem versum sit et cesset de peculio actio. Quid enim si dominus peculium ademit sine dolo malo? Quid si morte servi exstinctum est peculium et annus utilis praeteriit? De in rem verso namque actio perpetua este et locum habet, sive ademit sine dolo malo sive

1. ULPIANO *en el libro vigésimo noveno de los comentarios al edicto*. Si quienes están bajo potestad ajena no tienen nada en el peculio, o lo tienen pero insuficiente, se obligan por sus deudas quienes ejercen la potestad, si obtuvieron ganancia de lo recibido por aquéllas, como si pareciese que se contrató con ellos. §1. No parece inútil prometer la acción de la ganancia obtenida, pudiendo bastar la de peculio, porque con bastante razón dice Labeón que puede ocurrir que se obtenga ganancia y se extinga la acción de peculio. Porque, ¿qué decir si el dueño del peculio lo retiro sin dolo malo? ¿Y qué decir si el peculio se extinguió por la

actio peculio anno finite est.

muerte del esclavo y transcurrió el año para ejercer la acción respectiva? Porque la acción de ganancia obtenida es perpetua y procede tanto si se retiró el peculio sin dolo malo como si la acción de peculio se extinguió en el plazo de un año.

§2. Ítem si plures agant de peculio, proficere hoc ei, cuius pecunia in rem versa est, debet ut ipse uberiorem actionem habeat. Certe si praeventum sit ab aliquo et actum de peculio, de in rem verso actio an cesset, videndum. Et refert Pomponius Iulianum existimare de peculio actione peremi de in rem verso actionem (quia in peculium conversum est quod in domini rem erat versum et pro servo solutum est, quemadmodum si ipsi servo a domino fuisset solutum), sed ita demum, si praestiterit ex actione de peculio dominus quod servus in rem eius verterat: ceterum si non praestiterit, manet actio de in rem verso.

§2. Igualmente, si varias personas intentan la acción de peculio, ésta beneficiará a aquel cuyo dinero se volvió ganancia para el dueño, pues así tendrá una acción más plena. Ahora bien, si alguien se anticipó y ejerció la acción de peculio, debe analizarse si se extingue la acción de ganancia obtenida para el siguiente. Pomponio señala la opinión de Juliano: la acción de peculio extingue la de ganancia obtenida (porque se hizo del peculio lo que se volvió utilidad para el dueño, y se pagó en lugar del esclavo como si el dueño le hubiese pagado). Pero esto es así solo si el dueño pagó por la acción de peculio lo que el esclavo invirtió en provecho del dueño; y si no pagó, subsiste la acción de ganancia obtenida.

2. IAVOLENUS libro duodecimo ex Cassio. Qui nummis acceptis servum manumisit, agi cum eo de in rem verso non potest, quia dando libertatem locupletior ex nummis non fit.

2. JAVOLENO en el libro décimo segundo de la doctrina de Casio. Contra quien manumitió a un esclavo a cambio de dinero no puede ejercerse la acción de ganancia obtenida, porque al otorgarle la libertad no se enriquece con el dinero recibido.

3. *ULPIANUS libro vicensimo nono ad edictum. Quod si servus domino quantitatem dederit, ut manumittatur, quam a me mutuam accepit, in peculium quidem hanc quantitatem non computari, in rem autem videri versum, si quid plus eit in eo quod servus dedit quam est in servi pretio.*

§1. *In rem autem versum videtur, sive id ipsum quod servus accepit in rem domini convertit (veluti si triticum acceperit et id ipsum in familiam domini cibariorum nomine consumpserit, aut si pecuniam a creditore acceptam dominico creditori solverit: sed et si erravit in solvendo et putavit creditorem cum qui non erat, aeque in rem versum esse Pomponius libro sexagensimo primo ait, quatenus indebiti repetitionem dominus haberet) sive cum servus domini negotii geendi administrandive causa quid gessit (veluti si mutuatus sit pecuniam, ut frumentum compararet ad familiam alendam vel si ad vestiendam) sive peculiariter mutuatus postea in rem domini vertit: hoc enime iure utimur, ut, etiamsi prius in peculium vertit pecuniam, mox in rem domini, esse de in rem verso action possit.*

3. ULPIANO *en el libro vigésimo noveno de los comentarios al edicto.* Si para ser manumitido el esclavo entregó al señor el dinero que le di en calidad de mutuo, dicha cantidad no se computa en el peculio, pero se entiende que benefició al dueño en la medida en el esclavo dio más de lo que vale éste.

§1. Se entiende que benefició a otro si lo que el esclavo recibió lo invirtió en el patrimonio del dueño (como si recibiese trigo y lo consumiese en alimentos de los esclavos del dueño, o si pagó a un acreedor del dueño con el dinero recibido de otro acreedor. Pero aunque se equivoque al pagar y crea que era acreedor quien no lo era, dice Pomponio en su libro sexagésimo primero de sus comentarios al edicto que también hay ganancia obtenida por cuanto el dueño tiene la repetición de lo indebido), o cuando el esclavo realizó algún negocio como gestor o administrador del negocio del dueño (como cuando toma dinero en calidad de mutuo para comprar trigo con el cual alimentar a los esclavos o para vestirlos) o cuando toma dinero en mutuo y lo invierte en provecho del dueño. Seguimos este principio: aunque invierta primero el dinero en el peculio y luego en provecho del dueño, puede procede la acción de ganancia obtenida.

§2. Et regulariter dicimus totiens de in rem verso esse actionem, quibus casibus procurator mandati vel qui negotia gessit negotiorum gestorum haberet actionem quotiensque aliquid consumpsit servus, ut aut meliorem rem dominus habuerit aut non deteriorem.

§2. Como regla señalamos que la acción de ganancia obtenida procede en todos los casos en que un procurador tendría la acción de mandato, o el gestor la de gestión de negocios, y siempre que el esclavo gaste algo para mejorar, y no deteriorar, una cosa del dueño.

§3. Proinde si servus sumpsit pecuniam, ut se aleret et vestiret secundum consuetudinem domini, id est usque ad eum modum, quem dominus ei praestare consueverat, in rem videri domini vertisse Labeo scribit. Ergo idem erit in filio.

§3. Por tanto, Labeón escribe que si un esclavo gastó dinero para alimentarse y vestirse según la costumbre del dueño, es decir, cuanto el dueño acostumbra darle, se entiende que revierte en beneficio del dueño. Lo mismo se dirá respecto del hijo.

§4. Sed si mutual pecunia accepta domum dominicam exornavit tectoriis et quibusdam aliis, quae magis ad voluptatem pertinent quam ad qualitatem, non videtur versum, quia nec procurator haec imputaret, nisi forte mandatum domini aut voluntatem habuit: nec debere ex eo onerari dominum, quod ipse facturus non esset. Quid ergo est? Pati debet dominus creditorem haec auferre, sine domus videlicet iniuria, ne cogendus sit dominus vendere domum, ut quanti pretiosior facta est, id praestet.

§4. Pero si recibió dinero en calidad de mutuo y adornó la casa del dueño con pinturas y otras cosas más propias del lujo que de la utilidad, no parece que benefició al dueño, porque tampoco un procurador tomaría en cuenta estas cosas, salvo si el dueño del negocio se lo mandó o autorizó, ni debe gravarse al dueño con lo que no habría hecho. ¿Entonces qué responder? Que el dueño debe permitir que el acreedor quite estas cosas sin dañar la casa, para no obligar al dueño a vender la casa y así pagar lo que se hizo por un precio mayor.

§5. Idem Labeo ait, si servus mutuatus numos a me alii eos crediderit, de in rem verso dominum teneri, quod nomen ei adquisitum est: quam sententiam Pomponius ita probat, si non peculiare

§5. También dice Labeón que si un esclavó aceptó dinero mío en calidad de mutuo y luego lo prestó a otro esclavo, su dueño se obliga por la acción de ganancia obtenida,

nomen fecit, sed quasi dominicae rationis, ex qua causa hactenus erit dominus obligatus, ut, si non putat sibi expediré nomen debitoris habere, cedat creditori actionibus procuratoremque eum faciat.

porque el crédito se adquirió para él, opinión que acepta Pomponio si el esclavo no adquirió el crédito como propio del peculio, sino como de la administración del dueño. Por tanto, el dueño solo se obligará a ceder al acreedor las acciones y a volverle procurador, si no juzga que le beneficia tener el crédito contra tal deudor.

§6. Nec non illud quoque in rem domini versum Labeo ait, quod mutuatus servus domino emit volenti ad luxuriae materiam, unguenta forte, vel si quid ad delicias vel si quid ad turpes sumptus sumministravit: neque enim spectamus, an bono domini cesserit quod consumptum est, sed an in negotium domini.

§6. Dice Labeón que también se volvió ganancia para el señor el dinero dado al esclavo en calidad de mutuo para comprarle al dueño un objeto de lujo, como ungüentos, o si le proporcionó algo para sus placeres o para pagar gastos inmorales, porque no consideramos si lo que consumió redundó en beneficio del dueño, sino si se gastó en negocio de éste.

§7. Unde recte dicitur et si frumentum comparavit servus ad alendam domini familiam et in horreo dominico reposuit et hoc periit vel corruptum est vel arsit, videri versum.

§7. Por ello se dice correctamente que si un esclavo compró trigo para alimentar a los esclavos del dueño y lo metió en el granero de éste, y luego el grano se perdió, se pudrió o se quemó, se entiende que obtuvo ganancia.

§8. Sed et si servum domino necessarium emisset isque decessisset vel insulam fulsisset eaque ruisset, dicerem esse actionem de in rem verso.

§8. También si compró para su dueño un esclavo necesario y éste falleció, o si reparó una casa y ésta se derrumbó, se dirá que procede la acción de ganancia obtenida.

§9. Sed si sic accepit quasi in rem domoini verteret nec vertit et decepit creditorem, non videtur versum nec tenetur dominus, ne credulitas creditoris domino obesset vel calliditas servi noceret. Quid tamen, si is fuit servus,

§9. Pero si recibió para invertir en provecho del dueño y engañando al acreedor no lo hizo, no se entiende que hubo ganancia y el dueño no se obliga, para que no se le achaque la credulidad del

qui solitus erat accipiens vertere? Adhuc non puto nocere domino, si alia mente servus accepit aut si, cum hac mente accepisset, poste alio vertit: curiosus igitur debet esse creditor, quo vertatur.

acreedor ni le perjudique el engaño del esclavo. ¿Y qué decir si era un esclavo dado a invertir en provecho del dueño lo que recibía? Aun así opino que no perjudica al dueño si el esclavo lo recibió con otra intención, o si tras recibir con recta intención lo invirtió en otra cosa. Por tanto, el acreedor debe procurar saber en qué se invierte.

§10. Si mutuatus sit pecuniam servus ad vestem comparandam et nummi perierint, quis de in rem verso agree possit, utrum creditor an venditor? Puto autem, si quidem pretium numeratum sit, creditorem de in rem verso acturum et si vestis perierit: si autem non fuit pretium solutum, ad hoc tamen data pecunia, ut vestis emeretur et pecunia perierit, vestis tamen familiae divisa est, utique creditorem de in rem verso habere actionem. An et venditor habeat, quia res eius pervenerunt in rem domini? Ratio hoc facit, ut tenentur: unde incipit dominus teneri ex na causa duobus. Proinde et si tam pecunia quam vestis periit, dicendum erit utrique dominum teneri, quoniam ambo in rem domini vertere voluerunt.

§10. Si un esclavo tomó dinero en calidad de mutuo para comprar vestimentas y el dinero se pierde, ¿quién podrá ejercer la acción de ganancia obtenida: el acreedor que prestó o el vendedor de las prendas? Opino que si se pagó el precio, el acreedor ejercerá la acción citada, aunque las vestimentas se pierdan; si el dinero se dio para comprar el vestuario, no se pagó el precio y el dinero se perdió, pero las prendas se repartieron a los esclavos, el acreedor tiene la acción de ganancia obtenida. ¿También la tendrá el vendedor si las cosas vendidas ingresaron al patrimonio del dueño? La razón dice que el dueño se obliga. De ahí que el dueño puede obligarse con el acreedor y el vendedor, porque ambos deseaban que el negocio beneficiase al dueño.

4. GAIUS libro nono ad edictum provinciale. Sed dicendum est occupantis meliiorem condicionem esse debere: nam utrisque condemnari dominum de in

4. GAYO *en el libro noveno de los comentarios al edicto provincial.* Debe señalarse que debe ser mejor la condición del ocupante, porque no

rem verso iniquum est.

es justo que el dueño sea condenado en favor de ambos por la acción de ganancia obtenida.

5. *ULPIANUS libro vicensimo nono ad edictum. Si res domino non necessarius emerit servus quasi domino necesarias, veluti servos, hactenus videri in rem eius versum Pomponius scribit, quatenus servorum verum pretium facit, cum, si necesarias emisset, in solidum quanto venissent teneretur.*

5. ULPIANO *en el libro vigésimo noveno de los comentarios al edicto.* Si un esclavo compró para su dueño cosas no necesarias como si lo fueran, por ejemplo, otros esclavos, escribe Pomponio que se considera que el dueño obtuvo un beneficio solo hasta el verdadero precio de los esclavos, siendo así que, si el esclavo compró cosas necesarias, el dueño se obligaría por el total de la venta.

§1. Idem ait, sive ratum habeat servi contractum dominus sive non, de in rem verso esse actionem.

§1. Pomponio también dice que procede la acción de ganancia obtenida haya o no el ratificado el dueño el contrato del esclavo.

§2. Quod servus domino emit, si quidem voluntate eius emit, potest quod iussu agi: sin vero non ex voluntate, si quidem dominus ratum habuerit vel alioquin rem necessariam vel utilem domino emit, de in rem verso actio erit: si vero nihil eorum est, de peculio erit actio.

§2. Puede ejercerse la acción de lo que se hizo con autorización por cuanto el esclavo compró para su dueño si lo compró con autorización de éste; pero si no fue así, y el dueño lo ratificó o el esclavo compró para el dueño una cosa necesaria o útil, procederá la acción de ganancia obtenida. Y si no sucede ninguna de estas hipótesis, procede la de peculio.

§3. Placet non solum eam pecuniam in rem verti, quae statim a creditore ad dominum pervenerit, sed et quae prius fuerit in peculio. Hoc autem totiens verum est, quotiens servus rem domini gerens locupletiorem eum facit nummis peculiaribus. Alioquin si servo peculium dominus adimat vel si vendat eum cum

§3. Suele entenderse que revierte en provecho del dueño no solo el dinero que pasó del acreedor al dueño, sino también lo que antes había pasado por el peculio. Esto es verdad si el esclavo, al gestionar negocios del señor, lo enriquece con dinero del peculio; de lo

peculio vel rem eius peculiarem et pretium exigat, non videtur in rem versum.

contrario, si el dueño retira el peculio al esclavo, o si vende a éste junto con el peculio o bienes del mismo, y luego cobra el precio, no se considera que revierte en provecho del dueño.

6. *TRYPHONINUS libro primo disputationum. Nam si hoc verum esset, etiam antequam venderet rem peculiarem, de in rem verso teneretur, quia hoc ipso, quod servus rem in peculio haberet, locupletior fieret, quod aperte falsum est.*

6. TRIFONINO *en el libro primero de las disputas.* Si esto fuese verdad, quedaría obligado por la acción de ganancia obtenida antes de vender el peculio, porque es evidentemente falsa la idea de que el dueño se haría más rico si el esclavo tuviese la cosa en el peculio.

7. *ULPIANUS libro vicensimo nono ad edictum. Et ideo et si donaverit servus domino rem peculiarem, actio de in rem verso cessabit, et sunt ista vera.*

7. ULPIANO *en el libro vigésimo noveno de los comentarios al edicto.* Por tanto, si el esclavo donó a su dueño una cosa del peculio, cesará la acción de ganancia obtenida. Lo cual es verdad.

§1. Plane su mutuum servus acceperit et donandi animo solvit, dum non vult eum debitorem facere peculiarem, de in rem verso actio est.

§1. Pero si el esclavo recibió dinero en calidad de mutuo y pagó con ánimo de donar para no hacerle deudor del peculio, procede la acción de ganancia obtenida.

§2. Illud verum non est, quod Mela scribit, si servo meo argentum dederis, ut pocula tibi faceret ex quolibet argento, mox factis poculis servus decesserit, esse tibi adversus me de in rem verso actionem, quoniam possum pocula vindicare.

§2. En cambio, no es verdad lo que escribe Mela, que si diste cierta cantidad de plata a mi esclavo para que te hiciese unos vasos con cualquier otra plata, y luego de hechos los vaos el esclavo falleció, tienes contra mí la acción de ganancia obtenida, porque puedo reivindicar los vasos.

§3. Illud plane verum est, quod Labeo scribit, si odores et unguenta servus

§3. Es sin duda verdad lo que escribe Labeón: si el esclavo

emerit et ad funus erogaverit quod ad dominum suum pertinebat, videri in rem domini versum.

§4. Idem ait et si hereditatem a servo tuo emero quae ad te pertinebat et creditoribus pecuniam solvero, deinde hanc hereditatem abstuleris mihi, ex empto actione me id ipsum consecuturum: videri enim in rem tuam versum: nam et si hereditem a servo enero, ut quod mihi ab ipso servo debebatur compensarem, licet nihil solvi, tamen consequi me ex empto quod ad dominum pervenit. Ego autem non puto de in rem verso esse actionem emptori, nisi hoc animo gesserit servus, ut in rem domini verteret.

§5. Si filius familias pecuniam mutuatus pro filia sua dotem dederit, in rem versum patris videtur, quatenus avus pro nepte daturus fuit. Quae sentential ita demum mihi vera videtur, si hoc animo dedit ut patris negotium gerens.

8. PAULUS libro trigensimo ad edictum. Et nihil interesse Pomponius ait, filiae suae nomine an sororis vel neptis ex altero filio natae dederit. Idem ergo dicemus et si servus mutuatus fuerit

compró perfumes y ungünetos que gastó en un entierro cuyos gastos correspondían a su dueño, se considera que se invirtieron en beneficio de éste.

§4. También dice Labeón que si yo compré a tu esclavo una herencia que te pertenecía, pagué cierta cantidad a los acreedores, y luego me quitaste la herencia, obtendré lo gastado por la acción de compra, pues se considera que revirtió en tu provecho; y si yo compré la herencia al esclavo para compensar lo que éste me debía, aunque nada se pague obtengo con la acción de compra lo que pasó a poder del dueño. Aunque yo opino que el comprador no tiene la acción de ganancia obtenida, salvo que el esclavo actúe con la intención de que revierta en beneficio del dueño.

§5. Si un hijo de familia tomó dinero en calidad de mutuo para entregárselo como dote a su hija, se considera que revirtió al patrimonio del padre, pues el abuelo debió darla por su nieta. Opinión que considera verdadera solo si dio la cantidad con intención de obrar como gestor de negocios del padre.

8. PAULO *en el libro trigésimo de los comentarios al edicto.* Pomponio dice que no importa que lo diese en nombre de su hija, de su hermana o de una nieta nacida de otro hijo.

et domini sui filiae nomine in dotem dederit.

Lo mismo diremos si un esclavo tomó dinero en calidad de mutuo y lo entregó como dote en nombre de la hija del dueño.

9. *IAVOLENUS libro duodecimo ex Cassio. Si vero pater dotem daturus non fuit, in rem patris versum esse non videtur.*

9. JAVOLENO *en el libro décimo segundo de la doctrina de Casio.* No se considera que revirtió en provecho del padre si éste no iba a dar dote.

10. *ULPIANUS libro vicensimo nono ad edictum. Si pro patre filius fideiusserit et creditori solverit, in rem patris videtur versum, quia patrem liberavit.*

10. ULPIANO *en el libro vigésimo noveno de los comentarios al edicto.* Si el hijo salió fiador del padre y pagó al acreedor, se considera como que revirtió en beneficio del padre, porque liberó a éste de la deuda.

§1. Cui simile est, quod Papinianus libro nono quaestionum scribit, si filius quasi defensor patris iudicium susceperit et sit condemnatus, de in rem verso teneri patrem: namque filius cum iudicio suscepto liberavit.

§1. Esto es similar a lo escrito por Papiniano en el libro noveno de las cuestiones: si el hijo aceptó defender al padre en juicio, y fue condenado, el padre se obliga por la acción de ganancia obtenida, porque el hijo, al aceptar el juicio, le libró de la obligación.

§2. Idem tractat Papinianus et si, quod patrem dare oporteret, a filio sim stipulatus et ita convenerim filium, nam et hic de in rem verso fore actionem: nisi si donare patri filius voluit, dum se obligat.

§2. También dice Papiniano: si yo estipulé con el hijo lo que debía dar el padre, y demandé al hijo, en este caso procede la acción de ganancia obtenida, salvo si el hijo quiso hacer donación en favor del padre al obligarse.

§3. Quare potest dici et si de peculio actionem quasi defensor patris susceperit, teneri patrem de in rem verso usque ad peculii quantitatem: cuius sententiae id erit emolumentum, ut, si finita sit actio de peculio, de in rem verso conveniatur. Ego et ante condemnationem post iudicium patris

§3. De ello se deduce que, aunque el hijo tomó a su cargo la acción de peculio como defensor del padre, éste se obliga por la acción de ganancia obtenida hasta la cuantía del peculio; de esto resulta que si se extinguió la acción de peculio se le demandará con la de ganancia

nomine acceptum de in rem veerso patrem teneri puto.

obtenida. Opino que también antes de la condena y después de aceptado el juicio en nombre del padre, éste se obliga por la acción de ganancia obtenida.

§4. In rem autem versum videtur, prout aliquid versum est: proinde si pars versa est, de parte erit actio.

§4. Se entiende que revirtió en su beneficio en la medida en que algo ingresó a su patrimonio; por tanto, si revirtió una parte, la acción será por esa parte.

§5. Sed utrum in sortem dumtaxat tenebitur dominus an et in usuras? Et si quidem promisi usuras, Marcellus libro quinto digestorum scribit dominum praestaturum: sed si non sint promissae, utique non debebuntur, quia in stipulatum deducate non sont. Plane si contemplatione domini pecuniam dedi non gerente servo negotia domini, sed ipse gerens, negotiorum gestorum actione potero etiam de usuris experiri.

§5. ¿Se obliga el dueño solo por el capital o también por los intereses? En el libro quinto de su digesto Marcelo escribe que si el dueño prometió intereses, deberá pagarlos, pero si no, evidentemente no se deberán, porque no fueron incluidos en la estipulación. Pero si en consideración al dueño entregué dinero a su esclavo, no como gestor de negocios de su dueño, sino como en propia administración, podré ejercer la acción de gestión de negocios también por los intereses.

§6. Versum autem sic accipimus, ut duret versum: et ita demum de in rem verso competit action, si non sit a domino servo solutum vel filio. Si tamen in necem creditoris, id est perdituro servo vel filio solutum sit, quamvis solutum sit, desinit quidem versum, aequissimum autem est de dolo malo adversus patrem vel dominum competere actionem: nam et peculiaris debitor, si fraudulenter servo solverit quod ei debebat, non liberatur.

§6. Entendemos que se obtuvo ganancia cuando ésta perdura. Por ello, la acción de ganancia obtenida procede solo si el dueño no pagó al esclavo o el padre al hijo. Pero si se pagó en perjuicio del acreedor, es decir, al esclavo o al hijo que iban a perderlo, aunque se haya pagado es evidente que dejó de generar ganancia, siendo muy justo que proceda contra el padre o el dueño la acción de dolo malo, porque tampoco el deudor del peculio se

§7. *Si domini debitor non verter, quatenus domino debet: quod excedit, vertit. Proinde si, cum domino deberet triginta, mutuatus quadraginta creditori eius solverit vel familiam exhibuerit, dicendum erit de in rem verso in decem competere actionem: aut si tantundem debeat, nihil videtur versum. Nam, ut Pomponius scribit, adversus lucrum domini videtur subventum: et ideo, sive debitor fuit domino, cum in rem verteret, nihil videri versum, sive postea debitor esse domino coeperit, desinere veresum: idemque et si solverit ei. Plus dicit et si tantumdem ei donavit dominus, quantum creditori solvit pro se, si quidem remunerandi animo, non videri versum, si vero alias donavit, durare versum.*

§8. *Idem quaerit, si decem in rem domini vertit et postea tantandem summam a domino mutuatus sit,*

libera si pagó fraudulentamente lo que le debía al esclavo.

7. Si el esclavo es deudor del dueño, y le paga con dinero dado en mutuo por otra persona, no revierte en provecho del dueño en cuanto al monto de la deuda, pero sí en lo que excede de la deuda. Por tanto, si el esclavo debe treinta mil sestercios al dueño, y toma en calidad de mutuo cuarenta mil para pagar a un acreedor del dueño, o para alimentar a los esclavos de éste, se dirá que procede por diez mil la acción de ganancia obtenida, y si le debe lo mismo se considera que no hubo ganancia, porque cobró lo que se le debía, pues como escribe Pomponio, se protege al acreedor del esclavo contra el lucro del dueño. Por ende, si el esclavo fue deudor de dicha cantidad al dueño cuando invirtió algo en su provecho, se entiende que no obtuvo provecho, y si después se hizo deudor, deja de haber provecho, siendo el mismo caso si le pagó. También dice que aunque el dueño le donase otro tanto por haber pagado a su acreedor, y esto lo hizo con intención de remunerarle, no se entiendo que revirtió a su patrimonio, pero si los donó de otra manera subsiste la ganancia obtenida.

§8. El mismo plantea este caso: si un esclavo invirtió diez mil sestercios en beneficio del dueño, y

habeat praeterea et peculium decem, videndum ait, utrum desiit esse versum? An vero, quoniam est peculium, und detrahatur debitum, de in rem verso non tollimus actionem? An potius ex utroque pro rata detrahimus? Ego autem puto sublatam de in rem verso actionem, cum debitor domini sit constitutes.

luego tomó de éste en calidad de mutuo una cantidad similar, teniendo además otros diez mil en el peculio, ¿se considera que dejó de ser utilidad, o no prescindimos de la acción de ganancia obtenida por haber un peculio de donde poder deducir la deuda, o bien la deducimos a prorrata del peculio y la ganancia? Opino que se extinguió la acción de ganancia obtenida cuando el esclavo se volvió deudor del dueño.

§9. Idem quaerit, si in rem tuam verterit et debitor tuus factus sit, mox creditor eiusdem summae quam tibi debuit, an renascatur de in rem verso actio an vero ex posfacto non convalescat? Quod verum est.

§9. También pregunta Pomponio: si un esclavo revirtió algo en provecho tuyo y se volvió tu deudor y luego acreedor de la misma suma que te debía, ¿renacerá la acción de ganancia obtenida o no se entenderá extinguida por el hecho posterior? Esto último es verdad.

§10. Idem tractat, an ex eventu possit in rem patris filius vertere, veluti si duo rei pater et filius fuerint et filius mutuatus suo nomine solvat, vel si filio iussu patris credidisti et filius creditum tibi solvisset. Mihi videtur, si quidem pecunia ad patrem pervenerat, videri in rem versum: quod si non fuit et suum negotium gerens filius solvit, non esse de in rem verso actionem.

§10. Ahora plantea este caso: ¿podrá el hijo revertir en beneficio del padre algo a causa de un suceso posterior, por ejemplo, si ambos eran deudores solidarios y, tomando dinero en calidad de mutuo el hijo pagó en nombre propio, o si con autorización del padre le prestaste al hijo y éste te pagó lo prestado? Opino que si el dinero llegó a poder del padre se entiende revertido en provecho suyo; pero si no fue así, y el hijo pagó haciendo su propio negocio, no procede la acción de ganancia obtenida.

11. PAULUS libro trigensimo ad edictum. Quod servus in hoc mutuatus fuerit, ut creditori suo solveret, non erit in rem versum, quamvis actione de peculio liberatus sit dominus.

11. PAULO *en el libro trigésimo de los comentarios al edicto.* Lo que el esclavo tomó en calidad de mutuo para pagar a su acreedor, no revierte en provecho del dueño, aunque éste se libere de la acción de peculio.

12. GAIUS libro nono ad edictum provinciale. Si fundum patri dominove emit servus vel filius familias, versum quidem esse videtur, ita tamen, ut, sive minoris sit, quam est emptus, tantum videatur in rem versum quanti dignus sit, sive pluris sit, non plus videatur in rem versum quam emptus est.

12. GAYO *en el libro noveno de los comentarios al edicto provincial.* Si un esclavo o un hijo de familia compró un fundo para el padre o el dueño, se considera que revirtió en provecho de éste, pero de modo que si vale menos del precio en que se compró se entiende que revirtió en su provecho tanto como vale objetivamente; y si vale más que el precio, no se entiende que reviritió en su provecho más que el del valor en que se compró.

13. ULPIANUS libro vicensimo nono ad edictum. Si in rem alterius ex dominis versum sit, utrum is solus in cuius rem versum est an et socius possit conveniri, quaeritur. Et Iulianus scribit eum solum conveniri in cuius rem versum est, sicuti cum solus iussit: quam sententiam puto veram.

13. ULPIANO *en el libro vigésimo noveno de los comentarios al edicto.* Si algo revirtió en beneficio de uno de los dueños, se pregunta si podrá ser demandado solo aquel que obtuvo ganancia o también su consocio. Juliano escribe que solo es demandado aquel que obtuvo ganancia, así como cuando uno solo autorizó el negocio; opinión que juzgo acertada.

14. IULIANUS libro undecimo digestorum. MARCELLUS notat: Interdum et propter hoc quod in rem alterius socii versum est de in rem verso cum altero agi potest, qui conventus a

14. JULIANO *en el libro décimo primero del digesto.* Marcelo anota: a veces también puede ejercerse la acción de ganancia obtenida contra un socio por lo que revirtió en

socio petere potest id in quo damnatus fuerit. Quid enim dicemus, si peculium servo ab altero ademptum fuerit? PAULUS: ergo haec quaestio ita procedit, si de peculio agi non potest.

provecho de otro socio; el demandado puede reclamar de su consocio el monto por el cual fue condenado. Porque, ¿qué decir si uno de los socios le quitó el peculio al esclavo? Paulo dice: esta cuestión procede si no puede intentarse la acción de peculio.

15. *ULPIANUS libro secundo disputationum. Si filius familias constituerit quod pater debuit, videndum est, an de in rem verso actio dari debeat. Atquin non liberavit patrem: nam qui constituit, se quidem obligat, patrem vero non liberat. Plane si solvat post constitutum, licet pro se videatur solvisse, hoc est ob id quod constituit, in rem tamen vertisse patris merito dicetur.*

15. ULPIANO *en el libro segundo de las disputas.* Si un hijo de familia constituyó plazo para el adeudo del padre, ¿deberá concederse la acción de ganancia obtenida? En verdad no liberó al padre, porque al constituir plazo para pagar ciertamente el hijo se obliga, pero no libera al padre; pero si paga tras haber constituido el plazo, aunque parezca que pagó por sí mismo, es decir, por el adeudo contraído en virtud de constituir plazo, se dirá con razón que revirtió en provecho del padre.

16. *ALFENUS libro secundo digestorum. Quuidam fundum colendum servo suo locavit et Boves ei dederat: cum hi Boves non essent idonei, iusserat eos venire et his nummis qui recepti essent alios reparari: servus boves vendiderat, alios redemerat, numos venditori non solverat, postea conturbaverat: qui boves vendiderat nummos a domino petebat actione de peculio aut quod in rem domini versum esset, cum boves pro quibus pecunia peteretur penes dominum essent. Respondit non videri peculii quicquam*

16. ALFENO *en el libro segundo del digesto.* Alguien arrendó a su esclavo un fundo para cultivarlo y le dio unos bueyes; al no ser estos bueyes los idóneos, autorizó a venderlos y que con el dinero recibido se repusiesen otros; el esclavo hizo lo anterior, pero no pagó el precio al vendedor y luego se declaró insolvente; el vendedor de los bueyes reclamó al dueño del esclavo el dinero con la acción de peculio o la de ganancia obtenida, porque los bueyes por los que

esse, nisi si quid deducto eo, quod servus domino debuisset, reliquum fieret: illud sibi videri boves quidem in rem domini versos esse, sed pro ea re solvisse tantum, quanti priores boves venissent: si quo amplioris pecuniae posteriores boves essent, eius oportere dominum condemnari.

pedía el dinero estaban en poder del dueño del esclavo. Se respondió que no parecía haber peculio, salvo en el sobrante una vez deducido lo que el esclavo debía al dueño, y parecía que los bueyes sí habían ingresado al patrimonio del dueño, pero que se había pagado el valor de los primeros bueyes vendidos; y si los últimos bueyes valían más, debía condenarse al dueño por la diferencia.

17. *AFRICANUS libro octavo quaestionum. Servus in rem domini pecuniam mutuatus sine culpa eam perdidit: nihilo minus posse cum domino de in rem verso agi existimavit. Nam et si procurator meus in negotia mea impensurus pecuniam mutuatus sine culpa eam perdiderit, recte eum hoc nomine mandati vel negotiorum gestorum acturum.*

17. AFRICANO *en el libro octavo de las cuestiones.* Un esclavo aceptó dinero en calidad de mutuo para un negocio de su dueño y lo perdió sin culpa suya; Juliano consideró procedente contra el dueño la acción de ganancia obtenida, porque si mi procurador perdió sin culpa suya dinero que tomó en calidad de mutuo para gastarlo en mis negocios, se ejercerá con razón la acción de mandato o la de gestión de negocios.

§1. Cum Sticho vicario servi tui Pamphili contraxi: actio de peculio et de in rem verso ita dari debet, ut, quod vel in tuam ipsius rem vel in peculium Pamphili versum sit, comprehendatur, scilicet etiamsi mortuo vel alienato Sticho agatur. Quod si Pamphilo mortuo agam, magis est, ut, quamvis Stichus vivat, tamen de eo, quod in peculio Pamphili versum est, non nisi intra annum quam is decessit action dari debeat: etenim quodammodo de

§1. Contraté con Estico, esclavo dependiente (vicario) de tu esclavo Pánfilo: deben otorgarse la acción de peculio y de ganancia obtenida, con objeto de incluir lo revirtió en provecho tuyo o en el del peculio de Pánfilo, aunque se ejerza la acción si Estico muere o es enajenado. Pero si yo la ejerzo al morir Pánfilo, es más acertado que, aunque viva Estico, deba concederse la acción de ganancia

peculio Pamphili tum experiri videbor, sicuti si, quod iussu eius credidissem, experirer: nec nos movere debet, quod Stichus de cuius peculio agitur vivat, quando non aliter ea res in peculio eius esse potest, quam si Pamphili peculium maneat. Eadem ratio efficient, ut id, quod in peculio Pamphili veresum sit, ita praestari debere dicamus, ut prius eius, quod tibi Pamphilus debuerit, deduction fiat, quod vero in tuam rem versum fuerit, praestetur etiam non deduct eo quod Pamphilus tibi debet.

obtenida sobre el peculio de Pánfilo dentro del año del fallecimiento de éste, porque en cierto modo parecerá que ejerzo la acción sobre el peculio de Pánfilo como si yo reclamase lo que presté con autorización suya. Y no importa que viva Estico, sobre cuyo peculio se ejerce la acción, si la cosa puede estar en su peculio salvo que subsista el peculio de Pánfilo. Esta razón nos hace decir que la ganancia obtenida por el peculio de Pánfilo debe pagarse tras deducir lo que Pánfilo te debía, y lo que revirtió en provecho tuyo se pague sin deducir lo que Pánfilo te debe.

18. *NERATIUS libro septimo membranarum. Quamvis in eam rem pro servo meo fideiusseris, quae ita contracta est, ut in rem meam versaretur (veluti si, cum servus frumentum emisset quo familia aleretur, venditori frumenti fideiusseris), proprius est tamen, ut de peculio eo nomine, non de in rem verso agree possis, ut unius dumtaxat in quoque contractu de in rem verso sit action, qui di ipsium credidit quod in rem domini versum est.*

18. NERACIO *en el libro séptimo de los pergaminos.* Aunque salieses fiador de mi esclavo por un negocio realizado en provecho mío (como cuando un esclavo compra trigo para alimentar a mis otros esclavos y tú salieses fiador ante el vendedor de trigo), es más cierto que por dicho motivo ejerzas la acción de peculio, no la de ganancia obtenida, para que en cualquier contrato dicha acción sea únicamente de quien prestó lo mismo que revirtió en provecho del dueño.

19. *PAULUS libro quarto quaestionum. Filius familias togam emit: mortuo deine eo pater ignorans et putans suam esse dedicavit eam in funus*

19. PAULO *en el libro cuarto de las cuestiones.* Un hijo de familia compró una toga, y tras su muerte, sin saberlo el padre y creyendo que

eius. Neratius libro responsorum ait in rem patris versum videri: in actione autem de peculio quod in rerum natura non esset uno modo aestimari debere, si dolo malo eius quocum agatur factum esset. Atquin si filio pater togam emere debuit, in rem patris res versa est non nunc quo funerabitur, sed quo tempore emit (funus enim filii aes alienum patris est: et hoc Neratius, quoque, qui de in rem verso patrem teneri putavit, ostendit negotium hoc, id est sepulturam et funus filii patris esse aes alienum, non filii): factus est ergo debitor peculii, quamvis res non exstet, ut etiam de peculio possit conveniri, in quam actionem venit et quod in rem versum est: quae tamen adiecto tunc necessaria est, cum annus post mortem filii excessit.

era suya, la destinó para el entierro del hijo; Neracio dice en el libro noveno de las respuestas que se considera que el padre obtuvo un beneficio, pero que en la acción de peculio debe considerarse lo que dejó de existir solo si quien ejerce la acción actuó con dolo malo. Pero si el padre compró la toga al hijo, esto revirtió en beneficio del padre no cuando entierra al hijo, sino cando la compra (porque el entierro del hijo es deber del padre. También Neracio, quien opinó que el padre se obligaba por la acción de ganancia obtenida, señala que el entierro y funeral del hijo es deber del padre). Por tanto, el padre se volvió deudor del peculio, aunque no subsista la cosa, por lo que también se le demande con la acción de peculio, en la cual se incluye lo que le benefició, cuya adición es necesaria cuando ha transcurrido un año de la muerte del hijo.

20. *SCAEVOLA libro primo responsorum. Pater pro filia dotem promisit et convenit, ut ipse filiam aleret: non praestante patre filia a viro mutuam pecuniam accepit et mortua est in matrimonio. Respondi, si ad ea id quod creditum est erogatum esset, sine quibus aut se tueri aut servos paternos exhibere non posset, dandam de in rem verso utilem actionem.*

20. ESCÉVOLA *en el libro primero de las respuestas.* Un padre prometió la dote por su hija y se convino que él la alimentaría; al no cumplir el padre el acuerdo, la hija recibió del marido dinero en calidad de mutuo y luego murió ella durante el matrimonio; respondí que si lo prestado se gastó en cosas necesarias para mantenerse o para mantener los esclavos del padre, se concederá la acción útil de

§1. Servus absentis rei publicae causa pupilli servis pecuniam credidit subscribente tutore stipulatione in personam tutoris translata: quaesitum est, an adversus pupillum competat actio. Respondi, si, cum in rem pupilli daretur, id in rem eius versum est et, quo magis actus servorum confirmaretur, tutor spopondit, posse nihilo minus dici de in rem verso cum pupillo actionem fore.

§1. El esclavo de alguien que estuvo ausente por motivos públicos prestó dinero a los esclavos de un pupilo, suscribiendo su tutor y asumiendo la obligación mediante estipulación. Se preguntó: ¿procede la acción contra el pupilo? Respondí que sí, siempre que lo dado revirtió en provecho del pupilo, y aunque el tutor prometió para confirmar el acto de los esclavos, puede decirse que debe darse la acción de ganancia obtenida contra el pupilo.

21. *IDEM libro quinto digestorum. Filiam familias duxit uxorem patre dotem promitente et convenit inter omnes personas, uti eam patera ut ipsa se tueretur: maritus ei mutuos nummos dedit, cum iuste putaret patrem eius ministraturum tantum salarium, quantum dare filiae suae instituerat: eos nummos illa in usus necesarios sibi et in servos quos secum habebat consumpsit, aliquantum et (cum ei res familiares crediate essent) ex pecunia mariti in easdem causas convertit: deinde priusquam pater salarium expleret, moritur filia: pater impensam recusat: maritus res mulieris retinet: quaero, an de in rem verso adversus patrem actio competat. Respondit, si ad ea id quod creditum est erogatum esset, sine quibus aut se tueri aut servos paternos exhibere non posset, dandam de in rem verso utilem actionem.*

21. EL MISMO *en el libro quinto del digesto.* Alguien se casó con una hija de familia y el padre prometió la dote, conviniéndose que éste la mantendría o que ella misma lo haría; el marido le prestó dinero en calidad de mutuo, creyendo que el padre le devolvería la cantidad prometida a su hija; ésta consumió el dinero en cosas necesarias para ella y para los esclavos a su cargo; tras confiarle los negocios familiares, invirtió también algo del dinero del marido en dichos negocios; antes de que el padre terminase de pagar la cantidad, la hija muere. El padre rehusa encargase de los gastos, y el marido retiene los bienes de su mujer. Pregunto: ¿procede contra el padre la acción de ganancia obtenida? Se respondió que si lo prestado se gastó en bienes necesarios para su manutención o para el mantenimiento de los esclavos del padre, procederá la acción útil de ganancia obtenida.

TITULUS IV
QUOD IUSSU

TÍTULO IV
SOBRE LA ACCIÓN DE LO REALIZADO CON AUTORIZACIÓN

1. ULPIANUS libro vicensimo nono ad editum. Merito ex iussu domini in solidum adveresus eum iudicium datur, nam quodammodo cum eo contrahitur qui iubet.

1. ULPIANO *en el libro vigésimo noveno de los comentarios al edicto.* Con razón se otorga contra el dueño acción por lo realizado con autorización de éste por el total de la deuda, porque en cierto modo se contrata con quien autoriza.

§1. Iussum autem accipiendum est, sive testato quis sive per epistulam sive verbis aut per nuntium, sive specialiter in uno contractu iusserit sive generaliter: et ideo et si sic contestatus sit: 'Quod voles cum Sticho servo meo negotium gere periculo meo', videtur ad Omnia iussisse, nisi certa lex aliquid prohibet.

§1. Se entiende que hay autorización, especialmente en un contrato o en términos generales, si alguien autorizó ante testigos, por medio de carta, de palabra o a través de mensajero. Por tanto, si lo hizo constar de este modo: 'el negocio que a mi riesgo quieras hacer con mi esclavo Estico', se entiende que autorizó para todo, salvo que determinada cláusula prohíba algo.

§2. Sed ego quaero, an revocare hoc iussum antequam credatur possit: et puto posse, quemadmodum si mandasset et postea ante contractum contraria voluntate mandatum revocasset et me certiorasset.

§2. Pregunto: ¿podrá revocarse esta autorización antes de realizar un préstamo? Opino que sí, como cuando yo mando y luego, antes de ratificar el contrato, revoco la autorización por una voluntad contrario, y me lo hiciesen saber.

§3. Sed et si mandaverit pater dominusve, videtur iussisse.

§3. También se considera que hubo auorización si medió

254

§4. *Sed et si servi chirographo subscripserit dominus, tenetur quod iussu.*

§5. *Quid ergo si fideiusserit pro servo? Ait Marcellus non teneri quod iussu: quasi extraneus enim intervenit: neque hoc dicit ideo, quod tenetur ex causa fideiussionis, sed quia aliud est iubere, aliud fideiubere: denique idem scribit, etsi inutiliter fideiusserit, tamen eum non obligari quasi iusserit, quae sententia verior est.*

§6. *Si ratum habuerit quis quid servus eius gesserit vel filius, quod iussu actio in eos datur.*

§7. *Si pupillus dominus iusserit, utique non tenetur, nisi tutore auctore iussit.*

§8. *Si iussu fructuarii erit cum servo contractum, item eius cui bona fide servit, Marcellus putat quod iussu dandam in eos actionem: quam sententiam et ego probo.*

§9. *Si curatore adulescentis vel furiosi vel prodigi iubente cum servo contractum sit, putat Labeo dandam quod iussu actionem in eos quorum servus fuerit: idem et in vero procuratore. Sed si procurator verus non sit, in ipsum potius dandam actionem idem Labeo*

mandato del padre o del dueño.

§4. También se obliga el dueño por la acción de lo realizado con autorización si ratificó el documento del esclavo.

§5. ¿Qué decir si se otorgó fianza por un esclavo? Marcelo opina que no se obliga por la acción de lo realizado con autorización, porque afianzó como si fuera un extraño. Y no lo dice por quedar obligado a causa de la fianza, sino porque autorizar es distinto de afianzar. Por último escribe que, aunque la fianza fuese nula, no se obliga como si autorizase, opinión que es más acertada.

§6. Si alguien ratificó lo que su esclavo o su hijo hicieron, se otorga contra ellos la acción de lo realizado con autorización.

§7. Si un pupilo autorizó a un esclavo, no se obliga si no lo hizo con autorización de su tutor.

§8. Marcelo opina que si se contrató con un esclavo con autorización del usufructuario y de aquel a quien sirve de buena fe como esclavo, se otorgará contra ellos la acción de lo realizado con autorización, opinión esta que yo también apruebo.

§9. Labeón opina que si el curador de un adolescente, de un demente o de un pródigo autorizó contratar con el esclavo de alguno de ellos, se concede la acción de lo realizado con autorización contra quien fuese dueño del esclavo. Lo

ait.

mismo sucede respecto al verdadero procurador. Pero si éste no lo es, Labeón dice que se concederá la acción contra él mismo.

2. *PAULUS libro trigensimo ad edictum. Si tutoris iussu servo pupilli creditum sit, puto, si ex utilitate pupilli fuerit creditum, in pupillum esse dandam actionem quod iussit tutor.*

2. PAULO *en el libro trigésimo de los comentarios al edicto.* Si se prestó dinero al esclavo de un pupilo con autorización del tutor, opino que si se hizo en utilidad del pupilo se conceda contra éste la acción, pues lo autorizó el tutor.

§1. Si iussu domini ancillae vel iussu patris filiae creditum sit, danda est in eos quod iussu actio.

§1. Si se prestó dinero a una esclava con autorización del duelo o a una hija con la del padre, se otorgará contra ellos la acción de lo realizado con autorización.

§2. Si iussu meo cum alieno servo contractum fuerit eumque postea redemero, quod iussu non tenebor, ne actio, quae ab initio inutilis fuerit, evento confirmetur.

§2. Si con mi autorización se contrató con un esclavo ajeno, y luego yo lo compré, no me obligaré por la acción de lo realizado con autorización, para que no se confirme por un suceso posterior la acción que habría sido inútil desde un principio.

3. *ULPIANUS libro secundo responsorum. Dominum, qui iussit semissibus usuris servo suo pecuniam mutuam credi, hactenus teneri quatenus iussit: nec pignoris obligationem locum habere in his praediis, quae servus non ex voluntate domini obligavit.*

3. ULPIANO *en el libro segundo de las respuestas.* El dueño que autorizó a que se prestase dinero al seis por ciento de interés a un esclavo suyo, se obliga por lo que autorizó, no procediendo la prenda respecto de los predios que el esclavo obligó sin autorización del dueño.

4. *IDEM libro decimo ad edictum. Si iussu eius, qui administrationi rerum civitatis praepositus est, cum servo*

4. EL MISMO *en e libro décimo de los comentarios al edicto.* Pomponio escribe que si se realizó un negocio

civitatis negotium contractum sit, Pomponius scribit quod iussu cum eo agi posse.

con un esclavo público habiéndolo autorizado el encargado de administrar los bienes de la ciudad, puede ejercerse contra éste la acción de lo realizado con autorización.

5. *PAULUS libro quarto ad Plautium. Si dominus vel pater pecuniam mutuam accepturus iusserit servo filiove numerari, nulla quaestio est, quin ipsi condici possit: immo hoc casu de iussu actio non competit.*

5. PAULO *en el libro cuarto de los comentarios a Plaucio.* Si debiendo recibir dinero en calidad de mutuo el dueño o el padre autorizó que lo entregasen al esclavo o al hijo, no hay duda que puede reclamársele al primero con la acción ejecutiva, porque en este caso no procede la acción de lo realizado con autorización.

§1. Si unus ex servi dominis iussit contrahi cum eo, is solus tenebitur: sed si duo iusserunt, cum quovis in solidum agi potest, quia símiles sunt duobus mandantibus.

§1. Si uno de los dueños del esclavo autorizó que se contratase con éste, solo se obligará ese dueño; pero si autorizaron dos, puede ejercerse la acción por el total contra cualquiera de ellos, porque son como dos mandantes.

SOBRE EL TRADUCTOR

Julio César Navarro Villegas (México, 1972) estudió la Licenciatura en Derecho en la UNAM, donde se graduó con mención honorífica en 1997. Por invitación de la Comunidad Europea realizó entre 2004 y 2006 la Maestría en Sistema Jurídico Romanista: Unificación del Derecho y Derecho de la Integración en la Universidad "Tor Vergata" de Roma, Italia. Cursó la Maestría en Ciencias Jurídicas entre 2012 y 2014 en la Universidad Panamericana (México), y actualmente es becario del Doctorado en Derecho en esta Institución.

Ha sido titular de las asignaturas de Derecho Romano I y II en la Universidad Nacional Autónoma de México, la Universidad Panamericana y la Universidad Internacional de la Rioja; es profesor titular de los dos cursos de Derecho Romano y de la materia Derecho Eclesiástico del Estado en la Universidad Pontificia de México; ha impartido cursos de especialización sobre exégesis de las fuentes jurídicas romanas, bases de la argumentación jurídica y oratoria parlamentaria en la Universidad Nacional Autónoma de México; ha impartido seminarios sobre exégesis jurídica romana en la Universidad Panamericana; ha impartido cursos de latín jurídico en diversos estados de la República Mexicana; ha participado en congresos de Derecho Romano y Derecho Protocolario en México; ha sido conferencista de temas relacionados con el derecho romano y el humanismo clásico en diversas universidades nacionales; ha colaborado en la reforma a planes de estudio de la Licenciatura en Derecho en la Universidad Pontificia de México; ha publicado diversos artículos en revistas especializadas del país; ha sido crítico literario y musical en programas de radio y televisión en línea; ha publicado en formato digital e impreso obras variadas en los ámbitos jurídico, humanista, histórico y literario con el apoyo de Amazon.

Correo electrónico para comentarios y sugerencias: suiiuris10@gmail.com

NOTA FINAL

Estimado lector:

Deseo agradecerte enormemente el interés mostrado por este modesto trabajo. Hoy, la tecnología nos brinda posibilidades de interacción impensadas en el pasado. El boca a boca tiene a las redes sociales como aliados; el lector ha adquirido cada vez más protagonismo en la vida de una obra literaria. Si esta, o cualquier otra obra de tu servidor, te ha gustado, no dejes de comentársela a tus amigos, de mencionarla en tu perfil de Facebook, de Twittearla. Y especialmente, te solicito un comentario en la página de Amazon donde la adquiriste. Será un enorme aliciente para continuar, siendo positiva la opinión, y para mejorar, si es una crítica constructiva a este trabajo de escritor.

También te invito a seguir las novedades y los detalles más recientes de mi actividad literaria en la página https://julionavarrosite.wordpress.com/, donde podrás compartir todas tus inquietudes sobre alguna de las obras que tu servidor va publicando.

Julio César Navarro Villegas
México, diciembre de 2020

www.ingramcontent.com/pod-product-compliance
Lightning Source LLC
Chambersburg PA
CBHW070325220526
45467CB00001B/38